"新商科"电子商务系列教材
浙江省普通高校"十三五"新形态教材

网络零售（第2版）

主　编　李丛伟　李凌宇
副主编　刘　雷　王　丹　张　函　章琤琤

電子工業出版社
Publishing House of Electronics Industry
北京 · BEIJING

内 容 简 介

《网络零售》（第 2 版）是一本基于工作过程的项目化教材，以网络零售业务活动的过程为逻辑主线，分为准备篇、运营篇、服务篇 3 部分内容。准备篇主要包括网络零售概述、网络零售市场调查与策划、商品信息编辑 3 个项目；运营篇主要包括淘宝平台网络零售、跨境平台网络零售、移动平台网络零售 3 个项目；服务篇主要包括售前售中服务、售后服务 2 个项目。

图书在版编目（CIP）数据

网络零售 / 李丛伟，李凌宇主编. —2 版. —北京：电子工业出版社，2020.3

ISBN 978-7-121-36595-9

Ⅰ. ①网… Ⅱ. ①李…②李… Ⅲ. ①网上销售－零售－高等学校－教材 Ⅳ. ①F713.36

中国版本图书馆 CIP 数据核字（2019）第 096710 号

责任编辑：张云怡　赵云峰　　特约编辑：田学清
印　　刷：北京天宇星印刷厂
装　　订：北京天宇星印刷厂
出版发行：电子工业出版社
　　　　　北京市海淀区万寿路 173 信箱　　邮编　100036
开　　本：787×1092　1/16　印张：14.5　字数：380 千字
版　　次：2013 年 8 月第 1 版
　　　　　2020 年 3 月第 2 版
印　　次：2025 年 8 月第 9 次印刷
定　　价：47.00 元

凡所购买电子工业出版社图书有缺损问题，请向购买书店调换。若书店售缺，请与本社发行部联系，联系及邮购电话：（010）88254888，88258888。

质量投诉请发邮件至 zlts@phei.com.cn，盗版侵权举报请发邮件至 dbqq@phei.com.cn。

本书咨询联系方式：（010）88254573，zyy@phei.com.cn。

序言

2017 年 5 月 19 日—20 日，全国电子商务职业教育教学指导委员会在常州召开高等职业教育电子商务类专业教学改革研讨会。来自全国高职院校的近 400 位院校负责人和专业负责人参加会议。在经济全球化的时代背景下，为适应商业、技术和人文愈发深层次融合的新商业时代特征需求，会议提出了高职“新商科”人才培养的理念和倡议。

“新商科”人才培养理念体现新的商业思维。商业、技术和人文愈发深层次融合的新商业时代，商业人才需要逐步构建起“计算思维”“数据思维”“交互思维”“哲学思维”“伦理思维”“美学思维”，这些思维的交叉融合是商业创新的动力源泉。

“新商科”人才培养理念探索新的商业规律。新的基础设施、新的商业模式、新的商业组织、新的价值观正在悄然地以“非中心化”的模式构建起新的社会生活，也产生了新的商业规律，比如信用成为资产、数据成为生产资料等。这些新的规律逐渐形成并产生广泛而深刻的影响。

“新商科”人才培养理念融合新的知识与技能。经济学、管理学、传播学、计算机科学技术、智能科学、数据科学等在新商业中的交叉融合应用，以及新的劳动工具使用所产生的新的技术技能积累，需要我们对财经商贸专业大类中绝大多数专业内涵与外延进行再思考。

“新商科”人才培养理念推动新的教育教学模式。基于新商业特征的“新商科”人才培养，要实事求是地调整人才培养结构，重构专业内涵与外延，反思培养规律与培养方法，创新培养内容与培养载体，以及探索跨专业的专业群建设模式和教学研究方法。

“新商科”人才培养理念提出后，得到了各界的积极响应。2017 年 9 月 11 日—12 日，在全国电子商务职业教育教学指导委员会的倡议下，来自联合国教科文组织等 22 个国际组织和国家的负责人在广西共同发起成立“新商科国际职教联盟”。中国商业经济学会职业教育分会设立了 32 项“新商科”应用人才培养专项研究课题。电子工业出版社率先组织编写了这套融入“新商科”人才培养理念的系列教材。

“新商科”教育是新商业时代的客观需要和必然趋势。高等职业教育要把握时代机遇，主动拥抱新商业时代！

全国电子商务职业教育教学指导委员会副主任

前言

本教材自2013年8月出版以来，被全国许多高职院校财经商贸类相关专业选用，反映良好。本教材是浙江省普通高校“十二五”优秀教材，也是首批“浙江省普通高校‘十三五’新形态教材”。

1．修订原因

网络零售行业的快速发展对教材修订提出了迫切要求。近几年来，随着移动电商交易和跨境电商交易迅猛发展，网络零售交易平台已从淘宝网、京东等国内平台，拓展至微商城零售平台、跨境零售平台。而目前的市场上所出版的几本网络零售教材主要讲述的是淘宝平台，远远不能适应网络零售行业发展的新形势。因此，教材《网络零售》亟须修订，以囊括各类网络零售平台的相关知识与技能，适应国内外网络零售行业发展的新常态。

2．修订思路

（1）更新教材内容。汲取网络零售行业前沿的新成果、新方法、新手段，使学生掌握适应社会与企业需求的知识和技能，本教材在第1版的基础上增加了跨境平台网络零售和移动平台网络零售的相关内容，全面更新了各大网络零售平台的相关知识点和技能点。

（2）以新形态展示拓展资源。本教材不但在教材的每个项目增加“本项目知识点”“本项目技能点”“知识导图”“引例”等内容，而且增加以二维码展示的知识阅读、视频等一些课外资源，大大拓宽教材内容的知识面。

3．教材特色

《网络零售》（第2版）是一本基于工作过程的项目化教材，通过理论与实践相结合，采用贴切、真实、新鲜的案例，全面阐述网络零售的工作流程。与其他相关书籍相比，经过修订的本教材具有以下特色：

（1）针对性强，紧贴高职高专学生需求。目前，国内虽然有陈德人教授和沈红兵教授编辑出版的几本网络零售教材，但主要面向本科生群体，而面向高职高专学生的应用型、技能型网络零售教材仅此一本。本教材紧密结合高职学生的实际情况，内容兼顾技能和管理能力养成，注重职业素养养成，将培养学生前瞻性思维和创业意识放在首位。

（2）知识体系架构完整。目前的市场上所出版的几本网络零售教材主要讲述的是淘宝平台，远远不能适应电子商务行业发展的前沿。而本教材涵盖了淘宝平台、京东平台、微商城平台、跨境平台，知识体系架构完整。

（3）实用性强。结合社会和企业应用需要，本教材基于网络零售企业典型岗位的基本工作过程来设计教学内容和实践体系，采用大量实训内容，有针对性地提高学生的实际操作能力，真正做到学以致用。

本教材由金华职业技术学院和温州职业技术学院的老师联合编写。其中，李丛伟负责整体策划和统稿，并参与了项目 1、项目 3、项目 7、项目 8 的编写；王丹参与了项目 2 的编写；刘雷参与了项目 6 的编写；张函参与了项目 5 的编写；章琤琤参与了项目 4 的编写；李凌宇参与了项目 3、项目 4 的编写。

金华闽商科技有限公司总经理孙栋先生、金华市卡璐假发有限公司总经理王慧先生参与了教材提纲编写的讨论，并对课程案例的选择及实训指导提出了许多有益建议。本教材在编写过程中得到了浙江省高职工商管理类教学指导委员会电子商务分教指委和电子工业出版社的具体指导，参阅并借鉴了国内同类优秀教材和网络资源，在参考文献中无法逐一列出，在此一并表示感谢！

本教材既可以作为高职院校电子商务、市场营销、经济管理专业学生的教学用书，也可以作为社会电子商务模式知识的科普用书。

由于编者水平有限，书中若有不妥之处，恳请广大读者和专家批评指正。

编　者

目录

准备篇

项目 1　网络零售概述

项目 2　网络零售市场调查与策划

项目 3　商品信息编辑

运营篇

项目4　淘宝平台网络零售

项目5　跨境平台网络零售

项目6　移动平台网络零售

服务篇

项目 7　售前售中服务

项目 8　售后服务

参考文献

准 备 篇

项目 1 网络零售概述

本项目知识点

网络零售的定义；网络零售的类型；B2C 网络零售的定义；C2C 网络零售的定义；网络零售与传统零售的区别；网络零售典型平台简介；美国网络零售市场发展概况；欧洲网络零售市场发展概况；中国网络零售市场发展概况；网络零售市场发展趋势；《中华人民共和国电子商务法》监管条文；淘宝网交易规则；全球速卖通交易规则。

本项目技能点

能够依据电商平台基本规则归纳网店卖家的基本权利和义务；能够比较同一企业的不同网络零售平台运营情况。

知识导图

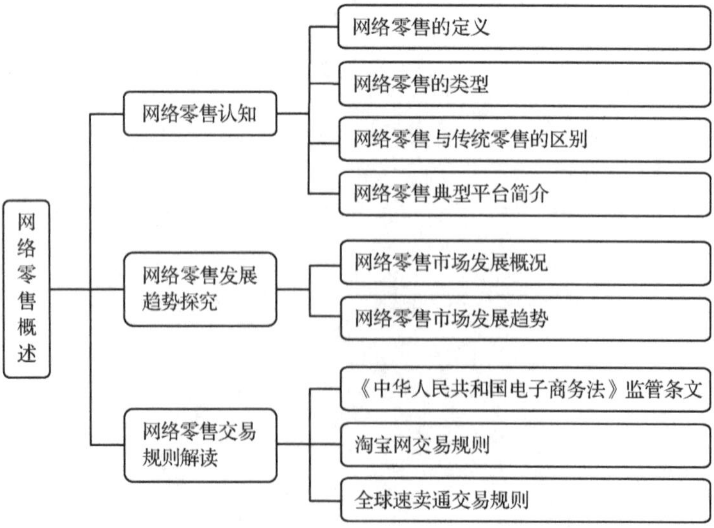

引例

近年来，随着网络零售的快速发展，网络食品销售风生水起。上海市江杨农产品批发市场（以下简称“江杨市场”）的部分经营者已经或准备尝试网络销售食品。近期，江杨市场接到投诉，投诉者声称发现江杨市场某经营者在某电商网站上销售的土豆粉存在夸大宣传的嫌疑。该经营者的广告语为：“土豆粉富含各种营养物质，其中一种叫‘软骨素’的营养成分能大大增强骨细胞的活性，具有添骨髓、增血液、减缓衰老、延年益寿、强身美容、健脾补胃、增强记忆的保健功效。”市场营运部在获悉相关情况后，立刻对该经营者的网络销售行为进行调查，发现了该经营者所售土豆粉的广告宣传语存在问题。《中华人民共和国食品安全法》第七十三条规定：“食品广告的内容应当真实合法，不得含有虚假内容，不得涉及疾病预防、治疗功能。食品生产经营者对食品广告内容的真实性、合法性负责。”《中华人民共和国广告法》第十七条规定：“除医疗、药品、医疗器械广告外，禁止其他任何广告涉及疾病治疗功能，并不得使用医疗用语或者易使推销的商品与药品、医疗器械相混淆的用语。”

最终，江杨市场管理部门责令该经营者停止发布广告，要求广告主在相应范围内消除影响等。

引例分析

网络零售渠道对商户而言，是在传统渠道之外，找到了另一个利润增长点。然而，该经营者在电商网站上发布的所售土豆粉的广告，违反了网络零售相关法律。网络零售的经营者应该诚信守法经营，共同维护网络市场秩序和消费者合法权益。只有全体网店经营者坚持守法经营，才能够实现中国网络零售行业健康、快速和持续发展。对消费者而言，网购时应仔细辨别商品信息，不要被商家夸大的宣传所误导而陷入消费陷阱；一旦发现这种问题，也可以及时向市场监管部门进行举报维权。

任务 1　网络零售认知

互联网的普及为中国网络零售行业发展奠定了良好的基础。互联网诞生于 20 世纪 60 年代末，90 年代以后随着个人计算机的普及而风靡全球。1994 年中国正式接入互联网，至今已有二十多年的时间，互联网和实体经济深度融合，促进了中国网络零售行业的蓬勃发展。2019 年，在浙江义乌举行的中国国际电子商务博览会上，作为主办方的中国国际电子商务中心相关负责人介绍，我国电子商务发展规模和模式丰富程度，都已经遥遥领先其他国家，其中在网络零售交易额方面，已经连续多年稳居世界第一。进入 21 世纪以来，我国的网络零售市场长期保持着高速的增长态势，中国电子商务交易总额从 2008 年的 3.14 万亿元增长至 2018 年的 31.63 万亿元，网上零售规模从 0.13 万亿元猛增到 9 万亿元。中国已连续 6 年成为全球第一大网络零售大国。

《2017 年度中国网络零售市场数据监测报告》

一、网络零售的定义

近年来，随着互联网的蓬勃发展，电子商务在迅速崛起。电子商务给传统的商务活动带来了巨大的冲击，减少了交易时间，提高了贸易效率。电子商务极大地改变了商务模式，带动了经济结构的变革。随着互联网的迅速普及和电子商务的蓬勃发展，人们对网上购物的认识也逐渐加深，越来越多的人开始在网上购物，许多现代化企业也选择利用网络平台来拓展销售渠道，网络零售的高速发展期已经到来。

网络零售是指交易双方以互联网为媒介进行的商品交易活动，即通过互联网进行的信息的组织和传递，实现了有形商品和无形商品所有权的转移或服务的消费。买卖双方通过电子商务应用实现交易信息的查询（信息流）、交易（资金流）和交付（物流）等行为。

二、网络零售的类型

按照交易对象来分，网络零售包括 B2C 和 C2C 两种类型。

1. B2C 网络零售

B2C 是英文 Business-to-Customer（企业对消费者）的缩写，代表交易的双方分别为企业和个人消费者。这是企业通过互联网向个人网络消费者直接销售产品和提供服务的经营方式。B2C 是电子商务的一种模式，也是网络零售的一种表现形式。在这种模式中，一般企业会构建一个为消费者提供新型购物环境的网站（网店），个人消费者可通过这些购物网站来购买自己所需的物品，如图 1-1 所示。

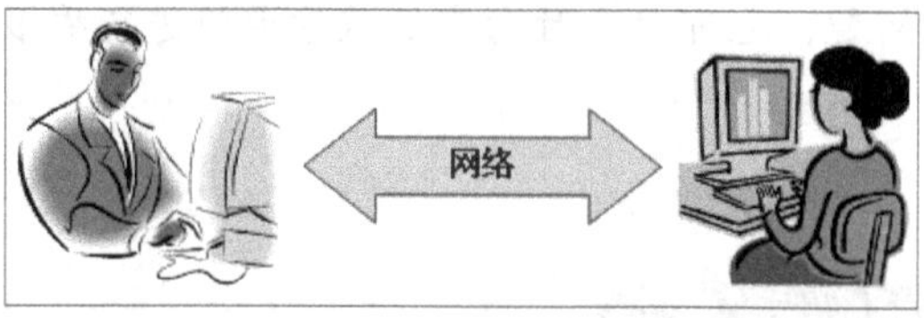

图 1-1 B2C 网络零售

目前已建立或准备建立 B2C 网络零售的企业大致可分为：

1）经营着离线商店的零售商

经营着离线商店的零售商有着实实在在的商店或商场，网上的零售商店只是作为企业开拓市场的一个渠道，自身并不依靠网上的销售生存。例如，美国的沃尔玛，中国的上海书城、上海联华超市。

2）商品制造商

商品的制造商采取网上直销的方式销售其产品。例如，美国的戴尔公司，中国的海尔公司。

3）没有离线商店的虚拟零售企业

没有离线商店的虚拟零售企业是互联网商务的产物，网上销售是其唯一或主流的销售方式，自身靠网上销售生存。例如，美国的亚马逊，中国的凡客诚品。

B2C 网络零售的购物流程如图 1-2 所示，一次订单完成包括 8 个步骤，涵盖了信息流、资金流、物流和商流的传递。

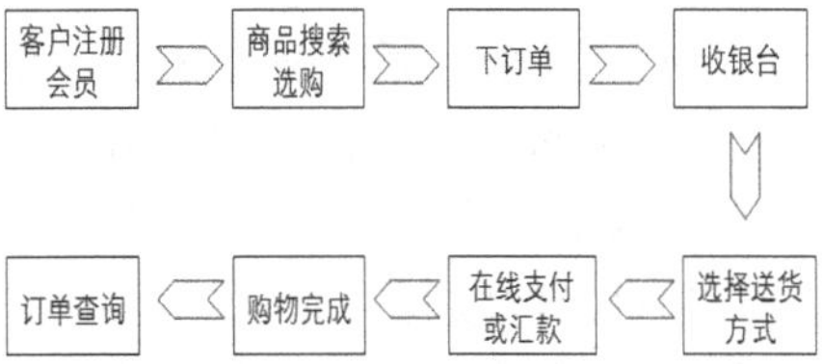

图 1-2　B2C 网络零售的购物流程

2. C2C 网络零售

C2C 是英文 Customer-to-Customer（消费者对消费者）的缩写，代表交易的双方均为个人消费者，即消费者和消费者之间通过网络进行的产品销售和服务，其典型的应用形式为网上拍卖、一口价和网上二手货交易。国内外典型的 C2C 网络零售网站有淘宝网、eBay 等。

三、网络零售与传统零售的区别

网络零售是传统零售与互联网结合的产物，在许多方面与传统零售相比具有绝对的优势。可从信息提供、流通渠道、交易对象、交易时间等几个方面，对传统零售与网络零售进行比较分析，如表 1-1 所示。

表 1-1　传统零售与网络零售的区别

项　　目	传 统 零 售	网 络 零 售
信息提供	根据销售商的不同而不同	透明、准确
流通渠道	企业—批发商—零售商—消费者	企业—消费者
交易对象	部分地区	全球
交易时间	在规定的营业时间内	24 小时
销售方法	通过各种关系买卖	完全自由购买
营销活动	销售商的单方营销	双向通信、一对一营销
顾客方便度	受时间和地点的限制，还要看店主的脸色	顾客按自己的方式无拘无束地购物
销售地点	真实空间（实体店铺）	虚拟空间

从表 1-1 可以看出，网络零售的载体是虚拟空间（网店）。网店及其商品陈列都是以网页的形式来展示的，网店以网页留言或即时聊天的方式在线接待顾客，通过在线购买、网上支付、物流配送的方式完成交易。这使得信息提供方面更加透明和准确。

传统零售的经营成本受到店面面积、地段、库存量、水电煤、营业时间、销售人员的接待效率等的直接影响。而网络零售采用的是虚拟店铺的销售模式，经营的主要投入是网络宽带和设备（如计算机、数码相机、传真电话、打印机），轻松实现少量库存甚至零库存，大大降低库存积压的风险，有效控制经营成本。

传统零售对店面的选址要求很高，因为地段对店面流量的影响很大，顾客通常来自以店铺为中心几千米的范围内，店铺的正常营业时间大多是上午 9 点至晚上 9 点这 12 个小时，这些因素都制约了店铺的销量。而网络零售不受营业时间、地点、面积这些传统销售因素的限制，可以24小时营业、年中无休，只要物美价廉、诚信经营，再辅以有效的推广营销手段，就能轻松地吸引五湖四海的顾客来店铺里浏览，与传统零售相比，这是经营灵活性上的一大优势。

传统零售的店员以营业员为主，以面对面用语言交流的方式接待顾客，一名店员通常只能同时接待2～3位顾客，工作效率低下，而且很容易出现信息交叉，有可能给销售工作带来不必要的麻烦。而网络零售的接待工作主要是通过聊天工具来进行的，一个打字速度较快的客服人员可以同时接待8～10位顾客，而且信息回复渠道更直接，不会因信息交叉造成不必要的误会。另外，网络零售的岗位分工更加细化，从在线销售、技术支持、物流配送到售后服务，是由一个团队来完成工作，虽然看似人手更多，但是由于每个岗位的人员对本职工作更加熟练和专业，各司其职、团队配合的工作方式和流程反而可以大大提高管理效率，按整店绩效来考核的话，不但在人力成本方面比传统零售方式低，而且效率更高。

但是传统零售方式可以直观地展示商品，使消费者在购买前就能通过视觉、触觉等来感知商品——服装可以试穿而化妆品、食品有试用装、试吃装，使顾客通过亲身体验来认识、了解和接受商品，从而大大降低顾客的购物风险，提高销售的成功率。而网络零售在商品体验上明显处于弱势。由于商品是以网页形式在展示，顾客在收到商品之前并未见过实物，因此，在购物前可能比较审慎，担心收到的货品与网页上看到的相距甚远，无形中提升了销售的难度。

四、网络零售典型平台简介

随着国内外网络零售行业的快速发展，网络零售交易平台涌现出来，如淘宝网、天猫、京东、全球速卖通、亚马逊。

1. 淘宝网

淘宝网是亚太地区较大的网络零售平台，由阿里巴巴集团在2003年5月创立。淘宝网不仅是中国深受欢迎的网络零售平台，也是中国的消费者交流社区和全球创意商品的集中地。淘宝网在很大程度上改变了传统的生产方式，也改变了人们的生活消费方式。不做冤大头、崇尚时尚和个性、开放且擅于交流的心态以及理性的思维，成为淘宝网上崛起的“淘一代”的重要特征。淘宝网拥有近5亿的注册用户数，每天的固定访客数超过6000万人，同时每天的在线商品数已经超过8亿件，平均每分钟售出4.8万件商品。随着淘宝网规模的扩大和用户数量的增加，淘宝网也从单一的C2C网络集市变成了包括C2C、团购、分销、拍卖等多种电子商务模式在内的综合性零售商圈，目前已经成为世界范围的电子商务交易平台之一。

淘宝网致力于推动“货真价实、物美价廉、按需定制”网络渠道商品的普及，帮助更多的消费者享用海量且丰富的网络渠道商品和获得更高的生活品质；通过提供网络销售平台等基础性服务，帮助更多的企业开拓市场、建立品牌、实现产业升级；帮助更多胸怀梦想的人通过网络实现创业或就业。

淘宝网首页如图1-3所示。

图 1-3　淘宝网首页

2. 天猫

天猫原名“淘宝商城”，是阿里巴巴集团旗下的一个 B2C 综合性购物网站，其整合数万家品牌商、生产商，为企业和消费者之间的交易提供一站式解决方案。天猫是第三方品牌及零售平台。天猫的商标是一只猫的形象，代表的是时尚、性感、潮流和品质。天猫提供具有 100%品质保证的商品，以及 7 天无理由退换货、购物积分返现等优质服务。天猫曾提出三大使命：消费升级主引擎、品牌数字化转型主阵地、阿里新零售的主力军。

天猫首页如图 1-4 所示。

图 1-4　天猫首页

3. 京东

京东是一家中国的综合网络零售商，是中国电子商务领域受消费者欢迎和具有影响力的电子商务网站之一，在线销售家用电器、数码通信、电脑、家居百货、服装服饰、母婴、图书、食品、旅游等大类的数万个品牌的百万种优质商品。自 2004 年年初正式涉足电子商务领域以来，京东一直保持高速成长，连续 7 年增长率均超过 200%。2014 年 5 月，京东在美国纳斯达克证券交易所正式挂牌上市，是中国第一个成功赴美上市的大型综合型电商平台。2015 年 7 月，京东凭借高成长性入选纳斯达克 100 指数和纳斯达克 100 平均加权指数。2018 年，京东市场交易额接近 1.7 万亿元。2019 年 7 月，京东第四次入榜《财富》全球 500 强，位列第 139 位；在全球仅次于亚马逊和 Alphabet，位列互联网企业第三。

京东首页如图 1-5 所示。

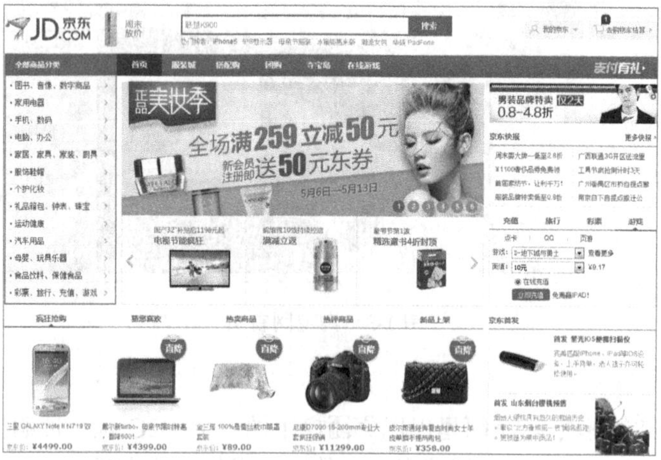

图 1-5　京东首页

4．全球速卖通

全球速卖通（英文名：AliExpress）正式上线于 2010 年 4 月，是阿里巴巴集团旗下唯一面向全球市场打造的在线交易平台，被广大卖家称为“国际版淘宝网”，覆盖了服装服饰、手机通信、鞋包、美容健康、珠宝手表、消费电子、电脑网络、家居、汽车摩托车配件、灯具等几十个一级行业类目。全球速卖通面向海外买家，通过支付宝国际账户进行担保交易，并使用国际快递发货，是全球第三大英文在线购物网站。全球速卖通是阿里巴巴集团帮助中小企业接触终端批发零售商、小批量多批次快速销售、拓展利润空间而全力打造的融合订单、支付、物流于一体的外贸在线交易平台。

全球速卖通首页（2018 年）如图 1-6 所示。

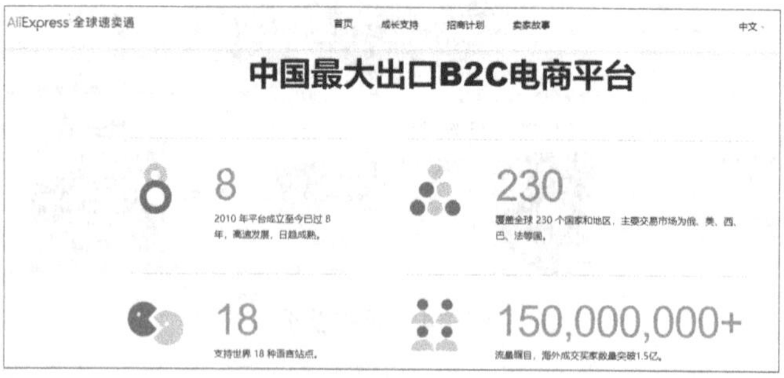

图 1-6　全球速卖通首页（2018 年）

5．亚马逊

亚马逊（英文名：Amazon）是美国最大的一家网络电子商务公司，位于华盛顿州的西雅图。亚马逊是世界上很早开始经营电子商务的公司之一，成立于 1995 年，一开始只经营网络的书籍销售业务，现在亚马逊为客户提供数百万种独特的全新、翻新及二手商品，如图书、影视、音乐、软件和游戏、数码下载、电子和电脑、家居园艺用品、玩具、婴幼儿用品、食品、服饰、鞋类、珠宝、健康和个人护理用品、体育及户外用品、玩具、汽车及工业产品等，已成为全球商品品种最多的网上零售商并是全球三大互联网企业之一。

亚马逊首页如图 1-7 所示。

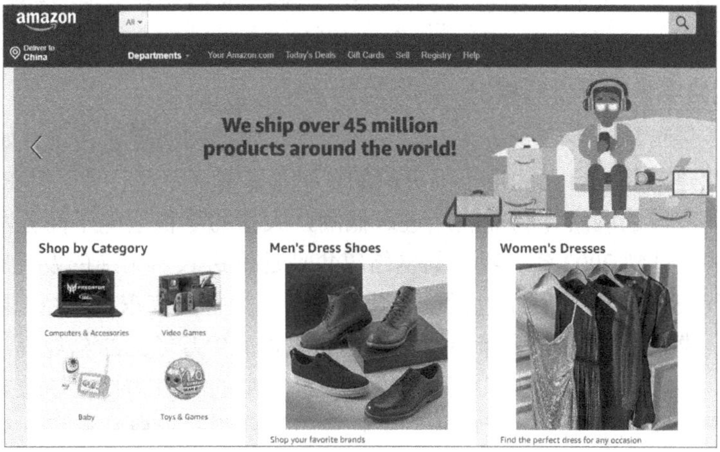

图 1-7　亚马逊首页

任务 2　网络零售发展趋势探究

一、网络零售市场发展概况

1. 美国网络零售市场发展概况

美国人推崇时尚、追求效率，这是美国网上购物市场长盛不衰的主要原因。但更重要的是，由于法制上的完善，越来越多消费者对在线购物感到放心。同时，美国人讲究实惠，而越来越多的网店千方百计不断满足消费者的需求，使网上购物成为一种乐趣。国内知名电商智库网经社发布了《2019 年全球电子商务数据报告》，数据显示 2018 年美国网络零售交易规模约 5200 亿美元。事实上，美国十大网络零售商都十分依赖移动渠道，例如，亚马逊拥有近 1 亿个独立访问者，沃尔玛（3700 万个）和 Wish（3100 万个）紧随其后。亚马逊的另一个优势是消费者经常访问其网站。68%的网络零售消费者在交易前 7 天内访问 Amazon.com。

2. 欧洲网络零售市场发展概况

《2016 年 Q1 美国零售业电子商务报告》

2012 年以前，欧洲网络零售额还不超过 3070 亿欧元，而到 2018 年已经达到了 5470 亿欧元。从这一点来看，欧洲网络零售行业的增长还是比较显著的。在欧洲的网络零售额中，将近 68%都是西欧贡献的。然而，南欧、北欧和东欧是电商发展迅速的地区，例如罗马尼亚的电商行业在 2017 年增长了 37%。就国家而言，英国、法国和德国在欧洲电商中占据主导地位，拥有欧洲的前三大电商市场，销售额占了欧洲总体的 2/3 以上。欧洲电商网站前十强有 4 个法国的电商平台、4 个德国的电商平台和 1 个英国的电商平台，亚马逊是唯一来自欧洲以外地区的电商平台。然而，进行此次排名的荷兰研究公司 Veraart Research 表示：在未来三到四年内，亚马逊的交易额将增加一倍以上，到 2021 年将超过施瓦茨集团，成为欧洲最大的零售商。

3．中国网络零售市场发展概况

中国网络零售市场起步晚于美国，但发展较快。中国网络零售市场开始于 20 世纪末，当时有一些企业建立起了自己的电子商务网站，加入了网络零售行业。但在 2000 年互联网泡沫破裂以后，我国的网络零售业随之进入低潮，大量的零售型电子商务网站也逐渐消失在人们的视野中。直到 2002 年，我国的网络零售业逐渐进入一个新的发展时期。我国网络零售早期具有代表性的 B2C 网站包括以经营数码家电为主的京东，以经营图书、音像制品为主的当当网、卓越网等。2013 年中国网络零售以近 1.9 万亿元的总规模超过美国，并持续保持高增长，中国巨大的人口基数和网民基数给本身的网络购物市场带来了可观的增长空间。据前瞻产业研究院发布的《中国零售行业市场前瞻与投资战略规划分析报告》统计数据显示，2018 年全年，全国网上零售额为 90 065 亿元，比上一年增长 23.9%。其中，实物商品网上零售额为 70 198 亿元，增长 25.4%，占社会消费品零售总额的比重为 18.4%；在实物商品网上零售额中，“吃”“穿”“用”类商品分别增长 33.8%、22.0%和 25.9%。中国不仅在网络购物交易规模的绝对量上领先美国，在零售的互联网化水平上也领先于美国。得益于连续几年的高增长，中国网络零售额在社会消费品零售总额中的比重也在 2014 年“弯道超车”超越美国；2016 年，中国的该比重为 14.3%，而美国为 11.7%，且此差距呈现扩大的趋势。此外，在线下零售场景的数字化改造中，中国的科技巨头动作迅速，智能进销存系统、智能收银系统、移动支付、无人值守零售等吸引了中国消费者的目光，科技变革带来了新的消费体验。

二、网络零售市场发展趋势

未来几年，中国网络零售市场将呈现以下发展趋势。

《中国新零售研究专题分析报告》

1．线上线下的新零售模式和业态快速发展

一方面，国内电商企业大举进军零售业。2017 年 11 月，阿里巴巴集团直接和间接持有高鑫零售 36.16%的股份。2017 年 12 月，腾讯对永辉超市增资，取得其 15%的股份。小米大举推进新零售，并承诺线上线下同价，做到了平均每年每平方米店铺面积 27 万元的销售额。京东线下也在大面积开店，如京东之家、京东帮等。另一方面，传统零售业充分利用大数据、云计算、人工智能等新技术实施创新转型，线下商业开展线上线下深度融合，供应链上下游不断打通。商务部监测的 5000 家重点零售企业经营业绩呈现连续回升态势，网络零售所占份额继续扩大，实物商品网上零售额为 70 198 亿元，增长 25.4%，占社会消费品零售总额的比重为 18.4%。

2．跨境电商驶上发展快车道，挑战与机遇并存

在跨境电商零售进口监管过渡期延长、试点城市（地区）跨境电商零售进口商品暂时

按照个人物品监管、部分消费品进口关税降低等国家政策的支持下，中国跨境电商正成为国际贸易强劲的新“风口”。商务部数据显示，2018 年跨境电商零售进出口 202.8 亿美元，同比增长 52.3%。中国跨境电商企业纷纷布局“海外仓”。天猫在 2017 年已有超过 10 000 个中国品牌的逾 12 亿件商品通过“天猫出海”方式实现出海，串联起全球 200 多个国家和地区的消费者。京东全球购、唯品会、蜜芽等跨境电商都加紧“海外仓”布局。随着跨境电商的发展，跨境电商企业成为中国企业“走出去”、开展全球零售、建立全球品牌的先锋，但在贸易壁垒、知识产权保护、支付方式、商品本地化和诚信等方面也面临着许多挑战。

《2016 中国跨境电商发展报告》

3. 电子商务服务模式和技术形态不断突破创新

B2B（企业对企业）领域中，借助大数据、云计算技术，B2B 电子商务企业通过“产业链+供应链金融”的服务模式，构建供应链综合服务平台，以平台为中心对接上下游客户需求，提供完善的金融服务，从而提升贸易成交率。B2C 领域中，网络零售市场发展势头强劲，创新引领市场新业态和新技术发展。以无人便利店、无人餐厅、无人办公室货架为代表的零售形式层出不穷，刷脸支付服务则再次升级了网络零售的便利性。

任务 3 网络零售交易规则解读

一、《中华人民共和国电子商务法》监管条文

在《中华人民共和国电子商务法》正式颁布之前，我国电子商务活动的开展主要依据《中华人民共和国合同法》《中华人民共和国民法通则》《中华人民共和国民法总则》《中华人民共和国电子签名法》《中华人民共和国网络安全法》《中华人民共和国侵权责任法》《中华人民共和国消费者权益保护法》等与电子商务活动中的各种具体行为可能相关的法律法规以及监管规则。而这些散见于其他相关性法规中的规则，一方面往往在电子商务活动中发生具体争议时才会适用，另一方面由于各法规主要针对电子商务活动的某一方面进行规范，无法全面匹配迅速发展的电子商务行业的规范需求。

《中华人民共和国电子商务法》

当前，我国是全球网民数量最多的国家，拥有电子商务交易规模最大、效率最高的市场。随着电子商务的普及，出台一部全面规范电子商务发展的法律已经成为必然。2018 年 8 月 31 日，《中华人民共和国电子商务法》（以下简称“《电子商务法》”）经第十三届全国人民代表大会常务委员会第五次会议通过，并予以公布，自 2019 年 1 月 1 日起施行。《电子商务法》是我国电子商务领域首部综合性的法律，其颁布可谓具有里程碑的意义。

《电子商务法》实用型解读精简版

在明确电子商务监管范围和监管原则的基础上，《电子商务法》分别对电子商务经营者、电子商务平台经营者、电子商务合同的订立与履行等方面做出针对性规定。

1. 针对电子商务经营者的监管

1）登记和纳税要求

《电子商务法》明确规定，除“个人销售自产农副产品、家庭手工业产品，个人利用自己的技能从事依法无须取得许可的便民劳务活动和零星小额交易活动，以及依照法律、行政法规不需要进行登记的”以外，电子商务经营者应当依法办理市场主体登记。这对在法律施行以前诸多未办理任何市场主体登记却开展电子商务经营活动的主体，如个人经营者，提出了新的要求。《电子商务法》实施以后，除了例外情形，所有的电子商务经营者（包括但不限于入驻电子商务平台的经营者、通过自建网络平台开展电子商务活动的经营者、通过微商形式开展电子商务的经营者等）均应进行市场主体登记。

同时，《电子商务法》明确了电子商务经营者的纳税义务，且依照规定不需要办理市场主体登记的电子商务经营者，也需要在首次纳税义务发生后，申请办理税务登记。

2）对信息披露真实、准确的要求

根据《电子商务法》第十七条的规定，“电子商务经营者应当全面、真实、准确、及时地披露商品或者服务信息，保障消费者的知情权和选择权。电子商务经营者不得以虚构交易、编造用户评价等方式进行虚假或者引人误解的商业宣传，欺骗、误导消费者”，某些电子商务经营者的刷单、伪造好评的行为被禁止。《电子商务法》实施以后，前述刷单等行为属于违法行为。

3）对精准营销推送的干预

用户在电子商务活动过程中，会留下诸多关于其消费记录、消费习惯、网页浏览记录等方面的信息。根据这些数据信息，平台可以分析、了解用户的个人特征及消费习惯，并根据用户的消费习惯等向其推送特定的搜索结果。针对该等推送行为，《电子商务法》要求，电子商务经营者还“应当同时向该消费者提供不针对其个人特征的选项，尊重和平等保护消费者合法权益”。事实上，这种使用用户网页浏览记录进行商品或信息推送的行为，一方面涉及用户信息保护，另一方面涉及用户对产品信息的知情权。《电子商务法》对推送行为的干预，体现出该法对新技术运用合理边界的理性规制。

4）关于搭售行为的规范

电子商务经营活动中搭售行为屡见不鲜。针对该情形，《电子商务法》提出要求，存在搭售行为的，“应当以显著方式提请消费者注意，不得将搭售商品或者服务作为默认同意的选项”。据此，诸多消费者在不知情的情况下被搭售商品或服务的情形能得到较好的避免。

5）关于物流和押金的规定

物流是电子商务活动中的重要环节。为了更好地保护消费者权益，《电子商务法》规定，“电子商务经营者应当按照承诺或者与消费者约定的方式、时限向消费者交付商品或者服务，并承担商品运输中的风险和责任”。据此，电子商务经营者以各种理由拖延发货、拖延交付的情况被纳入禁止之列。

而对电子商务经营者向消费者收取押金的情形，按照《电子商务法》的规定，电子商务经营者应当明示押金退还的方式、程序，不得对押金退还设置不合理条件。消费者申请退还押金，符合押金退还条件的，电子商务经营者应当及时退还。

2. 针对电子商务平台经营者的监管

电子商务平台经营者作为电子商务活动中至关重要的角色，在电子商务经营者和消费者之间的交易中发挥枢纽作用，也应起到一定的管理和协调作用。

1）信息报送要求

电子商务平台经营者作为平台服务提供方，应按照《电子商务法》第二十八条的规定，“向市场监督管理部门报送平台内经营者的身份信息，提示未办理市场主体登记的经营者依法办理登记，并配合市场监督管理部门，针对电子商务的特点，为应当办理市场主体登记的经营者办理登记提供便利”。

2）平台的网络安全维护义务

电子商务平台接触和留存大量的用户信息及交易记录，若发生信息泄露或者网络安全事件，后果将不堪设想。《电子商务法》强调了电子商务平台的网络安全维护义务，“电子商务平台经营者应当采取技术措施和其他必要措施保证其网络安全、稳定运行，防范网络违法犯罪活动，有效应对网络安全事件，保障电子商务交易安全”。并且，“电子商务平台经营者应当制定网络安全事件应急预案，发生网络安全事件时，应当立即启动应急预案，采取相应的补救措施，并向有关主管部门报告”。

3）关于自营业务的提示

某些电子商务平台经营者在其平台上开展自营业务的情况也较为普遍，但往往也未加以明显区分，导致消费者难以直接辨别商品或服务的真实提供方。针对该情况，《电子商务法》提出，“电子商务平台经营者在其平台上开展自营业务的，应当以显著方式区分标记自营业务和平台内经营者开展的业务，不得误导消费者”。同时，对其标记为自营的业务，电子商务平台经营者应“依法承担商品销售者或者服务提供者的民事责任”。

4）关于平台经营者责任的明确

《电子商务法》对电子商务平台经营者应承担的责任进行了明确的规定。根据规定，“电子商务平台经营者知道或者应当知道平台内经营者销售的商品或者提供的服务不符合保障人身、财产安全的要求，或者有其他侵害消费者合法权益行为，未采取必要措施的，依法与该平台内经营者承担连带责任”。在《电子商务法》实施以后，若再发生网约车服务致人遭受侵害，平台若被证明符合前述规定条件，应承担连带责任。

《电子商务法》同时规定，“对关系消费者生命健康的商品或者服务，电子商务平台经营者对平台内经营者的资质资格未尽到审核义务，或者对消费者未尽到安全保障义务，造成消费者损害的，依法承担相应的责任”。据此，电子商务平台经营者应对其平台内的经营者进行资质审核和把关，对审核不到位或者未对消费者尽到安全保证义务的，应根据平台届时的具体情形承担相应的责任（包括但不限于民事、行政或刑事责任等）。

5）关于知识产权的保护

《电子商务法》明确规定了电子商务平台经营者在知识产权保护方面应采取的行动，“电子商务平台经营者应当建立知识产权保护规则，与知识产权权利人加强合作，依法保护知识产权”。对发生知识产权相关争议时的处理步骤，《电子商务法》也有明确的规定，“知识产权权利人认为其知识产权受到侵害的，有权通知电子商务平台经营者采取删除、屏蔽、断开链接、终止交易和服务等必要措施。通知应当包括构成侵权的初步证据。电子商务平台经营者接到通知后，应当及时采取必要措施，并将该通知转送平台内经营者；未及时采取必要措施的，对损害的扩大部分与平台内经营者承担连带责任。因通知错误造成平台内经营者损害的，依法承担民事责任。恶意发出错误通知，造成平台内经营者损失的，加倍承担赔偿责任”。

3．针对电子商务合同的订立与履行方面的监管

1）强调电子商务合同的法律效力和订立流程

电子商务合同是电子商务活动中合同的主要存在形式。《电子商务法》强调，“电子商务当事人使用自动信息系统订立或者履行合同的行为对使用该系统的当事人具有法律效力”。同时，“电子商务经营者应当清晰、全面、明确地告知用户订立合同的步骤、注意事项、下载方法等事项，并保证用户能够便利、完整地阅览和下载。电子商务经营者应当保证用户在提交订单前可以更正输入错误”。针对某些电子商务活动中无法下载合同的情形，《电子商务法》予以明确禁止。

2）对电子支付服务提供者的规范

电子支付服务在电子商务活动中高频发生，且关系到整个交易的资金流转，也是交易达成的关键之一。因此，电子支付服务的质量尤为重要。

《电子商务法》明确规定了电子支付服务提供者提供电子支付服务的过程，要求电子支付服务提供者告知用户电子支付服务的功能、使用方法、注意事项、相关风险和收费标准等事项，不得附加不合理交易条件。电子支付服务提供者应当确保电子支付指令的完整性、一致性、可跟踪稽核和不可篡改。电子支付服务提供者应当向用户免费提供对账服务及最近三年的交易记录。

对电子支付服务提供者提供的电子服务不符合有关规定且造成用户损失的，电子支付服务提供者应承担赔偿责任。

二、淘宝网交易规则

为促进开放、透明、分享、责任的新商业文明，保障淘宝用户合法权益，维护淘宝网正常经营秩序，根据《大淘宝宣言》《淘宝服务协议》《tmall.com（天猫）服务协议》，淘宝网出台了“淘宝网规则”，并持续进行更新和完善。现将该规则中有关违规行为的内容进行介绍（以下内容来自“淘宝网规则”频道【rule.taobao.com】）。

淘宝网规则

淘宝网于 2019 年 10 月 8 日最新修订了“淘宝网规则”。根据规则，违规行为分为出售假冒商品（C 类违规）、严重违规行为（B 类违规）及一般违规行为（A 类违规），三者独立扣分、分别累计、分别执行。出售假冒商品是指出售假冒注册商标商品或出售盗版商品的行为；严重违规行为是指除出售假冒商品外，其他严重破坏淘宝平台经营秩序或涉嫌违反国家法律规定的行为；一般违规行为是指除出售假冒商品与严重违规行为外的违规行为。

下面，详细介绍具体违规行为的界定、所属违规类型、处理措施及扣分规则等。

1．出售假冒商品

【定义】出售假冒商品是指卖家出售假冒注册商标商品或盗版商品的行为。

【违规行为纠正】淘宝网删除会员所发布过的假冒、盗版商品或信息。

【违规类型】出售假冒商品（C 类）。

【违规扣分与违规处理措施】

（1）通过信息层面判断卖家出售假冒、盗版商品的，每件扣 C 类 2 分；卖家实际出售的，每次扣 C 类 12 分。

（2）卖家出售假冒、盗版商品且情节严重的，每次扣 C 类 24 分；情节特别严重的，每次扣 C 类 48 分。

（3）为出售假冒、盗版商品提供便利条件的，每次扣 C 类 2 分；情节严重的，每次扣 C 类 12 分。

淘宝网针对出售假冒商品实行“三振出局”制，即卖家每次出售假冒商品的行为记为一振，若同一卖家出售假冒商品累计达三振，将被查封账户。

同时淘宝网视情节严重程度可采取下架商品、删除商品、限制发布商品、限制解冻保证金、支付违约金、查封账户等措施。

对利用阿里妈妈营销推广平台出售假冒商品的，淘宝网视情节严重程度加重处理。

2．不当注册

【定义】不当注册是指用户通过软件、程序或人工等方式，批量注册淘宝账户的行为。

【违规类型】严重违规行为（B 类）。

【违规扣分与违规处理措施】每次扣 B 类 48 分。对淘宝网排查到的涉嫌不当注册的会员，淘宝网视情节严重程度可采取限制使用阿里旺旺、限制创建店铺、限制会员登录等措施。

3．盗用他人账户

【定义】盗用他人账户是指盗用他人淘宝账户或支付宝账户，涉嫌侵犯他人财产权的行为。

【违规行为纠正】淘宝网收回被盗账户，原账户所有人可以通过相应流程重新取回账户。

【违规类型】严重违规行为（B 类）。

【违规扣分与违规处理措施】每次扣 B 类 48 分。

4．骗取他人财物

【定义】骗取他人财物是指以非法获利为目的，非法获取他人财物，涉嫌侵犯他人财产权的行为。

【违规行为纠正】删除用于骗取他人财物的商品及信息；对骗取他人财物的受害方，淘宝网将基于有限的技术手段采取保护措施，如限制使用阿里旺旺、支付宝账户管控措施、监管账户、限制会员登录等。

【违规类型】严重违规行为（B 类）。

【违规扣分与违规处理措施】每次扣 B 类 48 分。对淘宝网排查到的涉嫌骗取他人财物的会员，淘宝网视情节严重程度可采取延长交易超时、关闭订单、支付宝账户管控措施等。

5．不当获取使用信息

【定义】不当获取使用信息是指通过租借/共享账号、协助第三方扫描系统等方式获取平台商业信息/他人信息，或未经允许发布、传递、出售平台商业信息/他人信息，影响淘宝网的正常运营秩序、效率或致使平台商业信息/他人信息存在泄露风险的行为。

【违规行为纠正】淘宝网可删除被泄露的信息或要求会员消除影响，收回或要求会员返还获得的不当利益。

【违规类型】严重违规行为（B类）。

【违规扣分与违规处理措施】情节一般的，每次扣B类2分；情节严重的，每次扣B类6分；情节特别严重的，每次扣B类48分。

对淘宝网排查到的不当获取使用信息的会员，淘宝网视情节严重程度可采取公示警告等措施。

6. 假冒材质成分

【定义】假冒材质成分是指卖家对商品全部材质或成分信息的描述与买家收到的商品完全不符的行为。

【违规行为纠正】删除商品。

【违规类型】严重违规行为（B类）。

【违规扣分与违规处理措施】每次扣B类6分；情节严重的，每次扣B类12分。

7. 扰乱市场秩序

【定义】扰乱市场秩序是指会员扰乱和破坏公平竞争、平等交易的市场秩序，侵害其他会员权益，或对平台造成不良影响的行为。

【违规行为纠正】淘宝网可取消或收回会员获得、使用的不当利益。

【违规类型】严重违规行为（B类）。

【违规扣分与违规处理措施】每次扣B类24分；情节严重的，每次扣B类48分。

8. 不正当牟利

【定义】不正当牟利是指会员或运营服务商等第三方采用不正当手段牟取利益的行为。

【违规行为纠正】自对会员进行不正当牟利调查之日起，淘宝网可对其店铺及其关联店铺实施限制参加营销活动等措施，直至调查终结。

【违规类型】严重违规行为（B类）。

【违规扣分与违规处理措施】

（1）若会员向阿里巴巴工作人员或其关联人士明确表达不正当牟利意图或已开始实施不正当牟利行为，但由于会员意志以外的原因而未得逞的，可视为不正当牟利未遂，每次扣B类12分。

（2）会员店铺为阿里巴巴工作人员之关联人士开设且该阿里巴巴工作人员未根据《阿里巴巴集团商业行为准则》规定进行如实申报的，每次扣B类24分；若有利用阿里巴巴工作人员职务便利条件的，每次扣B类48分。

（3）会员实施不正当牟利行为的，无论是否获得利益，每次扣B类48分，淘宝网永久不向其提供或接受其提供的任何产品或服务。同时，会员的关联店铺6个月内限制参加营销活动。

（4）实施不正当牟利行为的运营服务商，淘宝网将终止既有合作且永久不向其提供或接受其提供的任何产品或服务。由该运营服务商代运营的其他店铺亦应在收到淘宝网通知之日起3个月内自营或更换运营服务商，逾期淘宝网将监管账户。

（5）实施不正当牟利行为的会员、运营服务商有如实主动申报或如实积极举报等情形的，淘宝网酌情从轻或减轻处理。

9．发布违禁信息

【定义】发布违禁信息是指会员发布国家或淘宝平台禁止发布的商品或信息的行为。

【违规行为纠正】下架商品、删除商品、删除店铺相关信息、营销活动降档或清退、屏蔽评论内容、评分不累计、关闭订单。

【违规类型】一般违规行为（A 类）/严重违规行为（B 类）。

【违规扣分与违规处理措施】根据《淘宝平台违禁信息管理规则》相关规定处理。

10．提供虚假凭证

【定义】提供虚假凭证是指会员为牟取利益向淘宝网提供不真实的证明材料的行为。

【违规行为纠正】淘宝网可收回或追缴会员通过提供虚假凭证获得的不当利益。

【违规类型】一般违规行为（A 类）/严重违规行为（B 类）。

【违规扣分与违规处理措施】情节一般的，每次扣 A 类 12 分；情节严重的，每次扣 B 类 48 分。同时淘宝网视情节严重程度可采取删除商品、延长交易账期、监管账户、查封账户等措施。

11．骚扰他人

【定义】骚扰他人是指会员对他人实施骚扰、侮辱、恐吓等妨害他人合法权益的行为。

【违规类型】一般违规行为（A 类）/严重违规行为（B 类）。

【违规扣分与违规处理措施】情节一般的，对会员屏蔽店铺 7 天；情节严重的，每次扣 A 类 12 分；情节特别严重的，每次扣 B 类 48 分。

12．不当使用他人权利

【定义】不当使用他人权利是指卖家发布的商品或信息涉嫌不当使用他人商标权、著作权、专利权等权利，或造成不正当竞争的行为。

【违规行为纠正】删除商品或信息。

【违规类型】一般违规行为（A 类）/严重违规行为（B 类）。

【违规扣分与违规处理措施】

（1）情节一般的，每次扣 A 类 2 分。

（2）情节严重的，每次扣 A 类 6 分；情节严重达三次及以上的，每次扣 A 类 48 分。

（3）情节特别严重的，每次扣 B 类 48 分。

权利人就同一权利在 3 天内对同一卖家的投诉视为 1 次投诉。

淘宝网视情节严重程度可采取下架商品、删除商品、删除店铺相关信息、限制发布商品、监管账户、查封账户等措施。

13．发布混淆信息

【定义】发布混淆信息是指卖家发布容易造成消费者混淆的商品或信息的行为。

【违规行为纠正】删除商品或信息。

【违规类型】一般违规行为（A 类）/严重违规行为（B 类）。

【违规扣分与违规处理措施】

（1）情节一般的，每次扣 A 类 2 分。

（2）情节严重的，每次扣 A 类 24 分。

（3）情节特别严重的，每次扣 B 类 48 分。

淘宝网视情节严重程度可采取限制发布商品、延长交易账期、监管账户、限制会员登录等措施。

14．发布未经准入商品

【定义】发布未经准入商品是指卖家未备案或未通过淘宝网审查，发布有准入要求的商品。准入要求包括卖家准入要求和商品准入要求。

【违规行为纠正】下架商品、删除商品。

【违规类型】一般违规行为（A 类）/严重违规行为（B 类）。

【违规扣分与违规处理措施】

（1）情节一般的，商品资质未备案或未通过淘宝网审查的，每次扣 A 类 6 分；卖家资质未备案或未通过淘宝网审查的，每次扣 A 类 12 分。

（2）情节严重的，商品资质未备案或未通过淘宝网审查的，每次扣 B 类 6 分；卖家资质未备案或未通过淘宝网审查的，每次扣 B 类 12 分。

（3）情节特别严重的，每次扣 B 类 48 分。

淘宝网视情节严重程度可采取监管商品、删除商品、限制商品发布数量、限制发布商品、屏蔽店铺、延长交易账期等措施。

15．虚假交易

【定义】虚假交易是指会员通过虚构或隐瞒交易事实、规避或恶意利用信用记录规则等不正当方式，获取虚假的商品销量、店铺评分、信用积分、商品评论或成交金额等不当利益的行为。

【违规行为纠正】下架商品、搜索降权商品、取消虚假交易产生的不当利益。

【违规类型】一般违规行为（A 类）/严重违规行为（B 类）。

【违规扣分与违规处理措施】

（1）情节轻微的，每次扣 A 类 2 分。

（2）情节一般的，每次扣 A 类 12 分。

（3）情节严重的，每次扣 A 类 48 分。

（4）情节特别严重的，每次扣 B 类 48 分。

买家如协助卖家进行虚假交易的，淘宝网视情节严重程度可采取销量不累计、屏蔽评论内容、评分不累计、限制违规/异常交易的评价工具使用、限制买家行为等措施。

16．描述不当

【定义】描述不当是指买家收到的商品或接受的服务或经淘宝网抽检、排查到的商品或服务，存在与卖家描述不相符或卖家未对商品瑕疵等信息进行披露等情形，妨害买家权益的行为。

【违规行为纠正】下架商品、删除商品。

【违规类型】一般违规行为（A 类）/严重违规行为（B 类）。

【违规扣分与违规处理措施】

（1）情节轻微的，第一次下架商品但不扣分，第二次下架商品且扣 A 类 3 分，第三次删除商品且扣 A 类 6 分，第四次及以上删除商品且每次扣 A 类 12 分。

（2）情节一般的，第一次下架商品且扣 A 类 3 分，第二次删除商品且扣 A 类 6 分，第三次删除商品且扣 A 类 12 分，第四次及以上删除商品且每次扣 B 类 12 分。

（3）情节严重的，删除商品，第一次扣 A 类 12 分，第二次及以上每次扣 B 类 12 分。

（4）情节特别严重的，每次扣 B 类 48 分。

淘宝网视情节严重程度可采取下架商品、删除商品、延长交易账期、限制解冻保证金、监管账户等措施。

17. 滥用会员权利

【定义】滥用会员权利是指会员滥用、恶意利用淘宝所赋予的各项权利损害他人合法权益、妨害淘宝平台运营秩序的行为。

【违规行为纠正】淘宝网将收回或要求返还会员获得的不当利益（如红包、天猫积分等）；对滥用权利产生的订单采取销量不累计、关闭订单等措施。

【违规类型】一般违规行为（A 类）。

【违规扣分与违规处理措施】淘宝网视情节严重程度可采取屏蔽评论内容、评分不累计、限制买家行为、查封账户等措施。

卖家可使用淘宝网提供的异常行为反馈工具，滥用此类工具的，每次扣 A 类 4 分。

18. 违背承诺

【定义】违背承诺是指卖家未按约定或淘宝网规定向买家提供承诺的服务，妨害买家权益的行为。

【违规行为纠正】卖家须按约定及淘宝网规定向买家履行承诺。

【违规类型】一般违规行为（A 类）。

【违规扣分与违规处理措施】

（1）卖家违背发货时间、交易价格、运送方式等承诺的，须向买家支付该商品实际成交金额的 10%作为违约金，且赔付金额最高不超过 100 元，最低不少于 5 元，特殊商品除外。卖家未在淘宝网判定投诉成立前主动支付违约金的，除须向买家支付违约金外，还须向淘宝网支付同等金额的违约金。

情节严重的，还可采取扣 A 类 6 分、下架商品、删除商品等措施。

滥用上述规则发起赔付申请的，淘宝网不支持赔付。

（2）卖家违背交易方式、服务承诺的，每次扣 A 类 4 分。

（3）卖家违背特殊承诺的，每次扣 A 类 6 分。

除上述列举的行为外，淘宝网发布的其他管理内容中认为构成违背承诺行为的，从其规定。

19. 滥发信息

【定义】滥发信息是指会员未按《淘宝平台规则总则》及相关规则要求发布商品或信息，妨害买家权益或平台秩序的行为。它包括以下情形：

（1）广告信息；

（2）信息与实际不符；

（3）信息重复；

（4）商品要素不一致；

（5）规避信息；

（6）品牌不一致；

（7）行业特殊要求。

【违规行为纠正】下架、删除商品或信息。

【违规类型】一般违规行为（A类）。

【违规扣分与违规处理措施】淘宝网视情节严重程度扣A类0.2～6分，同时采取下架商品、删除商品、删除店铺相关信息、搜索降权商品、限制发布商品、监管账户等措施。

三、全球速卖通交易规则

全球速卖通作为跨境电商企业吸引着无数的卖家入驻其中，它既然是电子商务平台就一定有其平台规则，很多卖家在不清楚全球速卖通平台规则的前提下的某些行为常常会受到平台的惩罚。以下是全球速卖通新手卖家应尽快了解的一些基本规则。

违规处理措施

为保障消费者、经营者或全球速卖通的正当权益，在会员违规处理期间，全球速卖通按照本规则规定的情形对会员采取以下违规处理措施，直至全球速卖通确认风险基本可控后予以部分或全部解除管控：

（1）警告是指全球速卖通通过口头或书面的形式对卖家的不当行为进行提醒和告诫。

（2）调整搜索排名是指调整店铺的部分或全部商品在搜索结果中的排序。

（3）屏蔽是指卖家的所有商品（包括违规商品和非违规商品），除在卖家店铺能看到外，在前台搜索页面没有任何展示。

（4）限制发送站内信是指禁止全球速卖通会员发送站内信。

（5）删除评价是指店铺评分等被删除、不计分，并删除评论内容。

（6）限制发布商品是指禁止全球速卖通会员发布新商品。

（7）品牌下挂是指限制或禁止该品牌商品在平台展示。

（8）下架商品是指全球速卖通对会员商品进行下架。

（9）删除商品是指全球速卖通对会员商品进行删除。

（10）限制参加营销活动是指限制商家参加平台发起或协助组织的营销活动。

（11）关闭经营权限是指关闭卖家单个经营类目/整个经营大类的权限。

（12）关闭提前放款功能是指关闭卖家使用的提前放款功能。

（13）冻结账户是指下架店铺内所有出售中的商品并限制发布商品。

（14）冻结卖家账户资金（包括但不限于国际支付宝账户/全球速卖通账户），直至平台认为已经风险可控。

（15）关闭账户是指冻结账户，同时限制发送站内信、停止店铺访问、冻结卖家账号资金180天。

（16）关闭账户的同时平台有权根据违规严重情况对卖家其余订单进行审核处理。

（17）限制卖家销往特定国家是指限制卖家将商品销往特定国家。

（18）删除信用及销量是指删除店铺的全部或部分信用积分，及删除店铺全部商品或部分商品的销量记录。

同时，除上述违规处理措施外，如卖家违反有关国家法律法规或平台规则，直接或间接致使全球速卖通遭受任何重大损失，全球速卖通均有权要求卖家承担全部损失赔偿责任，上述损失包括但不限于任何行政管理部门因上述卖家违法行为做出的直接或间接的处罚，全球速卖通为保证平台、多数卖家或买家的合理权利而采取补救措施所承担的成本，全球速卖通被判决须承担的对第三方的违约金或赔偿金，全球速卖通代卖家向买家支付的退款、违约金或赔偿额，全球速卖通支付的律师费用，消除影响所支出的必要费用等。

全球速卖通将对其正在进行中的订单按以下方式处理：

（1）买家已下单但未付款的订单：关闭订单。

（2）买家已付款（风控审核中）而卖家未发货的订单：关闭订单，订单款项将全额退款给买家（备注：平台判定发货的标准为卖家是否已在平台填写并提供货运单号）。

（3）买家已付款（风控审核通过后）而卖家未发货的订单：冻结订单，卖家需提供发货证明、进货证明（部分产品需提供相关资质证明）；如果卖家无法提供相关证明，关闭订单，订单款项将全额退款给买家；如果卖家提供相关证明，订单解冻，允许此订单按正常交易流程进行（备注：平台判定发货的标准为卖家是否已在平台填写并提供货运单号）。

（4）卖家已发货而未产生纠纷的订单：冻结订单，卖家需提供发货证明、进货证明（部分产品需提供相关资质证明）；如果卖家无法提供相关证明，关闭订单，订单款项将全额退款给买家；如果卖家提供相关证明，订单解冻，允许此订单按正常交易流程进行。

（5）已产生纠纷的订单：卖家需在全球速卖通平台限定的申诉期内进行举证，全球速卖通将根据买卖双方提供的举证材料对纠纷进行判定。

（6）交易成功但未放款的订单：冻结订单款项，卖家需提供发货证明、进货证明（部分产品需提供相关资质证明）；如果卖家无法提供相关证明，订单款项将全额退款给买家。

（7）其他订单情况：全球速卖通平台可酌情处理，要求在卖家提供相关证明材料后才进行判定。

（8）如果该会员涉嫌在全球速卖通平台同时注册或控制使用其他账号，以上订单处理方法也适用该等关联账号的订单。

同步实训

实训　比较同一企业不同 B2C 零售平台

实训目的

通过本次实训，要求学生能够对典型 B2C 零售平台进行比较分析，会对同一企业在不同 B2C 零售平台的运营情况进行比较分析。

实训内容与步骤

（1）登录时尚品牌 ONLY 在天猫和京东的网站首页，对比两个店铺的风格，如图 1-8 所示。请分别写出两个店铺的页面布局。

图 1-8　ONLY 在天猫（左）和京东（右）的首页截图对比

（2）ONLY 在天猫（左）和京东（右）的商品类目对比如图 1-9 所示。请写出两个店铺在类目方面的不同之处。

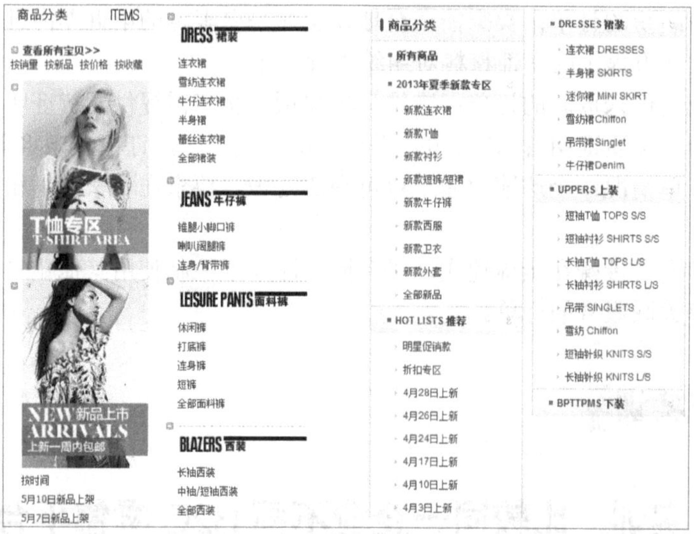

图 1-9　ONLY 在天猫（左）和京东（右）的商品类目对比

（3）ONLY 在天猫（左）和京东（右）的商品价格对比如图 1-10 所示。请写出两个店铺对相同商品的定价的区别，以及对同种类型商品定价的区别。

图 1-10　ONLY 在天猫（左）和京东（右）的商品价格对比

（4）ONLY 天猫店和京东店中的商品描述对比，如图 1-11 和图 1-12 所示。请写出两个店铺在商品描述内容方面的不同。

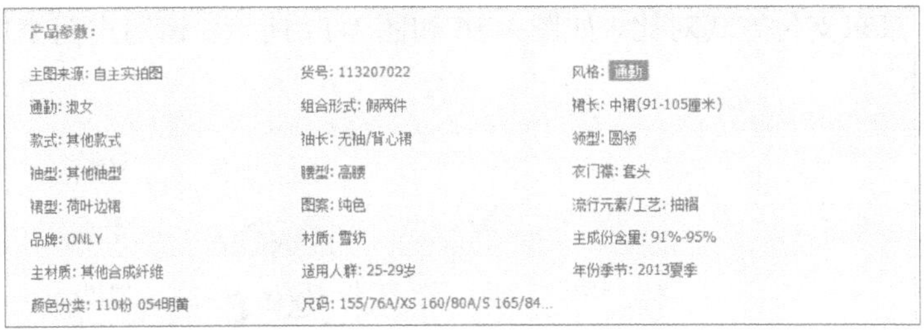

图 1-11　ONLY 天猫店中的商品描述

图 1-12　ONLY 京东店中的商品描述

（5）ONLY 在天猫（左）和京东（右）在同一时间的折扣对比如图 1-13 所示。请结合平台的活动，写出当前两个店铺的促销活动有哪些不同。

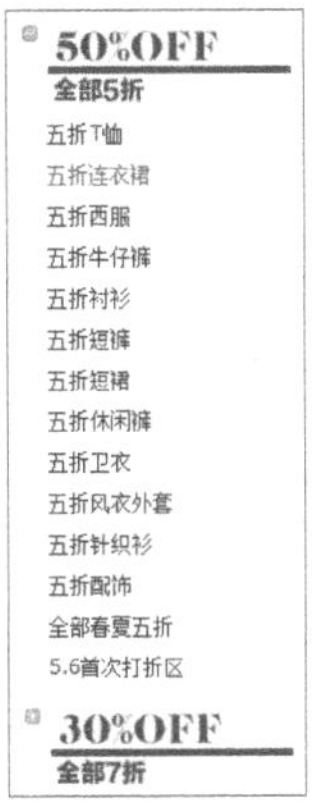

图 1-13　ONLY 在天猫（左）和京东（右）在同一时间的折扣对比

（6）ONLY 天猫店的物流配送规定和 ONLY 京东店的配送服务对比如图 1-14 和图 1-15 所示。请写出两个店铺在配送方面的不同之处。

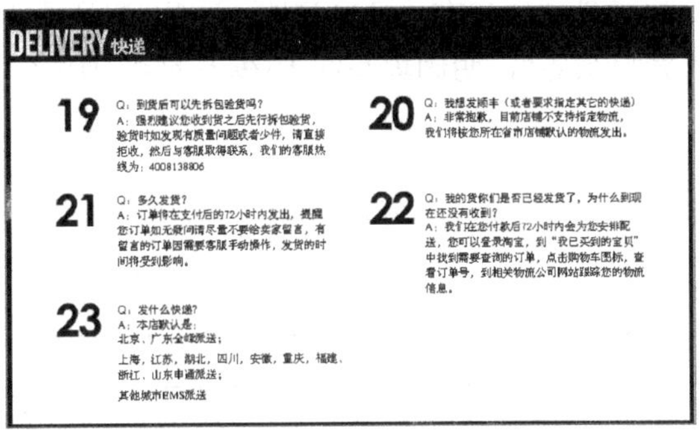

图 1-14　ONLY 天猫店的物流配送规定

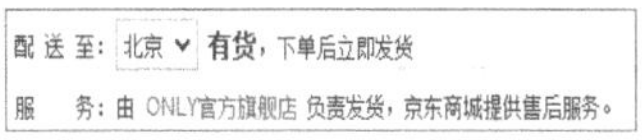

图 1-15　ONLY 京东店的配送服务

（7）天猫、京东支付方式对比，如图 1-16 和图 1-17 所示。请写出两个店铺在支付服务方面的不同之处。

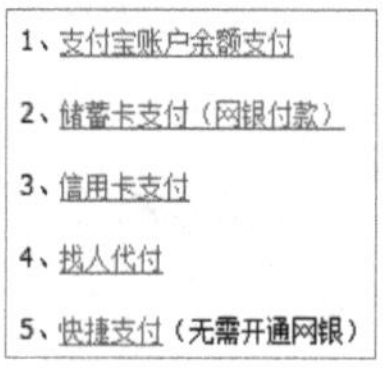

图 1-16　天猫支付方式

图 1-17　京东支付方式

（8）ONLY 天猫店的客服和 ONLY 京东店的在线客服对比如图 1-18 和图 1-19 所示。请写出两个店铺在客户服务方面的不同之处。

图 1-18　ONLY 天猫店的客服

图 1-19　ONLY 京东店的在线客服

（9）请对比 ONLY 在天猫和京东中同样商品的销量，以及近 1 个月的总店的销售额。

实训提示

每个项目的对比中，需要突出各自的特色内容；关于每个项目的“简评”，只需对两者进行优劣比较即可；关于“店铺风格”，从网站背景颜色和布局角度说明；关于“商品/服务”和“商品品牌”，按商品大类填写；关于“客户服务”，明确填写线上/线下的客户服务。

思考与练习

1. 比较京东和亚马逊中国的异同点，填写表格。

对 比 项 目	京　　东	亚马逊中国	简　　评
店铺风格			
产品			

续表

对比项目	京　东	亚马逊中国	简　评
业务类型			
支付方式			
物流配送			
帮助和客户服务			

2. 比较小米网和小米天猫旗舰店的异同点，填写表格。

对比项目	小　米　网	小米天猫旗舰店	简　评
店铺风格			
产品/服务			
价格 （以任一商品为例）			
商品描述			
促销力度 （以限时尊抢为例）			
物流配送			
支付方式			
手机客户端			
客户服务			
销量			

3. 请分析小米网和小米天猫旗舰店分别存在哪些问题。

项目小结

互联网的普及为中国网络零售行业的发展奠定了良好的基础，网络零售正在成为新的经济增长点，形成新的市场、新的就业方式。我国的网络零售市场始终保持着高速的增长态势，中国已连续 6 年成为全球第一大网络零售大国。网络零售是指交易双方以互联网为媒介进行的商品交易活动。按照交易对象来分，网络零售包括 B2C 和 C2C 两种类型。

相比于传统零售模式，网络零售体现出明显的优势，呈现出巨大的发展活力。无论是欧美国家还是中国，网络零售市场呈现快速发展态势。当前，我国是全球网民数量最多的国家，拥有电子商务交易规模最大、效率最高的市场。随着电子商务的普及，出台一部全面规范电子商务发展的法律已经成为必然。在明确电子商务监管范围和监管原则的基础上，《电子商务法》分别对电子商务经营者、电子商务平台经营者、电子商务合同的订立与履行等方面做出针对性规定。网络零售经营者应该诚信守法经营，共同维护网络市场秩序和消费者合法权益。只有全体网店经营者坚持守法经营，才能够实现中国网络零售行业健康、快速和持续发展。

同步测试

1．单项选择题

（1）互联网诞生于 20 世纪（　　）年代。

A．60　　B．70　　C．80　　D．90

（2）全球第一大网络零售大国是（　　）。

A．美国　　B．中国　　C．日本　　D．德国

（3）2018 年中国的网上零售规模为（　　）万亿元。

A．6　　B．7　　C．8　　D．9

（4）（　　）是企业通过互联网向个人网络消费者直接销售产品和提供服务的经营方式。

A．B2B　　B．B2C　　C．C2C　　D．B2G

（5）属于 C2C 网络零售网站的是（　　）。

A．阿里巴巴　　B．天猫　　C．京东　　D．淘宝网

2．多项选择题

（1）买卖双方通过电子商务应用实现（　　）等行为。

A．信息流　　B．资金流　　C．物流　　D．客户流

（2）网络零售包括（　　）类型。

A．B2B　　B．B2C　　C．C2C　　D．B2G

（3）属于 B2C 网络零售平台的是（　　）。

A．阿里巴巴　　B．天猫　　C．京东　　D．亚马逊

（4）属于 C2C 网络零售平台的是（　　）。

A．eBay　　B．天猫　　C．京东　　D．淘宝网

（5）《电子商务法》分别对（　　）等方面做出针对性规定。

A．电子商务经营者　　B．电子商务平台经营者

C．电子商务平台消费者　　D．电子商务合同的订立与履行

3．分析题

（1）什么是网络零售？

（2）请描述 B2C 网络零售的购物流程。

（3）C2C 模式电子商务在中国的发展现状如何？

（4）国内主要的网络零售网站有哪些？它们有什么区别？

（5）淘宝网的交易规则包括哪些内容？

项目 2

网络零售市场调查与策划

本项目知识点

市场调查；市场调查方案；市场调查方案设计；网络市场直接调查的定义；网络市场直接调查的方法；电子邮件问卷调查法；网站在线调查法；网络市场间接调查；搜索引擎调查法；网上数据库；网络创业产品选择；进货渠道选择。

本项目技能点

会制作网络调查问卷；能够对网络调查问卷结果进行统计分析；能够利用多种工具搜集次级资料；能够选择合适的创业产品和进货渠道。

知识导图

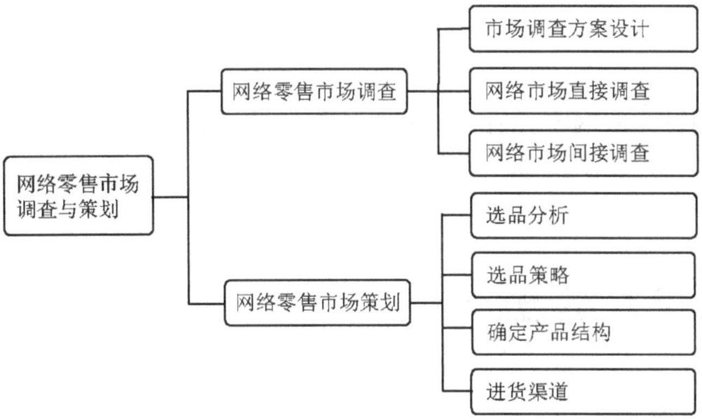

引例

网络创业具有创业成本低、创业群体广、创新性要求高等特点，吸引了越来越多的年轻人在网上开店，网络创业也成为许多人实现自我理想与自我价值的新型方式。张强在大学毕业后，开设了一家经营时尚商品的网店，以受教育程度较高的年轻人为销售对象，为他们提供时尚礼品、装饰品等。张强认为在网上做生意，专业化和诚信极为重要。他严格把握进货质量，客观地宣传经营的商品，耐心地解答每个顾客的询问，精心地为每个顾客挑选物美价廉的商品。现在，张强的网店发展得很有起色，并且在短短 3 年时间后，张强已经买房买车了。王进和张强是大学同学，王进在大学毕业后找了一份稳定的工作。一次毕业会上，两人聊了相互的情况。王进知道网络创业具有很多优势，现在又看到张强在网上创业的成功，王进也想在网上创业，但他对网络零售市场调查的方法和工具、如何选择产品和进货渠道都不清楚，更不用说创业计划书的编写了。此刻，王进真切感受到“书到用时方恨少”呀。请帮王进梳理一下网络创业的这些准备工作。

引例分析

现在是一个信息快速发展的时代，如何快速、有效找到想要的信息就成为必须解决的问题。不然，虽然拥有的是一个巨大的宝藏，却不知道如何有效地开发与利用，这不是很浪费吗？网络创业更需要了解产品、市场、环境、创业计划书这些准备工作，本项目将重点讨论网络信息的搜集方法、网络产品选择，为做创业准备时的创业者提供必要的指导意见。

任务 1 网络零售市场调查

网络零售是通过互联网方式进行的商品销售活动，面向终端消费者。网络零售市场的调查是开展网络零售工作的基础；真实有效的网络市场情报及数据，能有效指导后续的网络零售工作，使个人或组织做到知己知彼、胸有成竹。

一、市场调查方案设计

1. 市场调查方案设计的概念

市场调查是指个人或组织为了某一特定问题的决策而系统地设计、搜集、记录、整理、分析及研究市场上各类信息资料并报告调查结果的工作过程。我们在做一款产品的时候，首先需要进行市场调查，去验证我们的想法是否与市场相符合，以及用户是否有这样的需求。

一般来说，市场调查方案是用来指导和规划整个调查工作的纲领性文件。一个市场调查方案要明确基本的 6 个方面：调查目的（Why）；调查对象与调查单位（Who）；调查项目与调查表（What）；调查地点（Where）；调查时间（When）；制订组织实施计划（How）。可以将其简单记忆为“5W1H”。

市场调查方案设计就是根据调查研究的目的和调查对象的性质，在进行实际调查之前，对调查工作总任务的各个方面和各个阶段进行通盘考虑和安排，提出相应的调查实施方案，确定合理的工作程序。市场调查方案设计的含义：一方面，它是指市场调查的计划、方案；另一方面，它是指调查人员对调查计划、方案的策划过程。

2. 市场调查方案设计的作用

（1）从认识上讲，市场调查方案设计是从完整性认识过程过渡到定量认识的开始阶段。

（2）从工作上讲，市场调查方案设计起着统筹兼顾、统一协调的作用。

（3）从实践要求上讲，市场调查方案设计能够适应现代市场调查发展的需要。

3. 市场调查方案设计的内容

市场调查方案设计包括以下几个方面的内容。

1）确定市场调查的目的

在确定调查课题开始，就必须根据营销人员与企业管理人员的反映，发现问题，从而在调查设计阶段明确调查的目的。

2）确定数据来源

确定数据来源是一手资料还是二手资料，抑或两者的结合。对一手资料，应该初步确定调查的范围；如果需要第二手资料，则需要确定搜集的方向和方法。

3）确定调查方法

调查的方法包括观察法、实验法、访谈法。

4）选择调查人员

调查人员应善于在市场调查过程中，根据情况的变化而随时修正自己的访问内容，但同时掌握调查的根本目标不变，这就要求调查人员具有一定的专业知识和丰富的市场实践能力与问题整合能力。

5）选择调查样本

明确调查的范围、样本的数量和特征及抽样方法。

6）预算经费并进行时间安排

调查工作总是需要花费一定的时间和资金，因此必须进行预算，进行成本效益分析，以决定调查工作是否有必要进行。

休闲服装市场调查方案设计

7）制订调查进度计划

制订调查进度计划，并按照进度计划时间表进行调查实施。

二、网络市场直接调查

1. 网络市场直接调查的定义

网络市场调查是网络创业的正常开展的第一步，也是关键的一步，网络市场调查的好坏直接关系到网络创业的成败。进行网络市场调查时首先要确定调查的目标、方法、步骤，在实施调查后要对调查的数据和结果进行相关的定量分析和定性分析，最后形成调查结论。根据调查资料的不同，网络市场调查分为网络市场直接调查和网络市场间接调查。

网络市场直接调查是指利用互联网，为当前特定的目的而搜集一手资料或原始资料的过程。一手资料或原始资料是指反映调查单位原始状况的资料，是未经加工的信息。

2．网络市场直接调查的步骤

与传统调查类似，网络市场直接调查遵循一定的步骤进行，如图 2-1 所示。

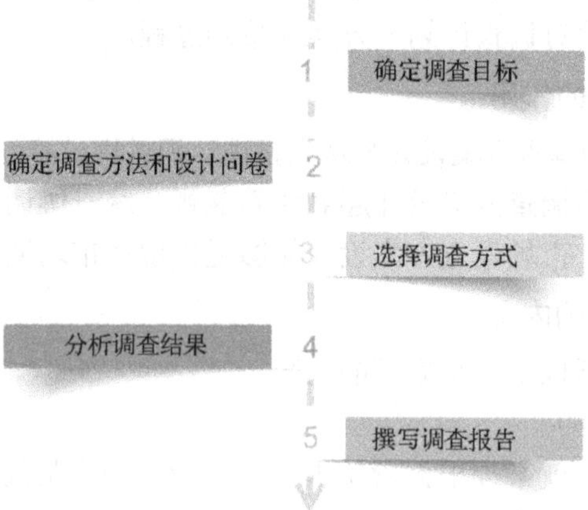

图 2-1　网络市场直接调查的步骤

1）确定调查目标

互联网是企业与顾客之间有效的沟通渠道。企业可以充分利用互联网直接与顾客进行沟通，了解企业的产品和服务是否满足顾客的需求，同时了解顾客对企业的潜在期望和改进建议。在确定网上直接调查目标时，需要考虑的是被调查对象是不是网民，网民中是否存在着被调查群体，规模有多大。只有网民中的有效调查对象足够多时，网上调查才可能得出有效结论。

2）确定调查方法和设计问卷

网上直接调查方法主要是问卷调查法，因此设计网络调查问卷是网络市场直接调查的关键。由于互联网交互机制的特点，网上调查可以采用调查问卷分层设计，这种设计适合过滤性的调查活动，这样调查对象更为准确。

3）选择调查方式

网上直接调查时采取较多的方法是被动调查方法，也就是将调查问卷放到网站等待被调查对象自行访问和接受调查。因此，吸引访问者参与调查是关键。为提高受众参与的积极性，可提供免费礼品、调查报告等。另外，必须向被调查者承诺并且做到有关个人隐私的任何信息不会被泄露和传播。

4）分析调查结果

分析调查结果是市场调查能否发挥作用的关键，分析调查结果时也要尽量排除不合格的问卷，这样对回收的问卷进行综合分析和论证后，调查结果更精准。

5）撰写调查报告

撰写调查报告是网上调查的最后一步，也是调查成果的体现。撰写调查报告主要是在分析调查结果基础上对调查的数据和结论进行系统的说明，并对有关结论进行探讨性的说明。

网络市场直接调查的突出特点：时效性和效率性很高，初步调查结果可以在调查过程中得出，便于实时跟踪调查过程，分析深层次原因。网上直接调查可以节省大量调查费用和人力，其费用主要集中在建立调查问卷网页的链接方面。不足之处是难以控制和选择被调查对象，不一定能满足调查样本要求，甚至可能出现样本重复、调查数据不真实、调查数据无法进行抽样核实的情形。

3．网络市场直接调查的方法

根据网上直接调查时使用的载体不同，网络市场直接调查的方法包含电子邮件问卷调查法、网络视频会议法、网站在线调查法、网上论坛调查法、计算机辅助调查法、数据工具软件调查法等。调查过程中具体应采用哪一种方法，要根据实际调查的目的和需要而定。

1）电子邮件问卷调查法

电子邮件问卷调查法就是调查者通过给被调查者发送电子邮件的形式，将调查问卷按照已知的电子邮件地址发给一些特定的网上用户，而被调查者回答完毕，将问卷以电子邮件的形式反馈给调查者的调查方法。

此方法的优点是电子邮件问卷制作简单，分发迅速，而且费用非常低廉，具有很好的规模效益。在调查实施中，调查者通过多媒体技术可以向被调查者展示包括文字、图像、声音等在内的多种内容。同时，调查者可以发送较多的邮件，从而保证一定量的回收样本。另外，调查对象的范围相对广泛且样本容量大，使调查的结果分析更具有真实性，通常用于对特定群体网民的多方面的行为模式、消费规模、网络广告效果、网上消费者消费心理特征的研究。由于电子邮件问卷出现在被调查者的私人信箱中，也能够引起注意。

通过电子邮件问卷进行调查也存在以下不足之处。第一，不能确定回复的比例。发送电子问卷是比较容易的，但是无法保证被调查者能够及时填写问卷并将问卷发回给调查者。第二，较难保证回复样本的统计代表性。由于无法选择被调查者，所以收集的问卷往往只能反映部分消费者的情况，会造成调查样本的偏离。第三，容易引起被调查者的反感，有侵犯个人隐私之嫌。因此，用该方式时首先应争得被调查者的同意，或者估计被调查者不会反感，并向被调查者提供一定补偿，以降低被调查者的敌意。

2）网络视频会议法

网络视频会议法是通过网络视频会议（见图 2-2）或网络实时交谈进行访谈式调查的方法，无须借助大量的调查员访问被调查者，可直接在上网人士中征集与会者，并在约定时间利用网上视频会议系统举行网上座谈会。该方法适合于需要进行深度或探索性研究的主题。网络视频会议在调查的速度上具有绝对的优势，待访谈结束，其调查结果便已到达调查员的心中。调查结果可以随时调阅，大大地缩短了调查周期。在调查中采取一问一答的方式，问者和答者均在各自独立的环境中，此时被调查者的回答往往是坦诚的，一般对敏感性问题也不采取回避的态度，使被调查者所反馈的信息的质量大大提高，这对调查专题的深入研究有着积极的作用。该调查方式较适合于对关键问题的定性调查研究。

3）网站在线调查法

企业在访问率高的网站或自己的网站上设置调查页面，网站访问者根据个人兴趣选择是否访问有关主题，并以在线方式填写调查问卷，完成后提交调查表，即可完成调查。此方式所获得的调查对象属于该网站受众中的特殊兴趣群体，其结果可以反映调查对象对所调查问题的态度，但不能就此推论一般网民的态度。因此为获取足够多的样本，一般在设计时调查问卷网页都要与热门站点进行链接，如中国互联网络信息中心（CNNIC）的网上调查就与大量国内著名的站点进行链接。由于网上调查的数据可以被保存到数据库中，调查对象在填写完调查表后，一般就能看到初步的调查结果。这种调查方式适用于关于某些问题的参考性态度研究。目前许多网站都是通过设置调查专页以征询用户意见、了解受众需求的。

图 2-2　网络视频会议

在实施网上调查时应充分利用多媒体技术，在调查问卷上附加多种形式的背景资料，可以是文字、图片或声音资料。由于网络有着分布广泛的特点，被调查者来源广泛，网站也可以 24 小时不间断地接受被调查者填表，该方法成本极低且易于操作。

在线设计调查表流程图如图 2-3 所示。

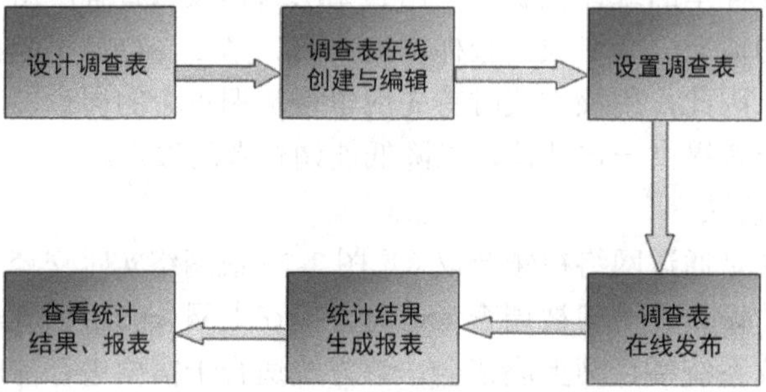

图 2-3　在线设计调查表流程图

4）网上论坛调查法

网上论坛调查法可通过 Usenet 网、公告板系统（BBS）或邮件列表进行。其步骤如下：

（1）确定要调查的目标市场。

（2）识别目标市场中要加以调查的讨论组。

（3）确定可以讨论或准备讨论的具体话题。

（4）登录相应的讨论组，通过过滤系统发现有用的信息；或创建新话题，让大家讨论，从而获得有用的信息。

具体地说，目标市场的确定可根据 Usenet 网、BBS 或邮件列表的分层话题选择，也可向讨论组的参与者询问其他相关名录。

5）计算机辅助调查法

该调查方法采用的是“基于互联网用户的全景测量”，根据传输控制协议/网际协议（TCP/IP）进行，其调查结果不但记录了用户访问的网站，而且记录了网民的上传和下载软件、收发电子邮件等全部网上行为，因此称为“全景测量”，主要有网上观察法和网上实验法两种。网上观察法的实施主要是利用相关软件和人员记录网络浏览者的活动。相关软件能够记录网络浏览者在浏览企业网页时的行为和习惯：所点击的内容和浏览的时间；在网上喜欢看什么商品网页；看商品时，先点击的是商品的价格、服务、外观还是其他人对商品的评价；是否有就相关商品和企业进行沟通的愿望等。网上实验法的实施可以利用在网络中所投放的广告的内容与形式。

6）数据工具软件调查法

数据工具软件调查法是指利用专门的工具软件（如生意参谋、超级店长等）搜集所需的数据资料。这类工具软件的功能强大，数据资料具有针对性强、及时性好、准确性高等特点。

生意参谋是阿里巴巴集团“重兵”打造的商家统一数据平台，已为超过 500 万个淘宝网与天猫商家提供一站式、个性化、可定制的商务决策体验。它集成了海量数据及店铺经营思路，让商家在清新愉悦的视觉中享受大数据赋予的价值！

生意参谋作为官方数据工具，一直是店铺运营人员必备的“军师”。其日常店铺数据是运营店铺的“时速表”，运营人员通过掌握自己店铺的数据来调整店铺的运营思路。然而，对店铺运营人才而言，生意参谋不仅是看管自己店铺的“时速表”，更是了解并学习优秀竞争对手的数据和竞争情报，给他们带来了解竞争对手并提升自己店铺的更多信息数据。

如图 2-4 所示，通过生意参谋软件，卖家可以很清晰地了解目前自己在行业中的排名。

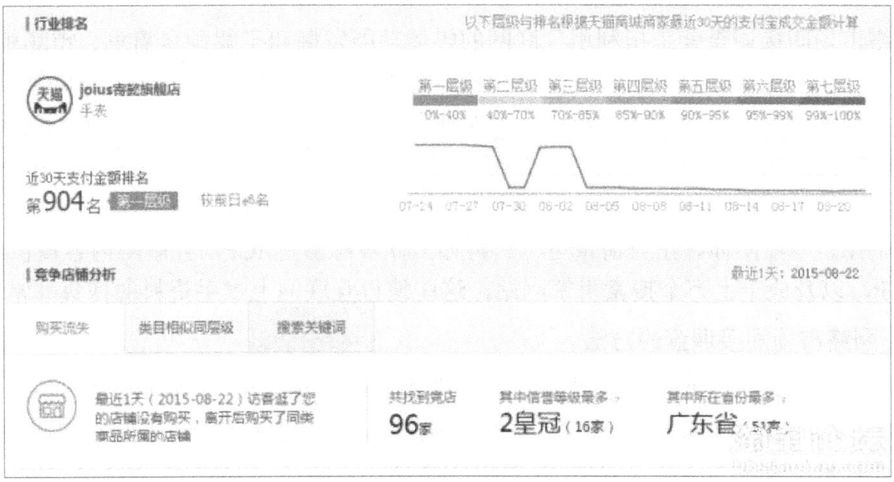

图 2-4　生意参谋的行业排名功能

打开生意参谋的竞争情报菜单，会展现出很细致的 3 类分析，分别是“购买流失”“类目相似同层级”“搜索关键词”，如图 2-5 所示。这个功能能够让卖家清楚地分析出，在众多的同行业卖家中，哪些才是与自己实力相当的竞争对手。

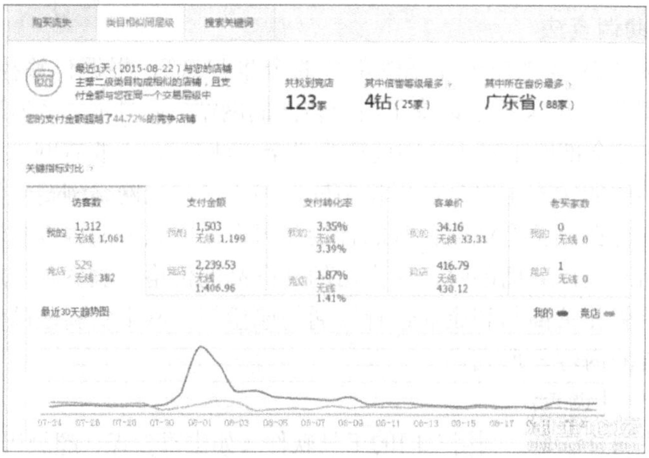

图 2-5　生意参谋的竞争情报功能

想一想

网络市场直接调查的方法有哪些？每一种调查方法的优缺点分别有哪些？

三、网络市场间接调查

1．网络市场间接调查的定义

网络市场间接调查就是指利用互联网的媒体功能发掘和了解顾客需求、市场机会、竞争对手、行业潮流、分销渠道及战略合作伙伴等次级资料，针对特定营销环境进行简单调查设计、搜集资料和初步分析的活动；即企业利用互联网搜集与整理与企业经营相关的次级信息资料的方法。

次级资料的来源有很多，如公共图书馆、大学图书馆、贸易协会、市场调查企业、广告代理企业、专业团体、企业情报室等。再加上众多综合型 ICP（互联网内容提供商）、专业型 ICP，以及成千上万个搜索引擎网站，这些使得互联网上二手资料的搜集非常方便。

2．网络市场间接调查的方法

互联网上虽有海量的次级资料，但要找到自己需要的信息，必须掌握网络市场间接调查的方法。网络市场间接调查主要有以下 4 种方法：利用搜索引擎；访问专题网站；登录电子商务交易平台；利用网上数据库，如图 2-6 所示。

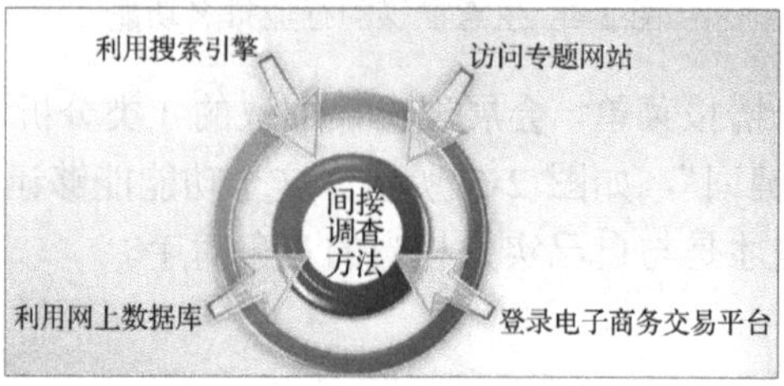

图 2-6　网络市场间接调查方法

1）利用搜索引擎

搜索引擎是使用最普遍的网络信息检索工具。搜索引擎是指根据一定的策略并运用特定的计算机程序从互联网搜集信息，在对信息进行组织和处理后，为用户提供检索服务，将检索到的相关信息展示给用户的系统。搜索引擎提供一个搜索入口，根据搜索者提供的关键词，反馈搜索结果——与关键词相关的商机信息（比如供求信息、产品信息、企业信息及行业动态信息），并且给予搜索者一定的信息分拣引导，以最终满足搜索者的实际需求。目前，比较常见的搜索引擎有百度搜索、搜搜、搜狗搜索、有道搜索、360 搜索、Bing 搜索。

百度搜索引擎（见图 2-7）于 2000 年 1 月由李彦宏、徐勇两人创立于北京中关村，致力于向人们提供“简单可依赖”的信息获取方式。“百度”二字源于中国宋朝词人辛弃疾的《青玉案·元夕》中的词句“众里寻他千百度”，象征着百度对中文信息检索技术的执着追求。百度搜索的最大特点是基于字词结合的信息处理方式，这种方式解决了中文信息的理解问题，并极大地提高了搜索的准确性和查全率。百度所支持的二次检索也是其相当重要的特点，即可在上次检索结果中继续检索，逐步缩小查找范围，直至最小、最精确的结果集。此外，百度依托智能性、可扩展的搜索技术，保证了又快又多地搜集互联网信息，拥有了庞大的中文信息库，为向用户提供准确、广泛、具有时效性的信息提供了坚实基础。百度采用了基于内容和基于超链分析相结合的方法进行相关度评价，能够客观分析网页所包含的信息，从而最大限度地保证了检索结果相关性。

也许你根本不会用百度搜索

图 2-7　百度搜索引擎

2）访问专题网站

利用专题网站查找相关的内容信息，可以直接获得所需数据较全面、实时性较强的资料。如果知道某一专题的信息主要集中在哪些网站，可直接访问这些网站以获得所需资料。如想了解中国的农产品行情，访问中国农业网，可立即查到全国各地的农产品批发价格。如想了解 IT（信息技术）市场所有有关产品（如计算机软硬件、手机、数码相机、数字电视、MP3、摄像机等）、商家的各种最新信息，可访问太平洋电脑网。可靠的人口统计资料对市场营销十分重要，对新企业尤其如此，如果想了解某一国家的人口统计资料，可直接访问该国政府的人口情报中心或人口调查局的网站数据库，如访问美国人口调查局网站的数据库可获得有关美国的人口统计资料。要了解我国自 1985 年实施专利制度以来的全部发明专利、实用新型专利和外观设计专利的情况，可直接访问中国专利信息网，通过此网站还可直接链接到境内各代办处和境外多个专利局、专利组织的网站，如图 2-8 所示。

图 2-8 中国专利信息网首页

3）登录电子商务交易平台

电子商务平台是一个为企业或个人提供网上交易洽谈的平台。企业在开展电子商务业务时，可登录淘宝网、天猫、京东等电子商务交易平台查看竞争对手的店铺及产品销售情况，从而为产品定位、价格、营销活动等方面提出最优化的决策。

4）利用网上数据库

在互联网上，除以上方法外，第四种方法就是利用相关的网上数据库（Web 版的数据库）。

网上数据库包括 USPTO、Medline、Chemical Abstracts Service（CAS）等。网上数据库一般有免费和付费两种，互联网上有成千上万种免费数据库（题录/文摘型数据库居多），当然还有更多的付费使用数据库。在国外，市场调查用的商情数据库一般都是付费的。我国的数据库业近十年取得较大发展，近几年也出现了几个 Web 版的数据库，但它们都是文献信息型数据库，如中国知网等。在信息技术飞速发展的今天，不但数据库的数量、数据库内的记录数有巨大增长，而且几乎所有数据库检索系统都推出 Web 版，用户可通过互联网直接查询。以下选择性地介绍目前国内影响较大的几个主要商情数据库检索系统，供用户需要时查询。

（1）中国知网

中国知网（见图 2-9）面向海内外读者提供中国学术文献、外文文献、学位论文、报纸、会议、年鉴、工具书等各类资源的统一检索、统一导航、在线阅读和下载的服务。它采用自主开发并具有国际领先水平的数字图书馆技术，建成了世界上全文信息量规模最大的“CNKI 数字图书馆”，并正式启动建设中国知识资源总库及 CNKI 网格资源共享平台，通过产业化运作，为全社会知识资源高效共享提供丰富的知识信息资源和有效的知识传播与数字化学习平台。它是基于海量内容资源的增值服务平台，任何人、任何机构都可以在中国知网建立个人数字图书馆并定制自己需要的内容。越来越多的读者将中国知网作为日常工作和学习的平台。

图 2-9 中国知网

（2）艾瑞咨询（iResearch）

艾瑞咨询成立于 2002 年。其旗下的艾瑞网聚合互联网数据资讯，融合互联网行业资源，提供电子商务、移动互联网、网络游戏、网络广告、网络营销等行业内容，为互联网管理、营销、市场、运营等岗位的人士提供丰富的产业数据。艾瑞咨询目前的数据服务产品包括产品应用监测、内容服务监测、网络广告监测等。图 2-10 所示为艾瑞数据首页。

图 2-10　艾瑞数据首页

（3）亿邦动力

亿邦动力是国内一家电子商务专业媒体，是电子商务新闻门户，为中国中小企业提供全面、及时、可靠的电子商务新闻资讯，业务范围涵盖传统企业做电商、B2C、B2B、外贸电商、移动电商、国际电商、电商服务、电商资本、电商案例、电商数据、实战社区、电商培训、电商会议、电商行业研究报告等多个领域，在电子商务行业拥有巨大影响力。图 2-11 所示为亿邦动力首页。

图 2-11　亿邦动力首页

（4）中国互联网络信息中心（CNNIC）

CNNIC 是经国家主管部门批准于 1997 年 6 月 3 日组建的管理和服务机构。CNNIC 努力构建全球领先、服务高效、安全稳定的互联网基础资源服务平台，支撑多层次、多模式的公益互联网基础资源服务，积极寻求我国网络基础资源核心能力和自主工具的突破，以从根本上提高我国网络基础资源体系的可信度、安全度和稳定度。网民可从 CNNIC 的网站免费获取《中国互联网络发展状况统计报告》，如图 2-12 所示。

图 2-12　从 CNNIC 的网站获取统计报告

同步实训

实训 1　获取网络零售研究报告

实训目的

通过本次操作，要求学生能够利用搜索引擎等工具快速、精准地获取网络零售行业的系列研究报告，能够对网络零售领域细分行业的研究报告进行整理、分析，树立关注新经济资讯的意识，并养成经常阅读、分析相关调查研究报告的习惯。

实训内容与步骤

（1）进入艾瑞网首页，如图 2-13 所示。

图 2-13　艾瑞网首页

（2）进入艾瑞网用户注册页面，填写相关信息，如图 2-14 所示。

图 2-14　艾瑞网用户注册页面

（3）确认提交注册信息后，用户注册成功，如图 2-15 所示。

图 2-15　用户注册成功

（4）登录艾瑞网用户中心，如图 2-16 所示。

图 2-16　艾瑞网用户中心

（5）搜索网络零售领域相关研究报告，进入艾瑞网研究报告资源库，下载查阅，如图 2-17 所示。

图 2-17　艾瑞网研究报告资源库

（6）对所获得的网络购物领域的研究报告进行分析解读，整理出一篇学习心得，重点分析近些年的网购市场总体规模及发展变化趋势，以及服装、化妆品等行业的网络零售市场规模情况。中国网络零售市场总体交易规模分析如图 2-18 所示。

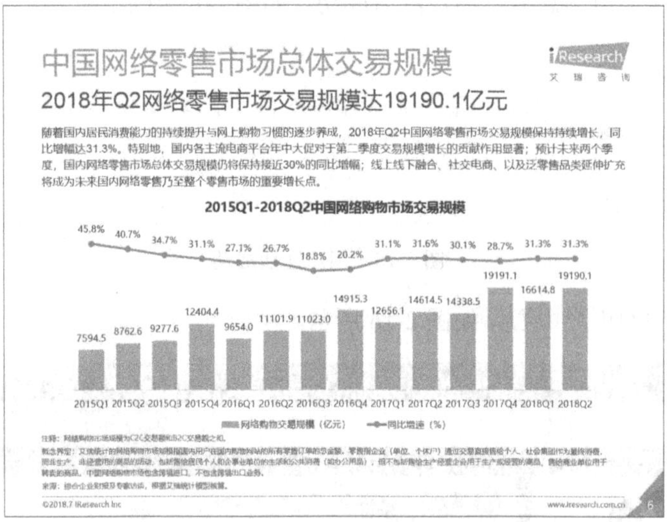

图 2-18　中国网络零售市场总体交易规模分析

实训提示

在艾瑞网上，可以浏览资讯和下载相关报告。研究报告分收费和免费两种；其中免费版多是报告的简版，一些基础性的数据和结论可以从这些报告中获取，注册会员并登录后即可下载免费的报告简版作为参考。大多数网络研究报告的文档格式为 PDF（便携式文档格式），需要下载专门的 PDF 阅读器后打开阅读。研究报告及网络资源属于调查信息中的次级或二手资料，该类资料应尽量从权威的机构获取，对报告数据及信息的解读和分析应遵循客观、科学、合理的原则，对网络零售市场的调查应结合一手资料的搜集和整理。

思考与练习

1. 注册艾瑞网用户，搜索有关中国 B2C 电子商务交易规模的市场调查报告。
2. 登录网经社平台，搜索有关中国 B2C 电子商务交易规模的市场调查报告。
3. 对比艾瑞网与网经社两个平台，分析各自的优势和劣势。

实训 2　设计网络调查问卷

实训目的

通过本次操作，要求学生能够根据所选定行业（如服装、化妆品、家居百货等）的网络零售情况来设计市场调查问卷，能够对调查结果进行分析并撰写调查报告。

实训内容与步骤

（1）进入问卷星首页，如图 2-19 所示。

图 2-19　问卷星首页

（2）用户注册，如图 2-20 所示，在用户类型下选择免费版。

图 2-20　用户注册

（3）注册成功后登录系统，如图 2-21 所示。

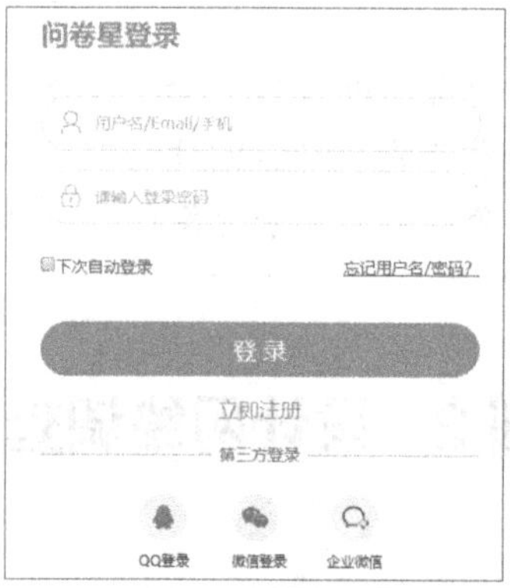

图 2-21　登录系统

（4）在用户中心首页（见图 2-22）可以查看“我的问卷”。

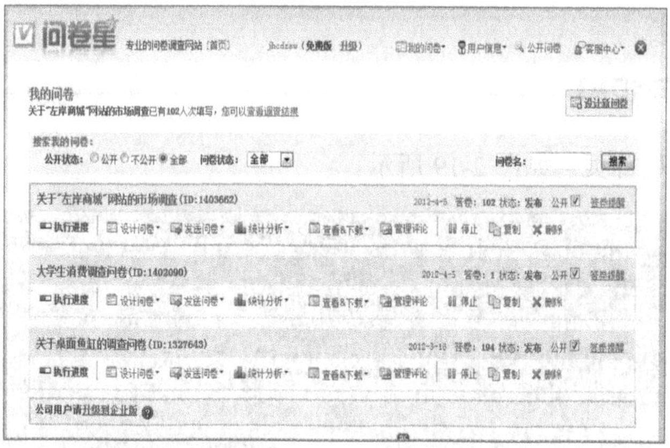

图 2-22　用户中心首页

（5）单击右上方的“设计新问卷”（见图 2-22），问卷设计的步骤如图 2-23～图 2-27 所示。

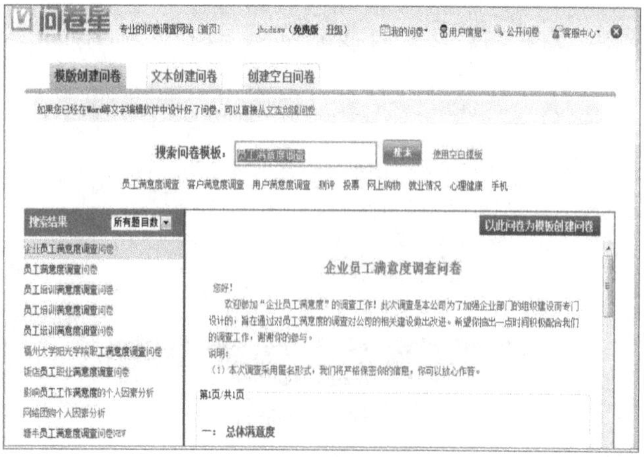

图 2-23　选择一种模板

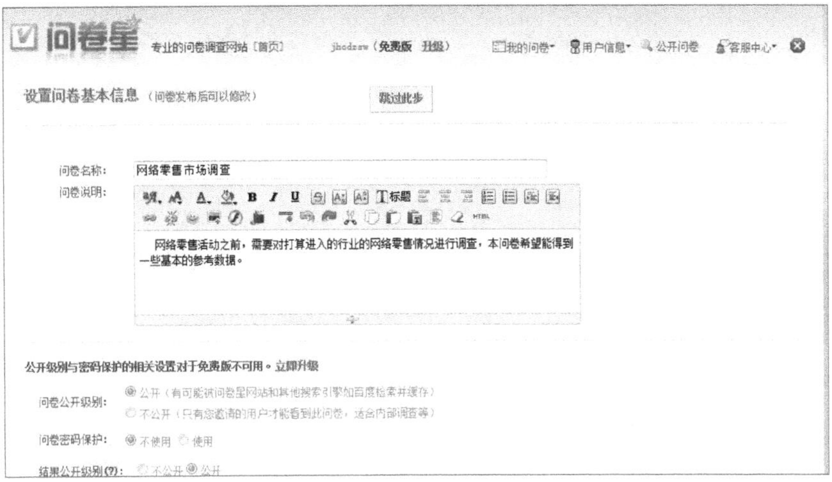

图 2-24　设置问卷基本信息

图 2-25　设计问卷页面

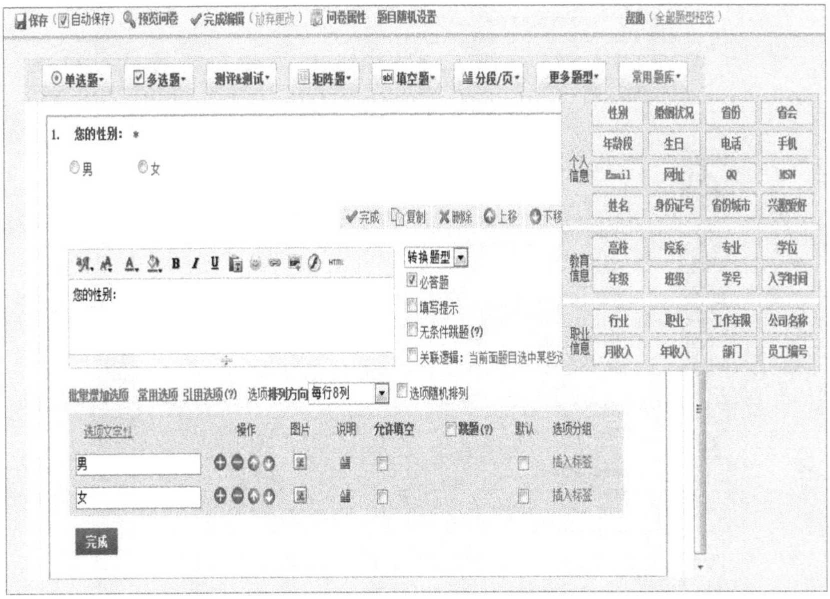

图 2-26　设计、编辑题目

图 2-27　发布问卷

（6）问卷设计完成即可发布，通过问卷链接的发送（见图 2-28）让被调查者参与问卷的作答（见图 2-29）。

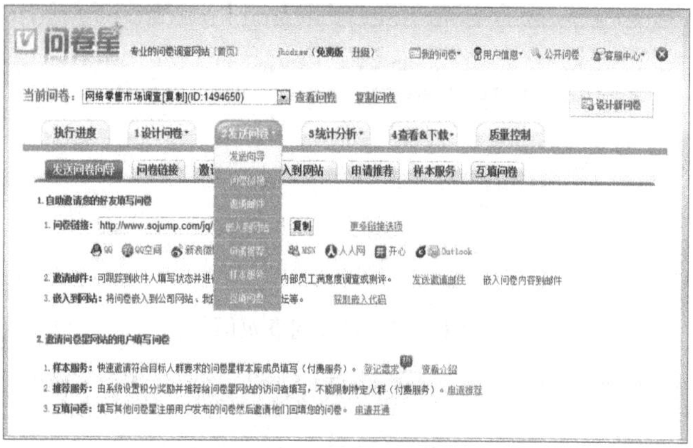

图 2-28　问卷链接的发送

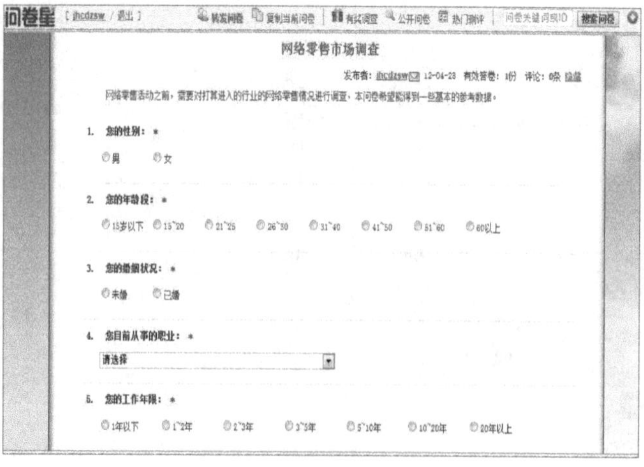

图 2-29　问卷的作答

实训提示

利用网络调查问卷系统进行问卷的设计时，可以先利用文档软件将问卷的各种题目设计好，尽量缩短在线编辑的时间，提高设计效率。设计好问卷后，可以设置问卷外观及相关的参数，便于被调查者作答。发布问卷后，可以通过电子邮件、即时通信工具等方式发送问卷链接。从问卷的调查分析部分可以得到相关统计分析数据和图表，方便调查报告的撰写。

思考与练习

1. 自选主题，设计一份调查问卷，并在问卷星平台发布。
2. 对问卷调查结果进行整理，并撰写调查报告。

任务 2　网络零售市场策划

淘宝卖家在开店之前，要对网店进行初步策划，明确网店的产品定位、店铺定位、消费者定位。从开什么类型的店铺，到选择什么产品类目，再到店铺和产品的定位，每一步都要提前做好布局。开店之初，卖家打算卖什么产品？对这些产品，卖家自己了解吗？有没有好的货源？这些问题都应该予以重视。只有确定了精准的产品定位，才能确定店铺定位和消费者定位。因此，任务 2 将重点阐述产品定位的相关内容。

一、选品分析

一般来说，选品分析要从以下 4 个维度出发。

（1）应季性。所销售的产品是否适合当前的时间点，该产品是否应急，这些直接影响到受用人群接受度、活动申报。例如，适合在夏天销售的产品不应该是围巾，而是丝巾。

（2）行业潜力。选择产品时一定要考虑市场的需求是否较大，这样才能有效提高产品转化概率。很多中小卖家容易随波逐流，看到同行的大卖家卖什么就跟着卖什么，导致自己的产品都还没有销售起色，这波热度却已经过去。因为大卖家的产品是有一定规模的销售基数、流量基数和客户基数的。

（3）产品的利润空间。很多卖家在开店之初为了提高销量而销售低价产品，结果利润较低甚至无利可图，这对店铺的长远发展是不利的。因此，在选择产品的时候要留有一定的利润空间，充分考虑产品的毛利、净利、客单价等指标。只有确保一定的产品利润，才能拥有产品推广的资本。

（4）产品优势。应该思考：与同行相比，该产品是否有一点或几点区别、特色或优势，从而体现出该产品的特殊性。如果有，那么就应该将其提炼成核心卖点，这样推广起来又提高了成功率。

二、选品策略

互联网给广大商家节省了很多经营成本，很多成功的范例让人们误以为网店经营很简单并且不占用过多资金。很多人盲目地开始网上创业，对目标客户的设定不明确，在产品选择上随意性较大，由于缺乏合适的产品而放不开手脚去操作，或者由于产品选择缺乏理性分析而有大投入却没有大回报，最终自己很受伤。这也是目前许多网络创业不成功的一个主要原因。那么，刚开店或者网店已经运作一段时间的创业型经销商们应该如何来选择产品呢？

1．依据兴趣和爱好而选择的产品

比较明智的做法是依据自己的兴趣和爱好以及擅长的领域进行简要的调查，设定目标客户群后再选择产品。比如喜欢泡论坛的店主可以留意一下论坛中常讨论的问题之中是否有商机；QQ 群也是人流汇聚的地方，同样的兴趣和需求也可能成为开设网店的契机。而这样做的优点还在于个人网店的店主往往集老板、营业员、售后服务人员等角色于一体，对产品的了解程度直接决定着销售能否顺利完成。选择感兴趣的产品后在经营过程中比较容易保持热情，而由于对产品熟悉程度较高，在顾客进行咨询时容易留下专业的印象从而获得顾客的信任，促成购买。此外，由于能够提供使用经验或相对专业的意见，容易促成后续购买。

2．具有地区优势的产品

互联网的开放性使得网络消费者能够足不出户就购买到全国甚至全球各地的商品。作为网上创业者，如果能把自己所处地区的特色产品放到互联网上销售，无疑会吸引远方对该商品感兴趣的人群。通过互联网，地理位置不再有局限性，消费者通过网络可以在距离北京很远的地方买到正宗北京烤鸭，不用再跑到北京去排长队等候。

3．具有特色的产品

由于网络消费者对产品的需求的丰富多样性，特别制作的食物、造型奇特的日用品、功能独特的电子产品等越来越受到追求个性化、时尚、新颖的网络消费者的青睐。

4．消费者有购置障碍的产品

消费者对有种种原因而不愿到实体店铺购买的商品往往会到网络上进行购买。比如一个戴假发的人不愿被人知道自己戴了假发，他肯定会选择在网上购买假发产品。还有，成人用品在互联网上的销量也是相当大的，很多人不好意思到实体店铺去购置，这种心理带来网上销量的剧增。

5．优质产品

消费者一般希望以较低的价格买到优质的产品。产品如果价格很低但质量也很次，虽然满足了买家的低价心理，但是用起来会让买家感到不舒服甚至心里难受。因此，尽量选择同类产品中的优质产品，让买家买得放心，有品质保障。

6. OEM 产品

OEM 是英文 Original Equipment Manufacturer 的缩写，可翻译为原始设备制造商，其特征简单来说是一家生产商按照另一家生产商的要求和委托，为其生产产品或产品配件，可以说是定牌生产或授权贴牌生产。这种方式在国内被称为协作生产、来料加工或加工贸易。这些为知名品牌贴牌的产品，一般质量非常不错，价格也十分低廉，通常只是正常价格的20%～40%。与外贸尾单不同的是，这类产品绝对保证做工品质，因此是网店经销商们不错的进货选择。OEM 尾货往往数量不少，而厂家一般要求进货者全部“吃”进，所以对有经济实力和销售保证的网店经营者而言，这是一个不错的产品选择。

7. 外贸尾单产品

外贸尾单产品的出现主要是因为产品在生产过程中出现了一些小瑕疵，从而无法通过国外订货商的严格检验而被退回来。一般生产商对这些产品不太在意，卖多卖少都无所谓，只要能收回成本就可以了，所以价格都会很低。而且这些产品从品质上来看，往往没有什么大问题，只是有些小瑕疵，通常不会影响使用，与合格产品也没有太大的区别，价格倒是低很多。因此这种产品对喜欢淘便宜货的卖家来说是不错的选择。

总之，经销商做市场时要注意节奏，要有条不紊地推进新产品与市场的建设，做产品要慎重，选产品要谨慎，只有结合了自己的实际，不冒进，不浮躁，才能有效规避市场风险，才能一步一个脚印地不断得到发展。

三、确定产品结构

对不同的产品类目和不同的运营阶段，店铺有不同的产品布局，但是基本上店铺的产品要包含如下款式：引流款、利润款、活动款、形象款。

网店产品结构定位

1. 引流款

引流款产品顾名思义就是主推以吸引流量的产品。大家都知道流量对线上店铺的重要性。既然是主推产品，就必然是店铺流量来源中最大的渠道。因此，引流款是店铺流量的基石。这种宝贝的特点是毛利率趋于中间水平，产品转化好，相比于同样类目、属性的环境下的竞争产品有价格或其他方面的优势。因此，引流款产品的访客量大，有很大的曝光量，引流效果很强。但是引流款产品的利润低，客单价低，风险大。在选择引流款产品时，卖家应该做产品数据测试，初期给予产品比较小的推广流量，观察产品的数据状况，选择转化率较高、地域限制较少的产品。

2. 利润款

利润款是一个店铺必不可少的款式，其产品占据产品结构中的最高份额。做企业就要出售实物产品或者服务产品，而销售的目的就是赚钱，因此利润款也应该在实际销售中占最高比例。利润款产品具有质量高、退货少、备货压力小等特点，而且利润较大，但是可能转化率低。利润款前期选款对数据挖掘的要求更高，卖家应该精准分析客户群体的偏好，分析出适合客户的产品款式、设计风格、价位区间、产品卖点等多方面因素。

3. 活动款

活动款产品顾名思义就是用于做活动的产品。选择活动款产品时，卖家首先需要明确通过活动款产品要达到的目的是什么。是清库存，是冲销量，还是体验品牌？从这三个维度出发，不同的选择得到的是截然不同的结果。

（1）清库存。以清库存为目的的活动款产品，一般都是陈旧或者尺码不全的产品，这样必然牺牲客户对品牌的体验度，那么低价出售就是弥补客户心理的一个很好的方式。比如当当网有一个“尾品汇”频道，提供一些库存款产品的 1～3 折抢购，以低价促销活动吸引客户购买。

（2）冲销量。如果店铺想要获得更多的利润、提高知名度，冲销量就是一种较为常见的途径。以冲销量为目的的产品，最好是一些大众喜欢的、比较热衷的产品，这样才能达到更好的效果。卖家需要注意的是，要提高活动期间的客户体验，切勿对品牌产生负面的影响。

（3）体验品牌。最后一个就是让客户体验产品的品牌，这才是活动款应该产生的作用。很多卖家参加过“聚划算”活动，但是到头来有多少买家成为回头客？如果卖家没有明确规划活动款，则会导致复购率低。因此，活动款产品要在活动期间合理放弃一定的产品利润，成为让客户体验品牌的理由。与此同时，持续做好售后跟踪，更能够提升活动后的复购率。

4．形象款

网店推出形象款产品，目的是提升和塑造品牌的形象。它的意义在于能让客户驻足与期待，但是它高不可攀。因此，形象款产品应该是一些高品质、高调性、高客单价的极小众产品。形象款产品仅仅是产品销售中的极小部分，店铺一般只需设置 3～5 款产品即可。卖家应该把重点放在引流款、利润款和活动款。

四、进货渠道

网上创业者确定好在网上销售的商品后，就要进行对进货渠道的选择，也就是对货源的选择。进货渠道主要有两种方式：实体进货和网络进货。实体进货的优势：面对面交易，诚信可靠，更容易了解商品属性等。因此实体进货也是当前主要的进货方式。缺点主要有进货渠道长，进货成本高，效率低。跨区域进货增加车旅费用及额外成本，同时限制了商品的种类，面临众多的商品时可能需要到不同的区域进货。网络进货的优势：第一，由于网络商城省去一系列费用，总的来说其价格较一般实体进货的同类商品更低；第二，进货效率高，不受时间限制，容易获得大量商品信息，可以买到当地没有的商品；第三，无须亲临现场，既省时又省力。

选择网上购物的人大多数图的是方便和便宜。卖家找到好的货源，在保证商品质量的同时，确定比较适中的价格，才会比较有竞争力。一般而言，卖家可以选择七大进货源头：批发市场；厂家货源；网络加盟或代销；专业 B2B 平台；库存积压或清仓处理产品；外贸产品或 OEM 产品；特别的进货渠道。

1．批发市场

这是最常见的进货渠道，批发市场铺位多、品种多、货品多。有些追求产品最优的卖家对产品质量有着异乎常人的执着，批发市场进货或者实体店进货会更加适合他们。然而，批发商的诚信状况及货物质量良莠不齐，卖家一开始最好通过小批量合作摸清情况，待找到产品质量、价格、信用都比较合适的供货商，再进行大规模、长久稳定的合作。卖家在批发市场进货需要有强大的议价能力，力争将批发价压到最低，同时要与批发商建立良好关系，在关于调换货的问题上要与批发商说清楚，以免日后起纠纷。选择批发市场的必要条件是与市场的距离相对较近或交通便利，缺点是网上发布的商品图片需要自己拍摄并处理。只是从批发市场进货时，批发商在进货数量上都会有一定的要求，继而卖家需要有一定的资金支持。因为批发市场的订单较多，所以服务难免有时就跟不上。而且他们都有自己固定的老客户，卖家很难和他们谈条件，当卖家成为他们的大客户后才可能有折扣和其他优惠。一旦达成合作，货源会很稳定。适合人群：销售量较大的卖家。

2．厂家货源

从厂家拿到的都是一手货，利润大且能保证充足的货源。与正规的厂家合作，除具备货源充足、信用度高的优势以外，如果长期合作的话，一般都能争取到产品调换。但是一般而言，和从批发商进货一样，从厂家拿货的量一般都很大，小批发客户很难达到他们的要求。厂家货源这种途径更适合自己家里办厂或者亲戚朋友开厂的情形。如果有足够的资金且不怕压货的风险，也可以利用这种方式进货。适合人群：有一定经济实力的卖家。

3．网络加盟或代销

这算是老生常谈的一种找货源的方式。在互联网上有很多免费加盟网店，也有一些货源导航网站，从中可以挑选适合自己的产品，有的价格会偏高，有的信息是虚假的，卖家需要货比三家、仔细识别。网络代销的优势是不需要进货，没有资金、商品存储的压力；商品图片等资料信息都已由代销商提供好，可以通过工具直接导入；无须亲自发货。缺点是代销同类商品的卖家很多，商品图片完全一致，竞争压力大且没有价格优势；卖家无法看到实物等。所以，对很多没什么时间打理店铺的卖家来说，网店代销是不错的运营模式。

4．专业 B2B 平台

从阿里巴巴、慧聪网等专业 B2B 平台可以找到很多合适的网络批发商，他们一般直接由厂家供货，货源较稳定。此类网络平台目前都推出了小额批发、混批等功能。在阿里巴巴上可以直接联系到厂家，而且一般会有送货上门服务。在阿里巴巴上求购商品时，向搜索框输入想找的商品名称，然后在搜索结果里比较并选出合适的批发商。

5．库存积压或清仓处理产品

库存积压产品和清仓处理产品都是商家急于出手的商品，因此在价格上通常都有最大优惠。如果有优秀的砍价能力和资金优势，就可以用极低的价格一次“吃”进这些产品，然后将产品放到网上进行销售。这样可以充分利用地域差异和时间差异获得丰厚的利润。不过要想“吃”进这些产品，一定要有足够的把握，这需要卖家既能对质量进行鉴别又能对发展趋势有很强的预测力。

6．外贸产品或 OEM 产品

目前许多工厂在外贸订单之外或者在为一些知名品牌进行贴牌生产之外会有一些剩余产品需要处理。这种产品的价格通常十分低廉，通常为市场价格的 2～3 折左右；产品的品质与做工很有保证。这类产品提供了一个不错的进货渠道，但一般要求进货者全部“吃”进，所以创业者要有经济实力。适合人群：有一定货源渠道同时有一定识别能力的卖家。

7．特别的进货渠道

如果在海外有亲戚朋友，就可以由他们帮忙，进到一些国内市场上看不到的产品或具有价格优势的产品。比如可以从日本进一些相机等电子产品，还可以从俄罗斯进一些工艺品，这样产品就很有特色或价格优势。适合人群：有这样渠道同时能把握流行趋势的卖家。

项目小结

网络市场直接调查的方法包括电子邮件问卷调查法、网络视频会议法、网站在线调查法、网上论坛调查法、数据工具软件调查法等。网络市场间接调查的工具主要有搜索引擎、专题网站、电子商务交易平台、网上数据库等。每种工具有其自身的特点，只有综合利用这些工具，才能有效提高次级资料收集的数量和质量。

对不同的产品类目和不同的运营阶段，店铺有不同的产品布局，但是基本上店铺的产品要包含如下款式：引流款、利润款、活动款、形象款。网络创业有很多优势，互联网也给广大商家节省了很多经营成本，但很多人盲目地开始网上创业，对目标客户的设定不明确，在产品选择上随意性较大。刚开店或者网店已经运作一段时间的创业型经销商们可以选择以下几种产品：依据兴趣和爱好而选择的产品；具有地区优势的产品；具有特色的产品；消费者有购置障碍的产品；优质产品；OEM 产品；外贸尾单产品。卖家可以选择七大进货源头：批发市场；厂家货源；网络加盟或代销；专业 B2B 平台；库存积压或清仓处理产品；外贸产品或 OEM 产品；特别的进货渠道。

同步测试

一、单项选择题

1．以下哪一个不属于数据工具软件调查法的特点？（　　）

A．针对性强　　B．及时性好
C．准确性高　　D．使用免费

2．次级资料是（　　）。

A．由调查者自己搜集的资料　　B．由他人收集并整理的资料
C．通过调查问卷获得的资料　　D．通过网络视频会议获得的资料

3．淘宝网不能收集（　　）。

A．竞争对手数量　　B．卖家信用评价
C．产品价格趋势　　D．卖家利润

4．不属于行业调查报告平台的是（　　）。

A．百度搜索　　B．中国互联网络信息中心
C．艾瑞咨询　　D．亿邦动力

二、多项选择题

1．以下哪些属于数据工具软件调查法？（　　）

A．电子邮件　　B．阿里指数

C．超级店长　　D．生意参谋

2．次级资料的收集工具包括（　　）。

A．微博　　B．在线问卷调查

C．搜索引擎　　D．专题网站

3．OEM 产品的特点有（　　）。

A．授权贴牌生产的产品　　B．质量通常非常不错

C．价格昂贵　　D．与外贸尾单产品一样

三、分析题

1．网络市场直接调查有哪些方法？各自有何特点？

2．网络市场间接调查有哪些方法？各自有何特点？

3．如何进行网络创业产品的选择？进货渠道有哪些？

项目 3

商品信息编辑

本项目知识点

商品标题的内容；商品标题的重要性；商品标题的设计要素；像素的定义；白平衡的定义；色阶的定义；曲线的定义；商品描述的定义；商品描述的重要性；商品描述的基本要素。

本项目技能点

能够设计合理的商品标题；能够利用软件优化商品标题；能够熟练操作光影魔术手进行图片处理；能够设计商品描述内容。

知识导图

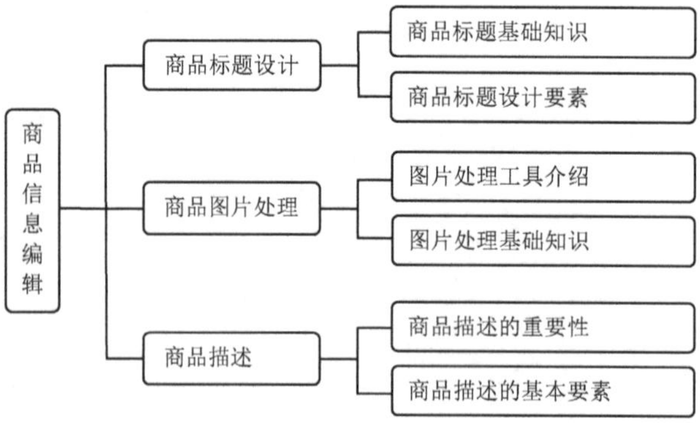

引例

小李开了一家淘宝店，发现店铺的某个宝贝卖得不错，就是主图有点难看，心想着做个更好看的主图后估计流量能够翻番。于是，小李重新制作了主图，编辑了宝贝信息。然而，事情并没有按他预想的方向发展。编辑后的宝贝，不仅流量减小，转化率也跟着下跌。这种突发状况让小李彻底紧张了，这可不行啊，于是他继续优化主图，结果却是越编辑越没流量，一个好好的热卖宝贝就被小李活生生地编辑“死”了。

引例分析

为什么会这样？难道真的如同网上的传言，宝贝描述只能一次成型？小李作为新手卖家，并不了解编辑宝贝的原则，这导致宝贝的流量减小。在淘宝网做生意，基础的两项技能就是创建宝贝和编辑宝贝。但基础并不代表容易，胡乱编辑宝贝导致流量减小的案例每天都在上演。

任务 1　商品标题设计

就像每个人都有自己的名字一样，商品也应该有自己所对应的名称，用于区分不同的商品。商品名称设计的好坏，将直接影响商品的浏览量。在本次任务中，我们将了解：商品标题的内容，商品标题的重要性，以及如何进行商品标题的设计。

一、商品标题基础知识

商品名称就是商品的称呼，用于区分不同的商品。一般可分为通用名称和特定名称。

商品的通用名称即为公众所熟知的商品的一般名称，如电脑、桌子、衣服、手机。商品的通用名称只是指同一类商品的名称，无法用来区别同一种类的不同商品。例如，“手机”是一个通用名称，但是无法用来区别三星集团生产的手机与诺基亚公司生产的手机。而商品的特定名称，是指对特定商品的称呼，如茅台酒、太古纯正方糖、21 金维他、两面针牙膏。商品的特定名称可以区别同种类商品的特定商品、特定物。一般情况下，商品的特定名称如果不违反《中华人民共和国商标法》第十一条的规定，大多可以注册成为商标，而且商品名称一般情况下不受法律的保护。

“水鸟被”是否为商品的通用名称？

在网络零售中，商品标题一般不仅包含通用名称，还包含相对复杂一些的特定名称。例如，在天猫上，随便搜索一个商品通用名称，如“面包机”，“面包机”搜索结果页面如图 3-1 所示，几乎所有的商品标题都有区别，都含特定名称。

图 3-1　“面包机”搜索结果页面

如图 3-2 所示，天猫上一款面包机的商品标题是“Donlim/东菱 BM-1310S 面包机家用全自动大容量酸奶蛋糕包邮送礼包”，标题包含了通用名称“面包机”及该面包机的品牌、型号、特点、促销活动等信息，内容十分丰富。

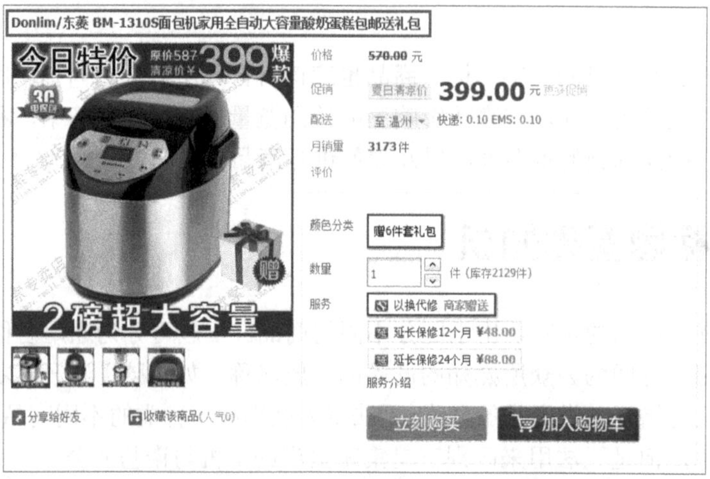

图 3-2　天猫上一款面包机的商品标题

网络上每天都会有许多商品上架，我们的商品如何从这些海量的商品中脱颖而出？我们必须思考消费者购物的方法和流程。消费者要想在浩瀚的商品海洋中找到自己需要的商品，一般首先会打开百度、淘宝网、京东等网站，然后用关键词搜索自己需要的商品。由此可见，商品标题中的关键词是非常关键的。我们现在来看下面这个例子。

对一款相同的纸尿裤，不同的商家会设计不同的关键词，得到的效果也会不同。

A．花王纸尿裤 L；

B．特价日本原装进口正品花王纸尿裤 L54 片大号宝宝尿不湿 19 年新装。

A 商家的商品标题中一共出现了 3 个关键词“<花王><纸尿裤><L>”，分别包含了商品品牌、商品通用名称和商品型号 3 个信息；而 B 商家的商品标题则包括了促销信息、商品渠道、商品品牌、商品通用名称、商品型号、商品年份等 14 个关键词“<特价><日本><原装><进口><正品><花王><纸尿裤><L><54 片><大号><宝宝><尿不湿><19 年><新装>”。假设一位买家通过输入关键词“宝宝尿不湿”来搜索商品，那么 A 商家的商品是不可能出现在搜索结果列表里面的，A 商家因为关键词缺少将会丢失许许多多的商机，而 B 商家被消费者搜索到的机会要比 A 商家多得多。

由此可见，商品标题对网络零售商家来说至关重要，商家需要研究消费者的购买习惯和搜索习惯，精心设计关键词，组合成商品标题，这样才能抓住更多的商机。

二、商品标题设计要素

那么，我们应该在商品标题中设置哪些关键词，进行怎样的组合，才能获得好的商品标题呢？首先，关键词方面尽量选择消费者热搜的热门词汇，这些热门词汇经常会出现在一些购物型的网站搜索栏的下方。淘宝网搜索工具栏下方推荐的热搜关键词和京东搜索工具栏下方推荐的热搜关键词，如图 3-3 和图 3-4 所示。

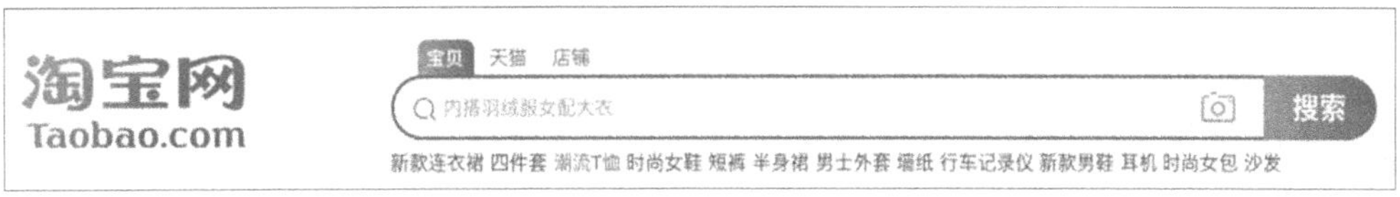

图 3-3　淘宝网搜索工具栏下方推荐的热搜关键词

图 3-4　京东搜索工具栏下方推荐的热搜关键词

其次，一些购物平台有专门的数据分析或数据产品部门，该部门汇总买家在该平台搜索商品时所用的关键词，进行统计分析，并进一步推出一些免费或者付费的关键词查询产品，以供商家应用于自己的商品标题。

有了商品关键词之后，需要将关键词进行组合。组合的方式有许多，可参考下面的这些例子。

（1）商品品牌、商品型号+商品通用名称。

（2）促销信息、商品特性、形容词+商品通用名称。

（3）地域特点+商品品牌+商品通用名称。

（4）店铺名称+商品品牌、商品型号+商品通用名称。

（5）商品品牌+信用级别、好评率+商品通用名称。

从上面 5 种组合方式又可以得到如下更多种组合方式。

（1）商品品牌、商品型号+促销信息、商品特性、形容词+商品通用名称。

（2）店铺名称+地域特点+商品通用名称。

（3）商品品牌+促销信息、商品特性、形容词+商品通用名称。

（4）信用级别、好评率+店铺名称+促销信息、商品特性、形容词+商品通用名称。

以上所有组合都少不了“商品通用名称”这种关键词，但必须注意的是，同类商品的商品通用名称可能有多个，例如前面提到过的“纸尿裤”，也可以说是“尿不湿”，某些消费者可能根据日常生活习惯，只会搜索“尿不湿”，所以商品通用名称也不一定就是单一的。那么商品标题究竟应选择何种组合方式？我们需要去分析市场、分析商品、分析目标消费者的搜索习惯，才能找到适合自己的商品标题组合方式。

同步实训

实训 1 利用软件优化商品标题

实训目的

通过本次实训，要求学生能够掌握如何使用淘宝卖家服务频道中的商品标题优化产品来优化自己店铺内商品的标题。

实训内容与步骤

（1）用账号登录淘宝网，进入淘宝卖家服务频道——服务市场（网址为 fuwu.taobao.com），搜索标题优化产品“小强标题优化”，订购该产品，如图 3-5 所示。

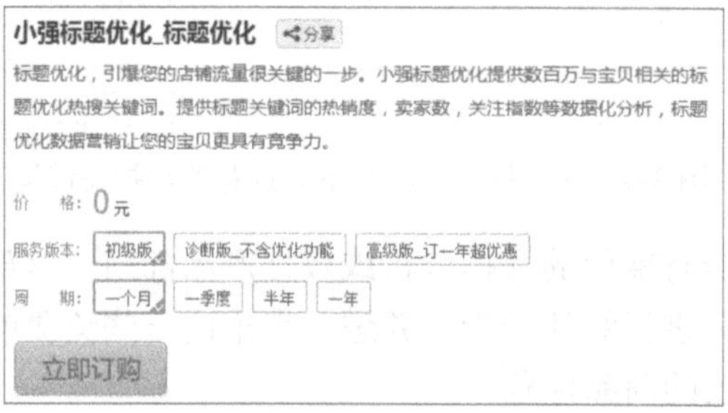

图 3-5 “小强标题优化”订购界面

（2）在“已订购服务”中找到刚订购的“小强标题优化”，单击“立即使用”按钮，如图 3-6 所示。

图 3-6 立即使用“小强标题优化”

（3）通过授权后，就进入了该软件的后台界面，如图 3-7 所示。

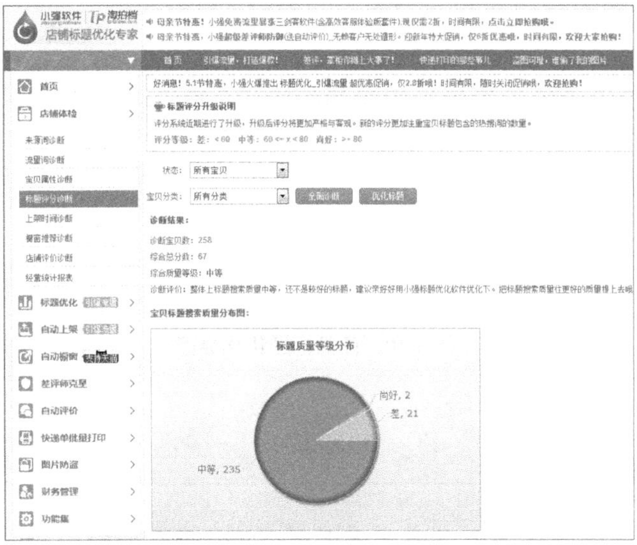

图 3-7　“小强标题优化”后台界面

（4）选择如图 3-7 所示的界面中左侧的“标题评分诊断”选项，单击“全面诊断”按钮，在弹出的界面中单击“还未诊断？立即全面诊断”按钮，开始全面诊断，如图 3-8 所示。

图 3-8　开始全面诊断

（5）诊断结果如图 3-9 所示。

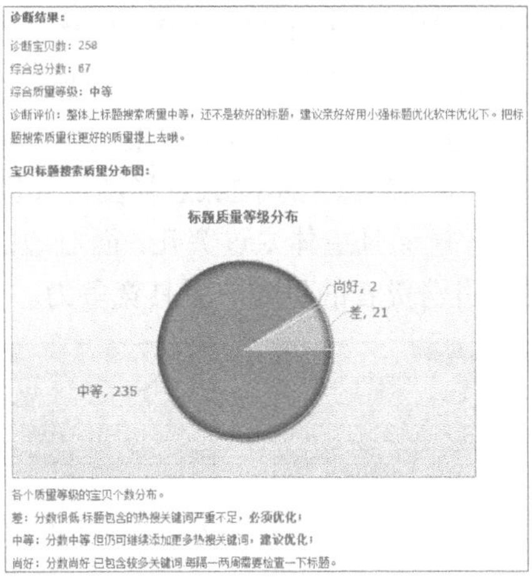

图 3-9　诊断结果

（6）选择如图 3-7 所示的界面中左侧的“标题优化”选项后单击“开始优化”按钮，可以看到每款商品的标题质量的得分。商品标题优化界面如图 3-10 所示。现在可以根据最下面提示的相关热搜词来丰富宝贝标题和提高标题的质量。向“小强标题优化”工具付费后，可以得到更多的优化建议。

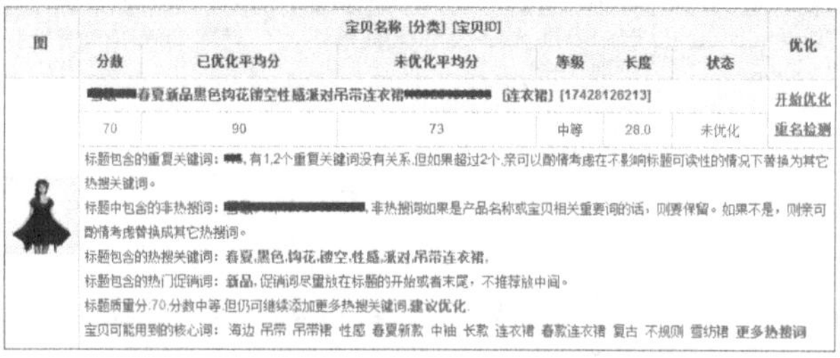

图 3-10　商品标题优化界面

思考与练习

1. 利用“小强标题优化”工具，优化自己店铺的商品标题。
2. 登录淘宝卖家服务频道，挑选 3 种标题优化工具进行比较，分析各自优缺点。

任务 2　商品图片处理

商家在互联网上销售产品与在线下销售产品的一个不同点在于商品展示的方式不同。在线下，商家通过将商品陈列在实体店内，让消费者能够实际地看到、接触到商品实物，从而选购商品。同样，在网络上商家也必须将商品陈列出来，但是所陈列的是虚拟商品，是用图片、文字等数字信息表现的商品信息，而这些信息的展示质量就极大影响了消费者的购买欲望。淘宝网上两个不同商家展示的绿豆糕图片如图 3-11 所示。我们比较后发现左边的图片模糊且主体太过突兀，而右边的图片清晰干净，右边的图片明显更吸引消费者的目光、更具竞争力。

网店爆款图片的十大因素

图 3-11　淘宝网上两个不同商家展示的绿豆糕图片

商品图片在网络零售中占据重要的地位，好的图片能够提高产品被浏览的概率，提升消费者的购物欲望，最终提高成交量。要做出好的商品图片，首先需要拍出好的照片，但直接从相机拷贝出的照片是不能马上放入网店展示的，需要使用图像处理软件进行一系列的图片处理操作。目前业内使用较多的图像处理软件包括 Adobe Photoshop、Adobe Illustrator、美图秀秀、可牛影像和光影魔术手等。每个软件的功能和使用深度都不相同。

一、图片处理工具介绍

1．Adobe Photoshop

Adobe Photoshop，简称“PS”，是一个由 Adobe Systems 开发和发行的图像处理软件。Adobe Photoshop 主要处理由像素构成的数字图像。其众多的编修与绘图工具可以被用于更有效地进行图片编辑工作。2003 年，Adobe 将 Adobe Photoshop 8 更名为 Adobe Photoshop CS。在 Adobe Photoshop CS6 之后，又推出 Adobe Photoshop CC 版本。目前 Adobe Photoshop 的最新版本是 Adobe Photoshop CC 2019。

多数人对 Adobe Photoshop 的了解仅限于“一个很好的图像编辑软件”，并不知道它的诸多应用领域，实际上，它的应用领域很广泛，在图像、图形、文字、视频、出版等各方面都有涉及。

Adobe Photoshop 7.0
基础教程

Adobe Photoshop 在网络零售中的应用主要集中在商品图片处理、网店装修及促销广告设计等方面。

Adobe Photoshop CC 操作主界面如图 3-12 所示。

图 3-12　Adobe Photoshop CC 操作主界面

2．光影魔术手

光影魔术手是一个对数码照片进行画质改善及效果处理的软件。光影魔术手具有高速度、实用、易于上手等特点。不需要任何专业的图像技术，一般都能使用光影魔术手制作出精美相框、艺术照、专业胶片效果。光影魔术手是进行摄影作品后期处理、图片快速美容、数码照片冲印整理时必备的图像处理软件。

光影魔术手详细教程

光影魔术手能够满足绝大部分商品照片后期处理的需要，而且其具有的批量处理功能非常强大，是 Adobe Photoshop 所没有的一个功能。所以使用光影魔术手来处理大量的商品照片是非常明智的选择，既简单又快速便捷。

光影魔术手操作主界面如图 3-13 所示。

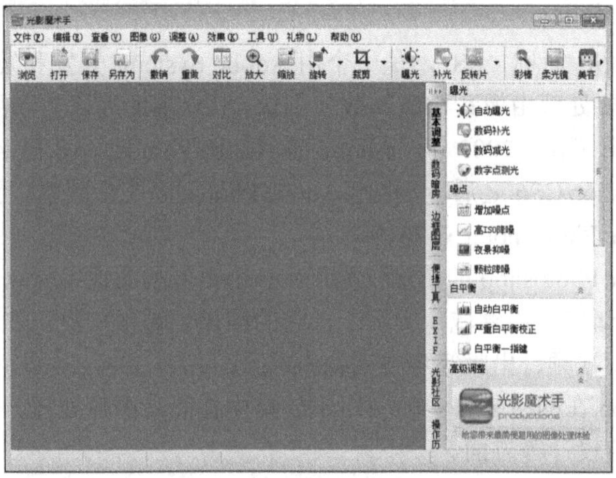

图 3-13　光影魔术手操作主界面

3. 美图秀秀

美图秀秀同光影魔术手一样，是一款无须专业的图像技术就能简单操作的免费图片处理软件。美图秀秀独有的图片特效、美容、拼图、场景、边框、饰品等功能，加上每天更新的精选素材，可以让你一分钟做出与影楼级照片一样的效果。

美图秀秀教程

美图秀秀操作主界面如图 3-14 所示。

图 3-14　美图秀秀操作主界面

二、图片处理基础知识

1．像素

“像素”的英文 Pixel 是由 Picture（图像）和 Element（元素）这两个单词的部分字母所组成的。像素是用来计算数码影像的一种单位，是指基本原色素及其灰度的基本编码。如同摄影的相片一样，数码影像也具有连续性的浓淡色调，我们若把影像放大数倍，如图 3-15 所示，就会发现这些连续色调其实是由许多色彩相近的小方块所组成的，这些小方块就是构成影像的最小单位“像素”。这种最小的图形的单元通常能在屏幕上显示为单个的染色点。越高位的像素，其拥有的色板也就越丰富，越能表达颜色的真实感。

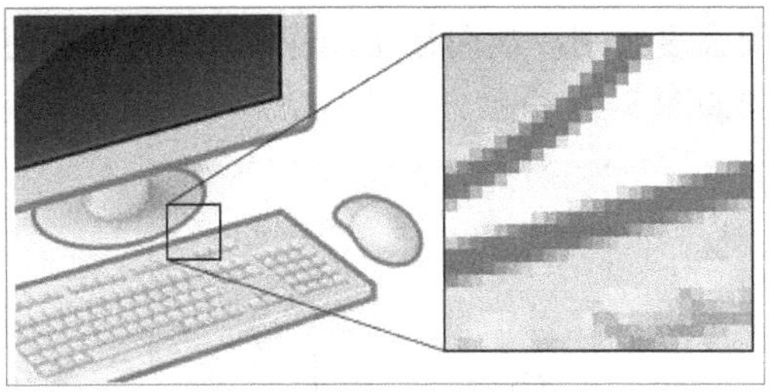

图 3-15　像素图

相机所说的“像素”，其实是最大像素的意思，像素是分辨率的单位，这个像素值仅仅是相机所支持的有效最大分辨率。

2．白平衡

许多人在使用数码摄像机拍摄的时候都会遇到这样的问题：在日光灯的房间里拍摄的影像会发绿，在室内钨丝灯光下拍摄的景物会偏黄，而在日光阴影处拍摄的照片则莫名其妙地偏蓝，其原因就在于“白平衡”的设置。

白平衡（White Balance），字面上的理解是白色的平衡。白平衡是描述显示器中红、绿、蓝三基色混合生成后白色精确度的一项指标。白平衡是电视摄像领域一个非常重要的概念，通过它可以解决色彩还原和色调处理的一系列问题。白平衡的基本概念是“不管在任何光源下，都能将白色物体还原为白色”，对在特定光源下拍摄时出现的偏色现象，通过加强对应的补色来进行补偿。各种白平衡下的照片所产生的偏色显示出补偿时的补色。图 3-16 所示就是一张照片在进行白平衡调整后恢复原来的色彩。

图 3-16　白平衡调整后恢复原来的色彩

3. 色阶

色阶是表示图像亮度强弱的指数标准，也就是我们说的色彩指数。在数字图像处理教程中，指的是灰度分辨率（又称为灰度级分辨率或者幅度分辨率）。图像的色彩丰满度和精细度是由色阶决定的。色阶中最亮的只有白色，最暗的只有黑色。色阶表现了一幅图的明暗关系。在 Adobe Photoshop 或者光影魔术手等软件中，都可以通过调整图像的色阶以达到调整图片亮度、色彩的目的。

色阶图只是一个直方图，用横坐标标注质量特性值，用纵坐标标注频数或频率值。在数字图像中，色阶图是说明图像中像素色调分布的图表。就像我们可以用图表表示一个班级中学生的身高，我们也可以绘制影像中像素“亮度”的图表。计算机可以计算影像中具有特定亮度的所有像素数目，然后用图表表示此数目。可以使用“色阶调整”来调整图像的阴影、中间调和高光的强度级别，从而校正图像的色调范围和色彩平衡。光影魔术手软件中的“色阶调整”界面如图 3-17 所示。

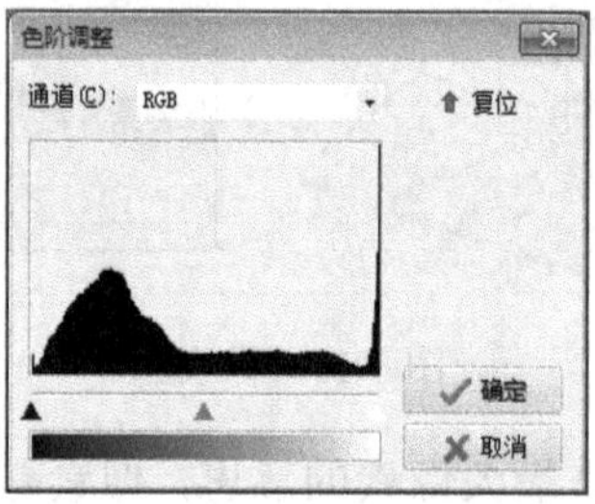

图 3-17　光影魔术手软件中的“色阶调整”界面

4. 曲线

曲线是 Adobe Photoshop 和光影魔术手的另一个可以调整图片亮度与色彩的工具。你可以调节 4 条曲线：RGB（总亮度）、R（红）、G（绿）、B（蓝）。RGB 曲线上，任意一点的横坐标是原来的亮度，其纵坐标是调整后的亮度。在未做调整时，曲线是直线形的，而且与横轴的夹角是 45°，曲线上任何一点的横坐标和纵坐标都相等。如果你把曲线上的一点往上拉，它的纵坐标就大于横坐标了，也就是说，调整后的亮度高于调整前的亮度，图片的亮度提高了。

光影魔术手中的 RGB 曲线图如图 3-18 所示。

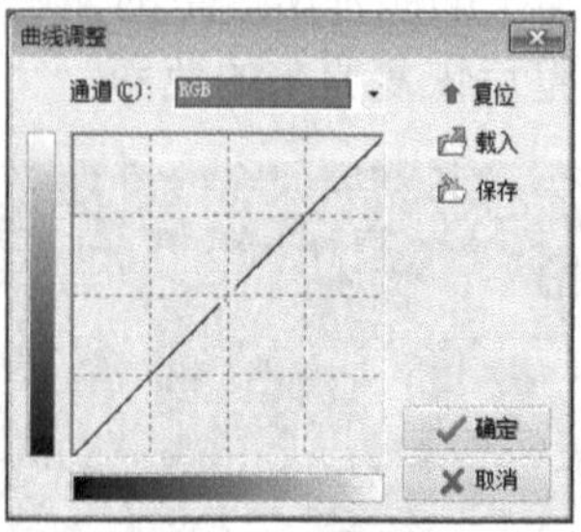

图 3-18　光影魔术手中的 RGB 曲线图

当调节总亮度不能如愿时，你就要调节三基色的曲线，要知道 RGB 图像的颜色是由红、绿、蓝三基色组成的，还要知道改变每种基色的亮度对总的颜色有什么影响。这很容易，随便打开一幅 RGB 图，调节三基色曲线，你就会明白它们的作用。在有了足够的调色经历后，你要具备这样的条件反射：看到任何颜色，都能想象它的三基色组成，例如红润明亮的肤色是由很亮的红、较亮的绿和很暗的蓝组成的。

同步实训

实训 2　使用光影魔术手处理商品图片

实训目的

通过本次实训，要求学生能够掌握如何使用光影魔术手这个软件来处理原始商品图片，以制作出能够用于网络商品展示的商品图片。

实训内容与步骤

本实训内容是关于如何使用光影魔术手进行商品图片处理的。图 3-19 所示是雪地靴图片处理前后效果对比，通过几个图片处理操作步骤，该图片就可以放到网店内进行展示了。

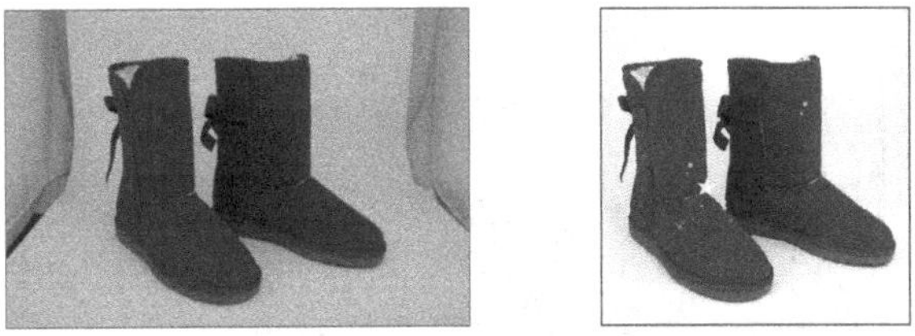

处理前效果　　处理后效果

图 3-19　雪地靴图片处理前后效果对比

1）调整图片尺寸

网上展示的商品图片在尺寸上是有限制的。以淘宝网为例，其店铺的页面结构一般分为两种——通栏页和左右栏页，如图 3-20 所示。通栏页中内容显示的最大宽度为 950px，左右栏页中内容显示的最大宽度为 750px。如果商品图片的宽度超出了页面显示的最大宽度，那么图片展示将会不全，超出部分不会显示，影响图片展示效果。因此在制作商品图片的时候，需要根据所借助的网络零售平台或者自建的网络零售平台对网页宽度的限制而制作图片。

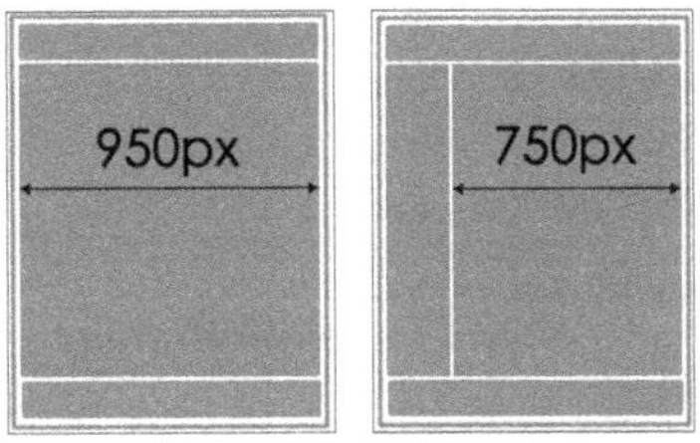

图 3-20　两种淘宝店铺的页面结构

本实训中，雪地靴照片左右两侧有多余的背景，因此，首先需要对其进行裁剪。具体方法是使用光影魔术手打开该图片，执行“图像”→“裁剪/抠图”命令。“裁剪/抠图”命令入口如图3-21所示。

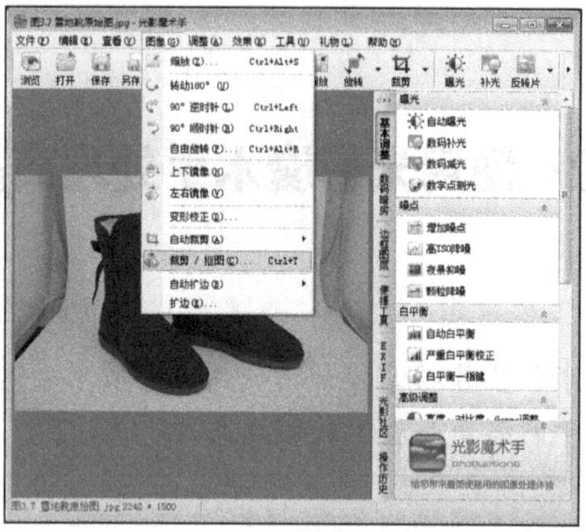

图3-21　“裁剪/抠图”命令入口

在弹出的如图3-22所示的“裁剪”界面中，单击“自由裁剪”单选按钮，并选择方形虚线框，使用鼠标在左侧图片上拉出需要保留的部分。如果需要制作出的图片为正方形，则需单击“按宽高比例裁剪”单选按钮，并且设置宽高比例为1∶1，保证拉出来的方框为正方形。

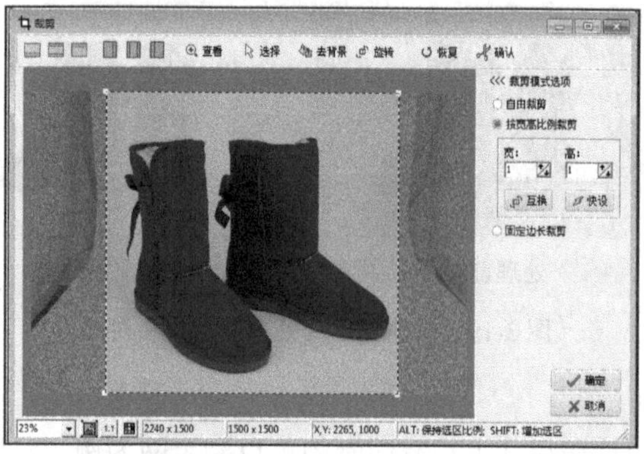

图3-22　“裁剪”界面

裁剪后，当前雪地靴尺寸为1500px×1500px，明显需要进行缩小。方法是执行“图像”→“缩放”命令。“缩放”命令入口如图3-23所示。

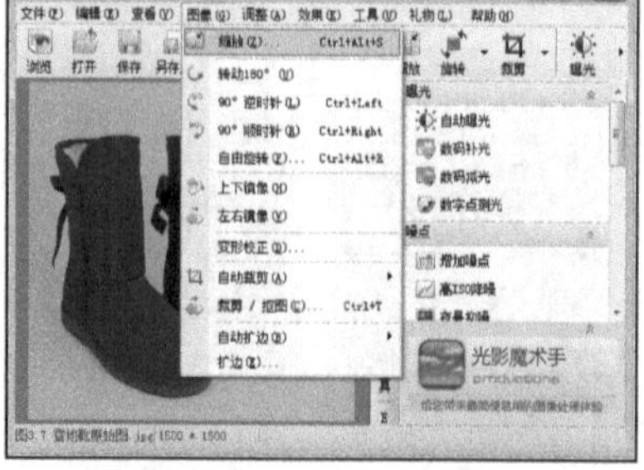

图3-23　“缩放”命令入口

在弹出的如图 3-24 所示的“调整图像尺寸”界面中，保证“维持原图片长宽比例”复选框已经被勾选，然后在“新图片宽度［像素］”右侧的数值框中输入“650”，则高度的数值也同步变为“650”，单击“开始缩放”按钮，图片就缩小成了 650px×650px 大小。一般情况下，不能将商品图片放大，因为一旦放大，图片就会变模糊而不能使用于网店商品展示。

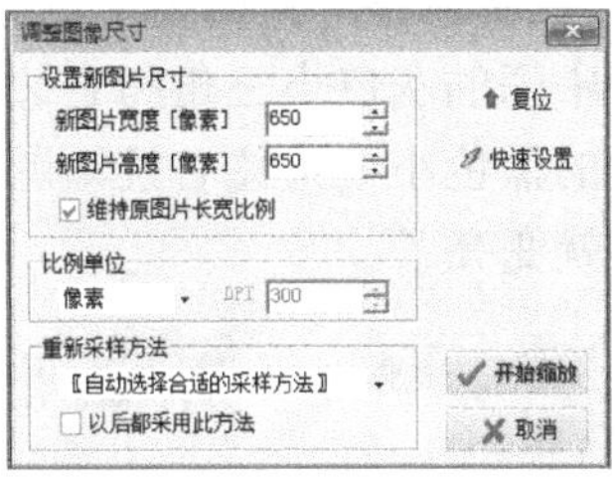

图 3-24　“调整图像尺寸”界面

2）调整色彩和亮度

如果图片颜色有偏差，则需要对图片进行白平衡处理。光影魔术手中，白平衡有 3 个命令，分别为“自动白平衡”“严重白平衡错误校正”“白平衡一指键”。在这里我们执行“白平衡一指键”命令。“白平衡一指键”命令入口如图 3-25 所示。

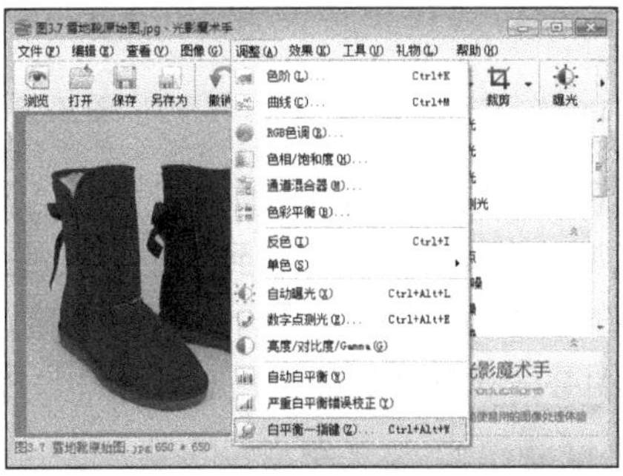

图 3-25　“白平衡一指键”命令入口

在弹出的如图 3-26 所示的“白平衡一指键”操作界面中，单击“强力纠正”单选按钮，在左边的“原图”窗口中寻找本来应该是白色的部位，用鼠标单击这个部位，观察右侧“校正效果”窗口中的预览图是否恢复了商品正常的图片色彩。

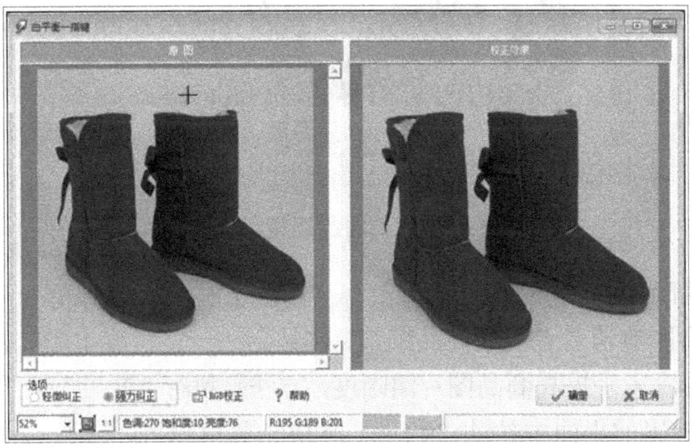

图 3-26　“白平衡一指键”操作界面

观察现在的雪地靴图片，会发现图片整体灰蒙蒙的，主体颜色暗淡。因此，需要将图片调亮。光影魔术手中，可以使用“色阶”“曲线”“数码补光”等几个工具来提高图片的亮度。使用“色阶”提高图片亮度的方法：执行“调整”→“色阶”命令。“色阶”命令入口如图 3-27 所示。

在弹出的如图 3-28 所示的“色阶调整”界面中，可看到 3 个颜色深度不一的小三角，用鼠标可以选中并拖动它们。将中间的灰色小三角和右边的白色小三角往左拉，图片将变亮；将中间的灰色小三角和左边的黑色小三角往右拉，图片将变暗。在本实训中，我们把右边的白色小三角往左拉，图片就变亮了。

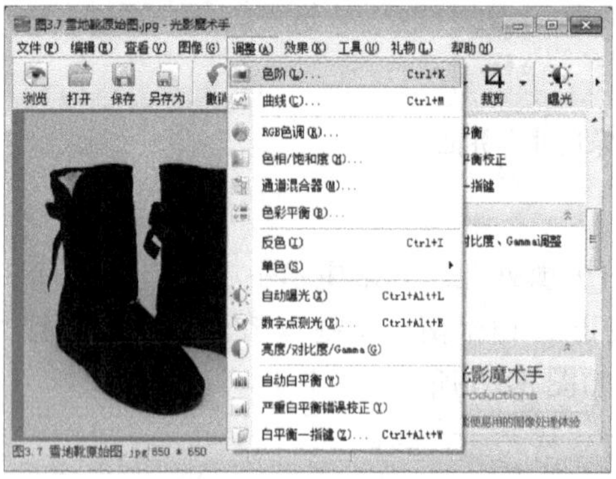

图 3-27 “色阶”命令入口

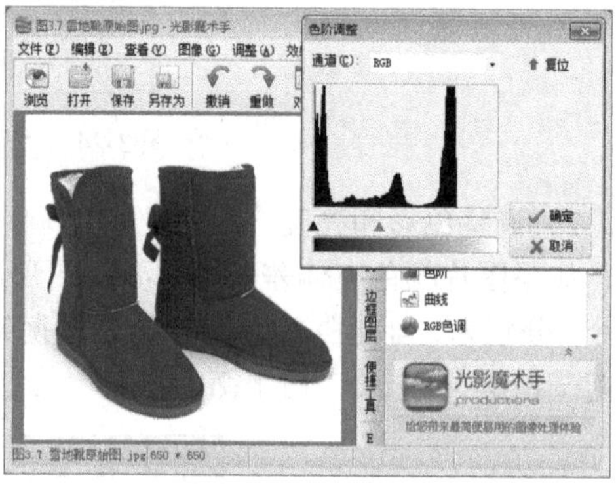

图 3-28 “色阶调整”界面

如果使用“曲线”来调整图片颜色，则方法如下：执行“调整”→“曲线”命令，在弹出的如图 3-29 所示的“曲线调整”界面中，可看到一条与横轴的夹角为 45°的对角线，这条线就是所谓的“曲线”。在线的左上方较高的位置单击鼠标左键，直线马上变成曲线，且图片亮度和对比度发生了变化。调整曲线到合适的位置，将图片亮度调整到合适的程度即可。

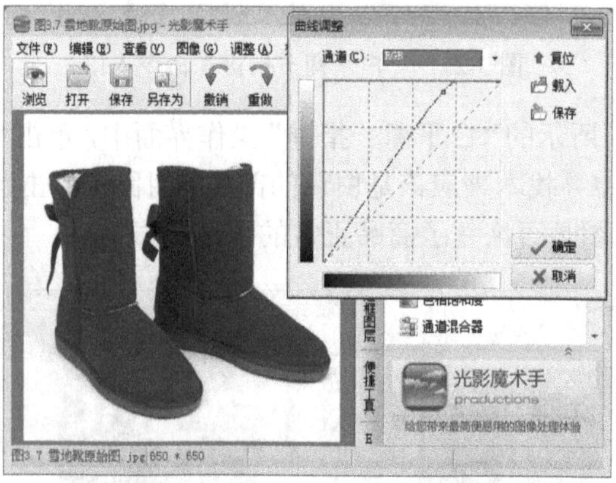

图 3-29 “曲线调整”界面

3）调整图片清晰度

图片若模糊，会影响消费者观察商品细节，并且会在一定程度上影响消费者对商品品质的认可。可以使用光影魔术手提高商品图片清晰度，方法是执行“效果”→“模糊与锐化”→“精细锐化”命令，在弹出的界面中拉动“数量”滑块，数值越大，图片越清晰，但颗粒化越严重，所以不能过分锐化图片，一般 29%较为合适。“精细锐化”界面如图 3-30 所示。

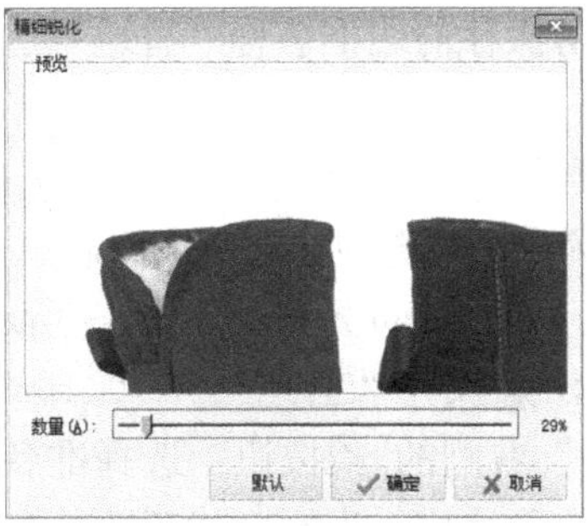

图 3-30　“精细锐化”界面

4）添加边框和水印

光影魔术手提供的边框工具有“轻松边框”“花样边框”“多图边框”等，虽然该软件提供了许多免费的边框工具，但并非所有边框都适合网络商品展示。我们可以使用光影魔术手的“边框工厂”工具来制作一些简单的边框。方法是执行“工具”→“制作边框”命令，弹出“边框工厂”界面。在界面内选择“边框信息”选项，在右侧窗口中填写边框信息即可。“边框工厂-边框信息”界面如图 3-31 所示。

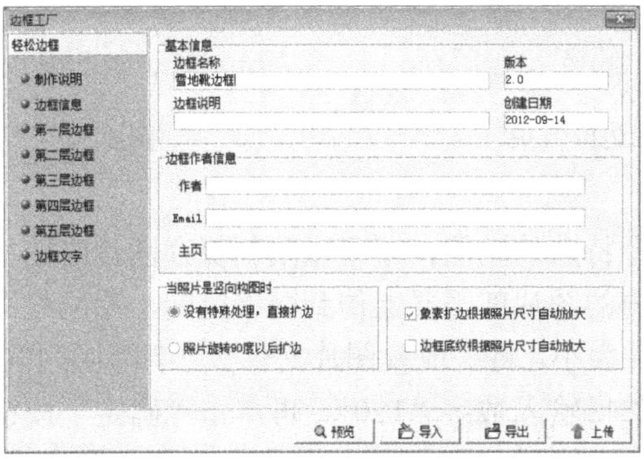

图 3-31　“边框工厂-边框信息”界面

再选择“第一层边框”选项，勾选“第一层扩边生效”复选框，激活第一层边框编辑界面。这里将上下左右各边都扩展 1 像素，且指定“边框填充内容”的颜色为黑色。“边框工厂-第一层边框”界面如图 3-32 所示。

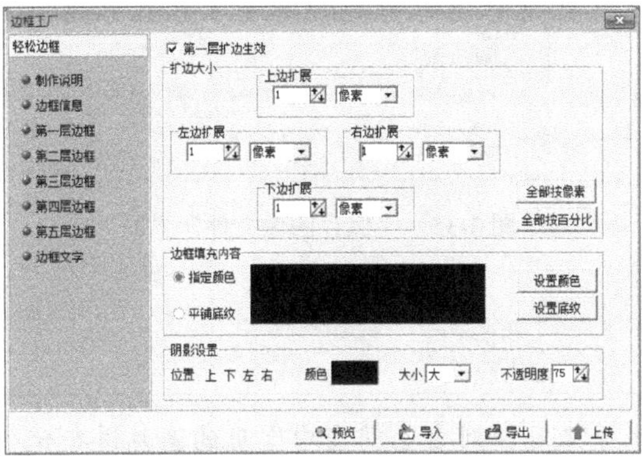

图 3-32　“边框工厂-第一层边框”界面

单击“导出”按钮，输入所保存的边框名称“雪地靴边框”，再单击“保存”按钮，关闭“边框工厂”界面。

执行“工具”→“轻松边框”命令，在弹出的界面内选择“本地素材”选项，可看到新建的“雪地靴边框”列在边框列表内，选中该边框，然后单击“确定”按钮。可看到雪地靴图片四周加了细细的黑色边框，添加边框效果如图 3-33 所示。

现在给图片添加水印，方法是执行“工具”→“水印”命令，在弹出的“图片水印标签”界面中，单击“水印图片”右侧的按钮，选择准备好的水印文件，并且设置好适当的“不透明度”和“缩放”的百分比。光影魔术手为水印提供了 9 个位置，可根据图片主体位置选择合适的水印位置。“水印”设置页面如图 3-34 所示。

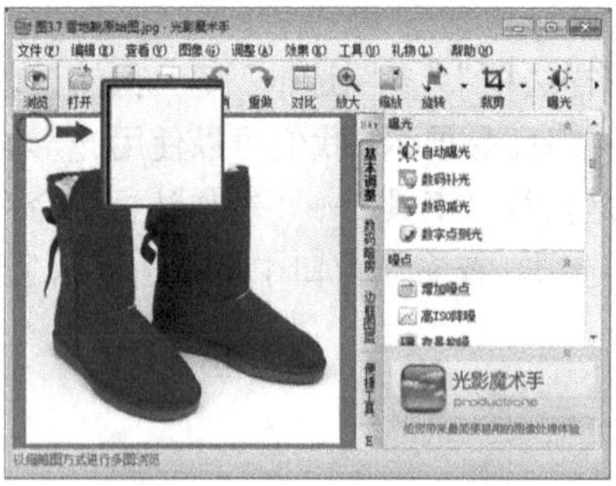

图 3-33　添加边框效果

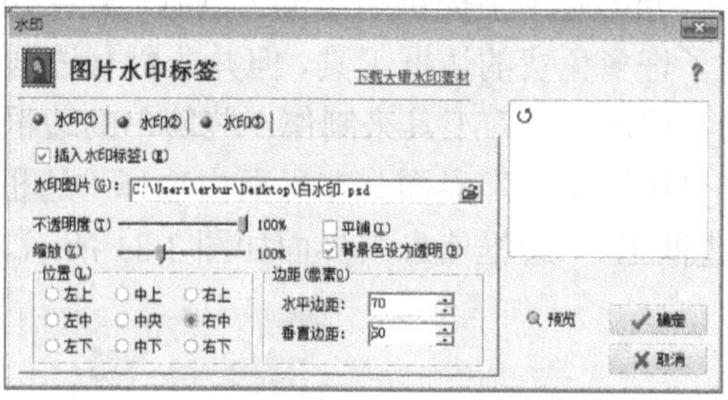

图 3-34　“水印”设置页面

5）保存图片

光影魔术手具备一个特殊的功能，即可以限制保存图片时的文件大小。文件越大，画质当然越好，但是网店内的图片都需要上传到网络空间，受网络图片空间成本及网速的限制，需要限制图片的文件大小。将雪地靴图片文件大小限制在 120KB 内，方法是勾选“限制文件大小”复选框，然后输入数字“120”，再单击“确定”按钮，即可保证文件大小不会超过 120KB，而且在该文件大小范围内，图片也能达到最佳画质。“保存图像文件”界面如图 3-35 所示。

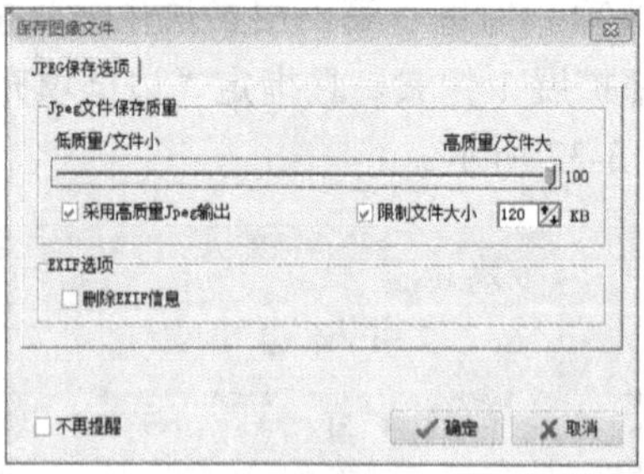

图 3-35　“保存图像文件”界面

思考与练习

1. 使用光影魔术手工具，对自己网店中宝贝的图片进行优化处理。
2. 对比光影魔术手与美图秀秀，分析各自优缺点。

任务 3　商品描述

商品描述就是以图片、文字、视频等各种手段所展现出的网络商品内容。学生通过本任务的学习，能够理解商品描述在网络零售中的重要性，掌握商品描述设计的思路、方法和流程，并能熟练使用各种工具来实现商品描述。

一、商品描述的重要性

商品描述或称宝贝描述，一般用于网络零售语境，指网络店铺中所销售的商品以图片、文字、视频等各种手段进行展示的表现形式。由于在网上购物时买家是看不到、接触不到商品实物的，只能通过网页上面的商品介绍内容来了解商品，所以卖家对商品进行详尽而又有吸引力的描述就至关重要。优秀的商品描述，不仅面面俱到地将商品的各种信息展示出来，以使买家方便地了解商品，而且能将商品的卖点和亮点最大化地进行展示，刺激买家的购物欲望。优秀的商品描述能够延长顾客的停留时间及提升店铺的转化率。

根据关于买家决定是否购买商品的调查，买家关心的因素包括商品图片、商品性能介绍、店铺服务承诺、质量保障、描述可信度与专业度、商品使用说明、购物注意事项、快递事项、真实评价、店铺优惠政策、店铺客服态度 11 项，其中 9 项属于宝贝描述的范畴。因此，商品描述具有根本性的营销意义。

图 3-36 和图 3-37 所示是淘宝网上典型的两个商品描述案例。

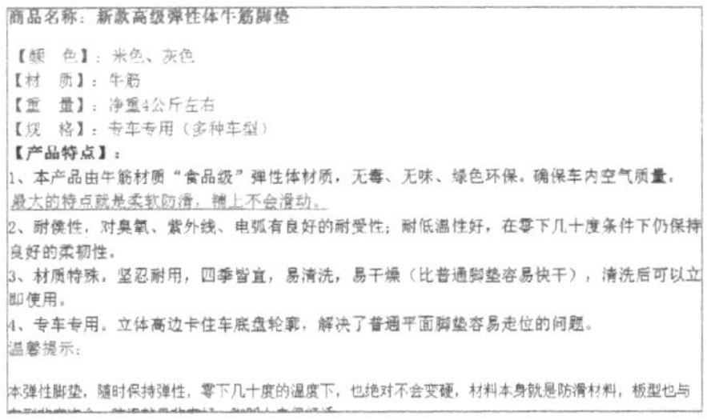
商品名称：新款高级弹性体牛筋脚垫

【颜　色】：米色、灰色
【材　质】：牛筋
【重　量】：净重4公斤左右
【规　格】：专车专用（多种车型）
【产品特点】：
1、本产品由牛筋材质“食品级”弹性体材质，无毒、无味、绿色环保。确保车内空气质量。最大的特点就是柔软防滑，铺上不会滑动。
2、耐候性，对臭氧、紫外线、电弧有良好的耐受性；耐低温性好，在零下几十度条件下仍保持良好的柔韧性。
3、材质特殊，坚忍耐用，四季皆宜，易清洗，易干燥（比普通脚垫容易快干），清洗后可以立即使用。
4、专车专用。立体高边卡住车底盘轮廓，解决了普通平面脚垫容易走位的问题。
温馨提示：

本弹性脚垫，随时保持弹性，零下几十度的温度下，也绝对不会变硬，材料本身就是防滑材料，板型也与

图 3-36　某脚垫的商品描述

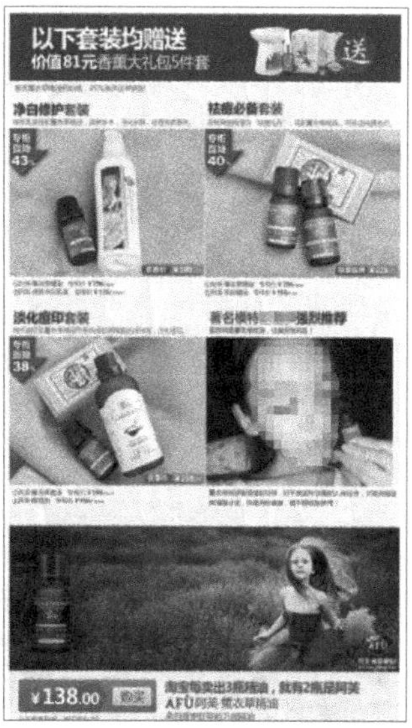

图 3-37　某精油的商品描述

从如图 3-36 所示的商品描述看出，只是用文字的形式罗列出商品的信息，不美观，无创意，传达性也做得不是很好。一份好的商品描述甚至胜过一位优秀的销售专员。因为好的商品描述能够让顾客更加清晰地了解商品本身的信息；让顾客能够从商品描述中感受商品的气质、功效和所寄托的感情；取得顾客的信任和好感，从而引导顾客下单；能够提高网店的访问深度，让更多的顾客买，让顾客买得更多。因此，网店经营者需要设计出良好的商品描述，以提高店铺品质。

二、商品描述的基本要素

商品描述一般包括以下基本要素。

1. 商品图片

消费者希望看到商品的全貌和细节，所以商品描述中应当放入全面的商品图片信息，包括商品主图、商品细节图、搭配图、模特图等。如果商品有多种颜色，在商品描述中也应当体现出来。服饰、鞋、包等类别的商品应当提供模特照片，以方便顾客联想和想象。

图 3-38 来自天猫某旗舰店某款衬衫的图片，可以看到模特从不同角度展示了服装上身之后的效果。图 3-39 来自天猫某官方旗舰店的一款休闲低帮男鞋图片，该图通过一定的造型展示了同款的 3 种不同颜色的男鞋，方便消费者进行比较。

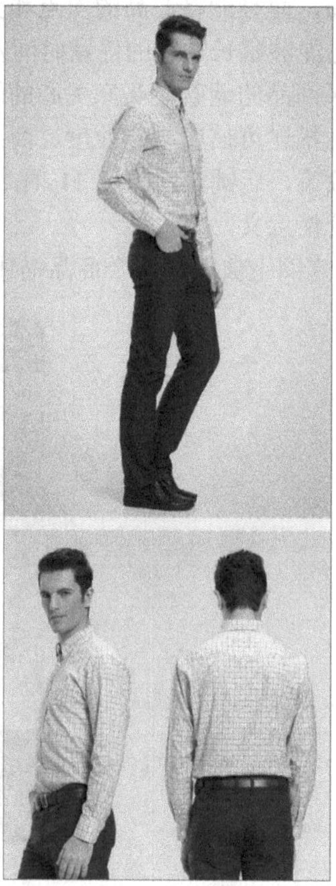

图 3-38　衬衫图片

图 3-39　男鞋图片

2．商品性能

这部分的内容包括商品特点、性能参数、尺码、规格和功能等。这些内容是消费者所关心的商品本质的内容。在传统零售中，这部分内容一般会被厂家制作成产品说明书，在消费者购买产品时随产品附送。但是，由于网络零售中消费者无法接触实际的商品，只能靠我们展现在网页上面的商品描述来了解商品。所以，我们应当详细地将消费者希望了解的商品性能方面的信息完整地展现在网页上。我们可以使用图文甚至视频的方法展现商品性能。

图 3-40 至图 3-42 所示是某款家用面包机的商品性能介绍图。放置在商品描述顶端的是一段介绍该面包机的视频，消费者可以更加直观、全面地看到该商品的功能和使用保养方法，如图 3-40 所示；使用图文并茂的方法展现该面包机的优势功能，如图 3-41 所示；采用图文结合的方法立体地展现了该面包机的尺寸规格等产品参数，如图 3-42 所示。这种图文结合的展现方式远胜于简单的文字描述，让消费者更加直观、清楚地了解商品信息。

图 3-40　视频介绍图

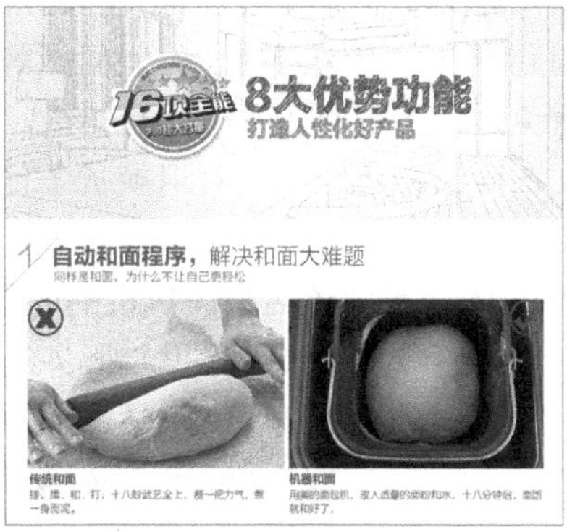

图 3-41　优势功能介绍图

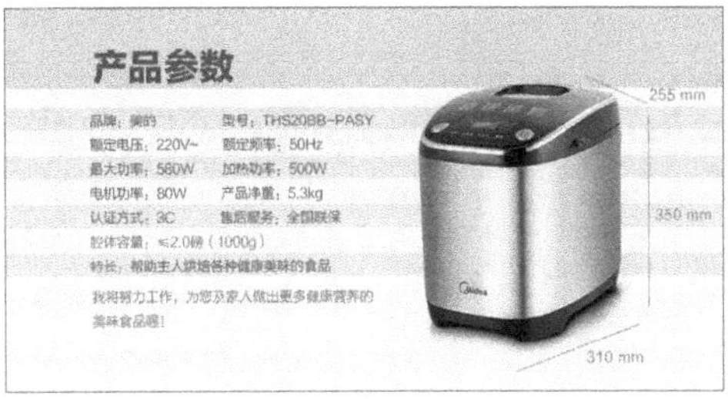

图 3-42　产品参数介绍图

3. 实力展示

商品描述应当展现出店铺的实力，目的是让消费者对产品产生信任，提升店铺的专业性。展现实力的内容有很多，如品牌介绍、产能介绍、公司信息、新闻采访、明星推荐、评价记录等。例如，从该面包机的商品描述中就看到了展现品牌实力和仓库实力的店铺实力展现图，如图 3-43 所示。

图 3-43　店铺实力展现图

4. 交易说明

在网店交易中难免会发生一些售后问题，如常见的商品退换货问题、商品保修问题、快递问题、支付方式问题和色差问题等。商品描述中的内容应当如实反映商品，但网店都难以避免因为上述问题发生交易纠纷。因此，俗话说“丑话说在前头”，为了避免产生交易纠纷，在商品描述中应当对退换货条件、商品保修等内容进行说明，让消费者在购买前就有所了解。

图 3-44 所示为该店在面包机的商品描述的最后放置的商品交易说明，包括了外观破损处理方式、签收后 7 天内退换货服务等内容。

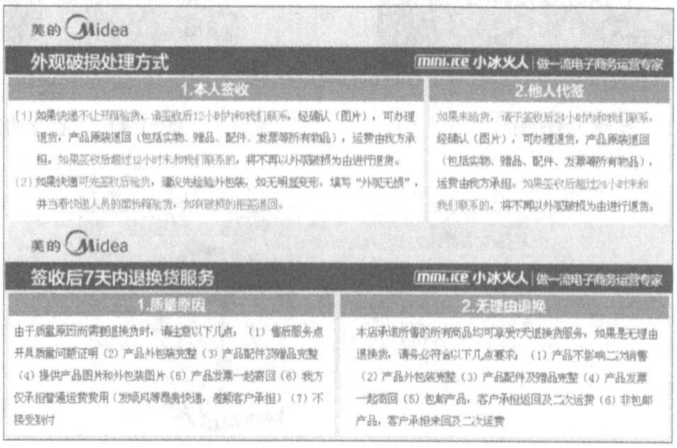

图 3-44　商品交易说明

5. 促销活动

为了促进消费者入店浏览更多的商品信息并最终提高店铺转化率和客单价，可在商品描述中适当放入店铺同步的促销活动信息、商品促销活动信息，或者推荐其他商品，尽量让消费者看到现在店铺的活动，营造紧迫感。同时，要注意做好超级链接和导航，引导消费者方便、快速地到达他想了解的信息页面。

该面包机的商品描述中在靠前位置放置了两张活动商品海报，活动商品分别是促销的烤箱和吸尘器，如果消费者有相应需求，那么就可能打开相应商品的描述页进行进一步的了解。商品描述中的促销广告如图 3-45 所示。

图 3-45 商品描述中的促销广告

项目小结

网络零售中的商品展示不同于传统零售，网店最具竞争力的内容应该还是商品本身，所以商品命名、商品图片和商品描述在网店经营中具有举足轻重的作用。卖家需要从买家的角度进行分析，了解买家搜索商品时常用的关键词，了解买家欣赏商品的角度，了解买家想要知道商品的哪些信息，从而设计出方便买家搜索到的商品标题，制作出美观、真实、面面俱到的商品图片和完整、吸引人的商品描述。

商品图片处理和商品描述模板的设计都需要用到常用的图像处理软件，如 Adobe Photoshop 和光影魔术手。卖家需要熟练掌握这些工具，将其灵活运用到网店运营中，以做好视觉营销，打造每一个吸引人的商品。

同步测试

1. 单项选择题

（1）商品的通用名称无法区别同一种类的不同商品。这种观点（　　）。

A．正确　　B．错误

（2）不属于商品特定名称的是（　　）。

A．手机　　B．茅台酒　　C．中华牙膏　　D．21 金维他

（3）商品名称必须包括（　　）。

A. 商品品牌　B. 店铺名称　C. 商品型号　D. 商品通用名称

（4）RGB 中的“G”代表的色彩是（　　）。

A. 红色　B. 蓝色　C. 绿色　D. 总亮度

2. 多项选择题

（1）属于商品特定名称的是（　　）。

A. 手机　B. 五粮液白酒　C. 电脑　D. 金嗓子喉宝

（2）属于图片处理软件的有（　　）。

A. 爱剪辑　B. 美图秀秀　C. Adobe Photoshop　D. 千牛

（3）关于色阶的理解，正确的是（　　）。

A. 色阶是表示图像亮度强弱的指数标准　B. 色阶是一个直方图

C. 最亮的只有白色　D. 最暗的只有黑色

3. 分析题

（1）如何给商品进行命名？

（2）光影魔术手和 Adobe Photoshop 的区别是什么？

（3）光影魔术手在商品图片处理中常用的功能有哪些？

（4）商品描述应该包括哪些内容？

运 营 篇

项目 4

淘宝平台网络零售

本项目知识点

淘宝账号的注册步骤；开店认证的步骤；店铺首页装修；宝贝详情页装修；宝贝列表页装修；自定义页装修；淘宝旺铺模块；网店装修的原则；商品发布的流程；商品的基本信息填写；店内营销与推广的手段；站内的常规促销活动；直通车推广；智钻推广；淘宝客推广；微博推广。

本项目技能点

掌握淘宝平台开店的流程及店铺装修基本技巧；能够通过多种营销推广方式提升店铺的运营效果。

知识导图

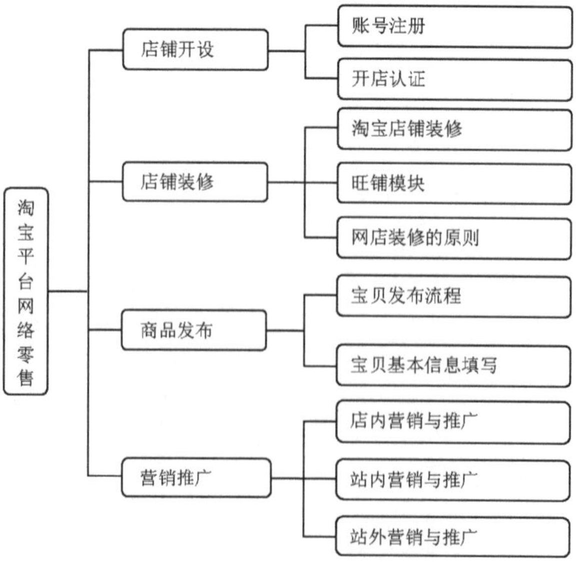

引例

裂帛故事

裂帛，是一个创建于 2006 年 11 月的女装品牌，借助淘宝网、天猫等电子商务平台，其销售业绩以火箭般的速度狂飙猛进，现在已经是一家拥有 700 多名员工的“快时尚+设计师品牌+电子商务”公司。它的创始人是汤大风、汤小风这对姐妹花。在 2006 年创业初期，窝在北京通州的一套普通民宅里，两个人当时将设计、模特、摄影、文案、客服一把抓。因为量太小，没有工厂肯代工，所以她们就用两台老式缝纫机手工制作。在产品方面，裂帛非常注重个性化设计和用户体验。经过几年的发展，裂帛品牌已经涵盖了女装、女鞋、配饰三大类的 50 多个品类，旗下拥有裂帛、莲灿、天使之城等品牌。品牌并购同样是裂帛的发展策略，2013 年初，裂帛成功并购了同样靠淘宝网、天猫起家的天使之城，被营销界称为“淘品牌并购第一案”。品牌形象方面，裂帛将所有的热情投入了设计，裂帛的每一件衣服都充满强烈的表达欲望和民族气息，体现了裂帛独有的风格。

裂帛的成功是因为它在销售商品的同时传递着一种观念，形成一种品牌效应，同时不断创新产品，赢得消费者喜爱。

引例分析

淘宝电商平台零售成为许多企业的首要选择，也存在着许多靠淘宝电商平台零售成功的品牌案例。但淘宝电商平台零售也并非想象中那么简单，裂帛的成功也历经了非常漫长的过程。本项目将从店铺开设、店铺装修、商品发布、营销推广入手，讲述如何通过淘宝平台进行网络零售。

任务 1　店铺开设

在淘宝平台进行网络零售，开设店铺是第一步，首先要做的是注册一个淘宝账号和一个支付宝账号，淘宝账号用于店铺的后台管理，支付宝账号用于店铺的资金管理，并且进行实名认证之后才能创建店铺。

《2018 年（上）中国网络零售市场数据监测报告》

一、账号注册

账号注册步骤如下。

（1）进入淘宝网首页（见图 4-1），单击淘宝网首页右侧的“注册”按钮，进入账号注册界面。

图 4-1　淘宝网首页

（2）进入账号注册界面后，阅读并同意相关协议。注册淘宝账号有两种方法：个人可使用手机号码注册，企业可使用电子邮箱注册。通过手机号码注册个人淘宝账号时，输入手机号码并验证通过之后，单击“下一步”按钮，如图 4-2 所示。

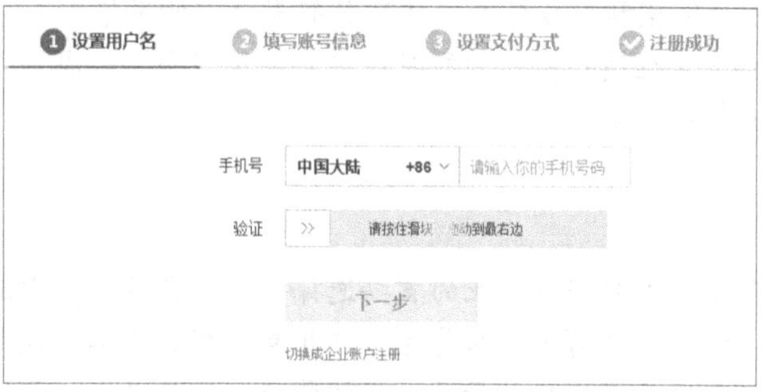

图 4-2　通过手机号码注册个人淘宝账号

（3）填写账号信息，个人账号登录名即为注册的手机号码，设置登录密码和会员名（该名称一旦输入确认后是无法进行更改的），单击“提交”按钮，如图 4-3 所示。

图 4-3　填写账号信息

（4）设置支付方式时，输入一张本人银行卡的卡号和持卡人姓名（要注意的是银行卡的开户名和持卡人姓名必须一致，并且与下面的证件信息也要一致），在获取并填写验证码之后，单击“同意协议并确定”按钮，即注册成功；也可以直接单击右下角的“跳过，到下一步”注册成功，如图 4-4 所示。

图 4-4　设置支付方式

（5）注册成功后，会提示刚才注册的账号登录名和会员名以用于淘宝账号登录。

二、开店认证

淘宝网开店的一般流程：账号注册，登录账号之后单击“我要开店”按钮进行开店认证，开店认证通过之后即可发布宝贝，待有客户下单之后即可进行发货操作，之后等待交易成功和评价提现，如图 4-5 所示。

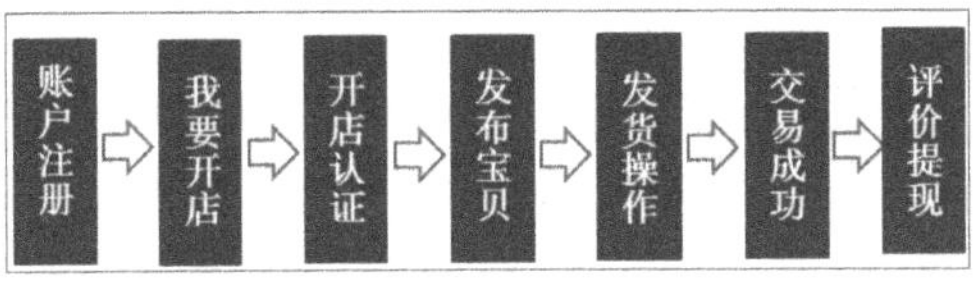

图 4-5　淘宝网开店一般流程

（1）进入淘宝网首页，单击淘宝网首页右侧的“登录”按钮，登录淘宝账号，单击上方的“卖家中心”按钮，选择“免费开店”→“个人开店”选项。要注意的是，开店有两种方式，分别是个人开店和企业开店。两者的区别：个人开店需要提供个人身份证进行认证；企业开店需要提供企业营业执照，若企业法人以个人身份注册过淘宝店铺，则该法人的营业执照也可以用于注册店铺。下面主要以个人开店为例来讲述开店流程，先进入“卖家中心”，如图 4-6 所示。

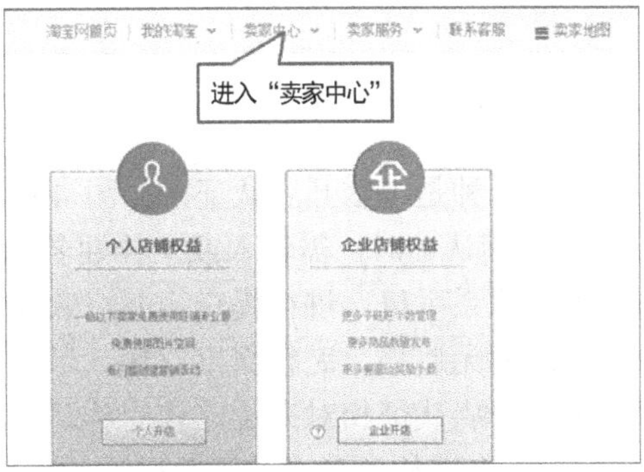

图 4-6　进入“卖家中心”

（2）单击“个人开店”按钮之后，在界面上会显示“开店条件检测”，条件满足之后需进行申请开店认证，包括支付宝实名认证和淘宝开店认证，如图 4-7 所示。

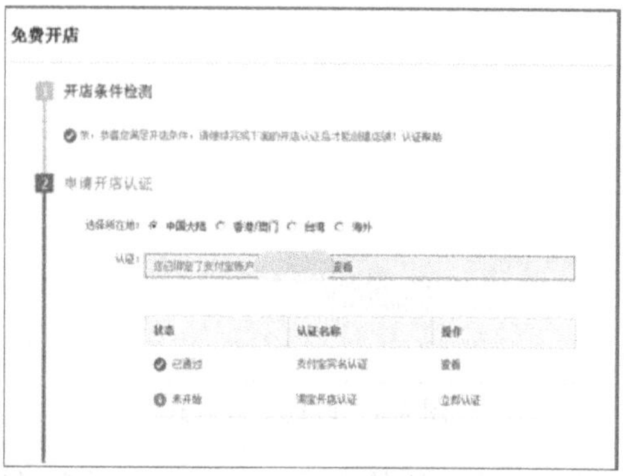

图 4-7　申请开店认证

（3）支付宝实名认证如图 4-8 所示。单击“立即认证”按钮之后，填写相关信息，包括支付宝的登录密码和支付密码，再设置相关的身份信息，填写完成并确认之后跳转到支付宝账户的登录界面，使用账户名称和登录密码进行支付宝登录，登录之后完成支付宝实名认证，再回到后台单击“个人开店”按钮继续进行开店认证。

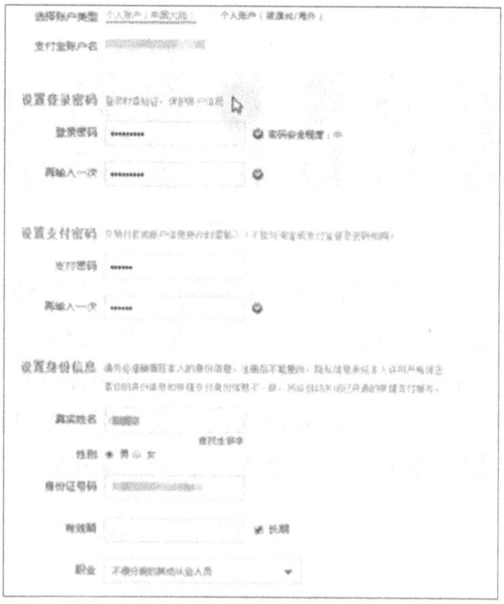

图 4-8　支付宝实名认证

（4）开店认证有两种方式：一种是电脑开店认证，如图 4-9 所示；另外一种是手机开店认证，如图 4-10 所示。电脑开店认证时，需输入或上传姓名、身份证号码、手持身份证照片、身份证正面、联系地址和联系手机，进行提交。要注意的是，手持身份证照片必须保证五官可见，证件全部信息清晰无遮挡，完整露出双臂，尽量采取像素较高的手机进行拍照，确保上传原始图片。手机开店认证相对来说比较简单，用手机通过扫码安装钱盾，打开钱盾扫图中二维码进行认证，在手机上完成验证手机号、填写联系地址、上传手势照、上传身份证照后等待审核，审核时间一般为 1～2 个工作日。认证成功之后，即可选择“创建店铺”，个人的淘宝店铺便创建成功了。

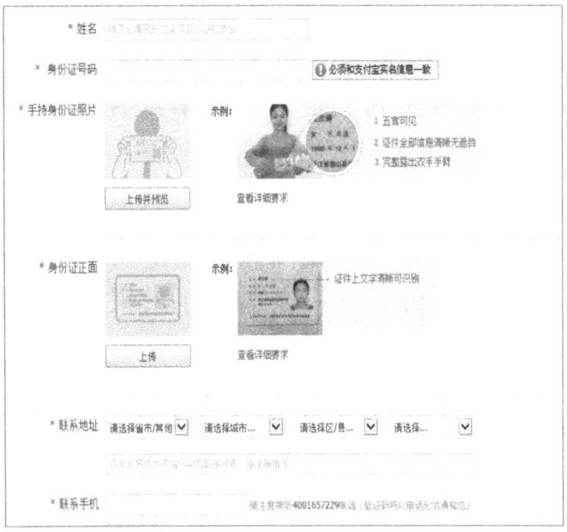

图 4-9　电脑开店认证

图 4-10　手机开店认证

任务 2　店铺装修

网络零售是一种视觉营销，店铺的美观实用在整个营销战略中具有重要的地位。目前像淘宝网这样的网店平台都推出了用于装修店铺的增值服务，如淘宝网的旺铺。学生通过本任务的学习和演练，能够利用旺铺的功能进行美观实用的店铺装修。

一、淘宝店铺装修

淘宝旺铺主要由店铺首页、宝贝详情页、宝贝列表页和自定义页 4 种页面组成。

1. 店铺首页装修

店铺首页是进入网店的第一个页面，好比一本杂志的封面和目录，是整个网店索引和展示宝贝、促销信息的地方。店铺首页的浏览量一般相对整店所有的页面来说是最高的，所以设计吸引人的店铺首页就变得尤为重要。如图4-11所示，旺铺专业版店铺首页一般至少包括了4个布局单元：

1）店铺页头

店铺页头是每个页面都通用的部分，由店铺招牌和导航组成，该布局单元在设计的时候注意不能过长，以免影响除首页外其他页面的显示效果。

2）950布局单元

该单元能够添加宽度为950px的多种模块，如图片轮播、搜索店内宝贝等。

3）190/750布局单元

该单元的左侧能够添加宽度为190px的模块，如搜索店内宝贝、宝贝分类（竖向）等；右侧可以添加宝贝推荐、自定义内容区等多种模块。

4）店铺页尾

店铺页尾同店铺页头一样，对各种页面都是通用的。一般店铺页尾会放置一些对整个店铺的售后服务介绍、客户服务入口、店铺留言等模块。

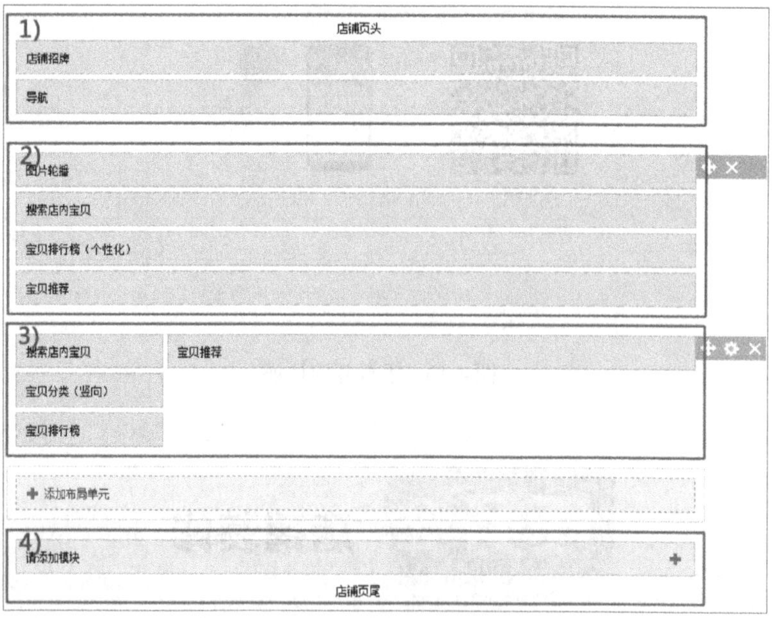

图4-11　旺铺专业版店铺首页的一般布局

2. 宝贝详情页装修

宝贝详情页就是当我们单击店铺内任意一款宝贝时所打开的展示此宝贝所有相关信息的页面。如图4-12所示，宝贝详情页的一般布局包括店铺页头、店铺页尾及一个190/750布局单元。190/750布局单元的右侧至少包括宝贝基础页面、宝贝描述信息、宝贝相关信息3个模块。

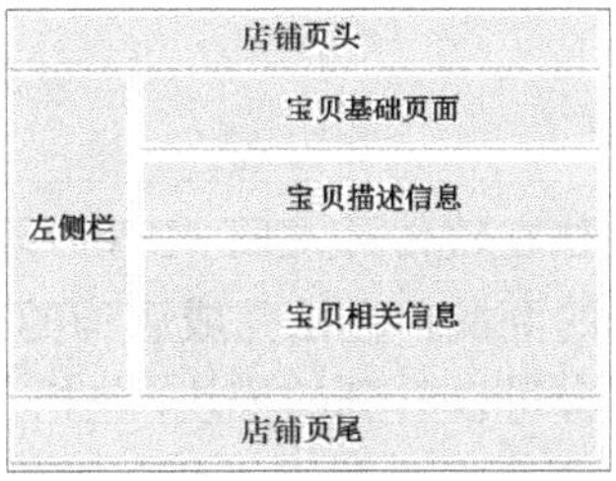

图 4-12 宝贝详情页的一般布局

3. 宝贝列表页装修

宝贝列表页是单击店铺“宝贝分类”所打开的展示店铺该分类下的宝贝的页面。如图 4-13 所示，旺铺专业版宝贝列表页的一般布局除了包括店铺页头、店铺页尾和一个 190/750 布局单元，还可以由用户添加布局单元。

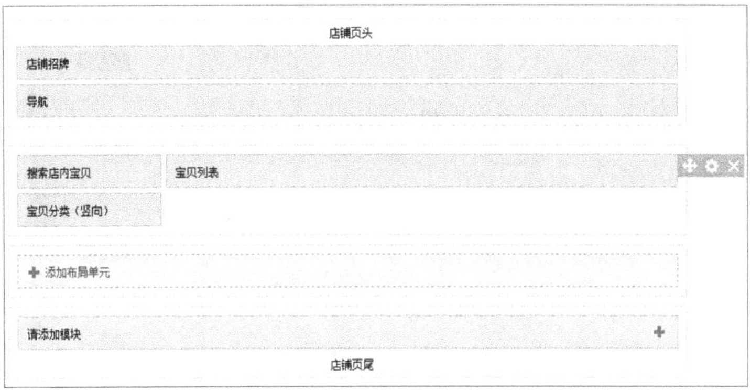

图 4-13 旺铺专业版宝贝列表页的一般布局

4. 自定义页装修

还有一种页面是自定义页，自定义页可以由卖家自行编辑，如卖家可以自由新建购物须知页面、促销活动专场页面、同店宝贝转让页面等。旺铺专业版自定义页的自定义内容分为左右栏自定义页和通栏自定义页。自定义页的“新建页面”如图 4-14 所示。

图 4-14 自定义页的“新建页面”界面

二、旺铺模块

旺铺模块是由淘宝官方或者独立软件开发商（ISV）开发的各种旺铺前台应用，可以帮助卖家更好地展示和推荐店铺中的商品，轻松完成店铺的日常运营和品牌推广。图 4-15 所示就是旺铺专业版在店铺装修后台可以看到的模块，包括了淘宝官方的免费或者付费模块，以及由 ISV 开发的设计师模块，还可以去装修市场订购更多的功能模块。卖家可以在店铺装修后台根据自己的需要添加想要的模块。图 4-15 中所展示的模块主要是一些最为常用的基础模块，如图片轮播、搜索店内宝贝、宝贝推荐、自定义内容区等。

图 4-15　旺铺模块添加界面

1．基础模块

1）图片轮播模块

图片轮播模块可以将多张广告图片以滚动轮播的方式进行动态展示，可调节模块高度（100px～600px）。宽度根据卖家添加的位置自动设置：如果卖家店铺的页面是单栏的，那么它的宽度就会是 950px；如果页面是左右两栏的，那么在右栏添加图片轮播模块，其宽度就会是右栏的宽度，一般为 750px。单击图片轮播模块的“添加”按钮后，弹出图片轮播模块的“内容设置”界面，如图 4-16 所示。轮播图片都对应了链接地址，这使得轮播的图片不仅有展示的作用还有指引流量的作用。图 4-17 所示是图片轮播模块的“显示设置”界面，在这里我们可以设置是否显示标题，如果显示标题则可以设置显示标题的文字。模块高度需要按照所展现的图片的高度来设置，切换效果分为上下滚动和渐变滚动。

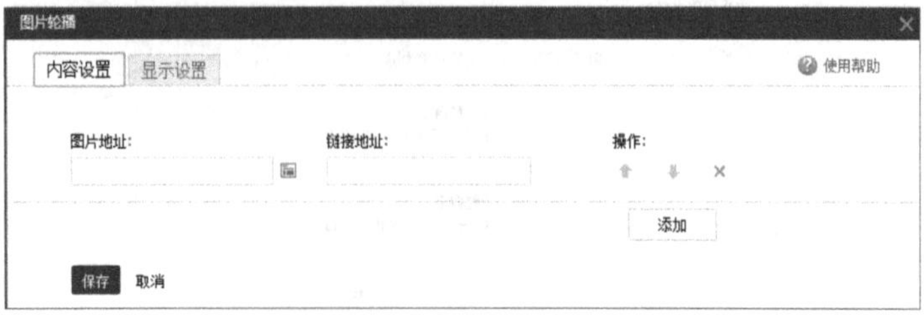

图 4-16　图片轮播模块的“内容设置”界面

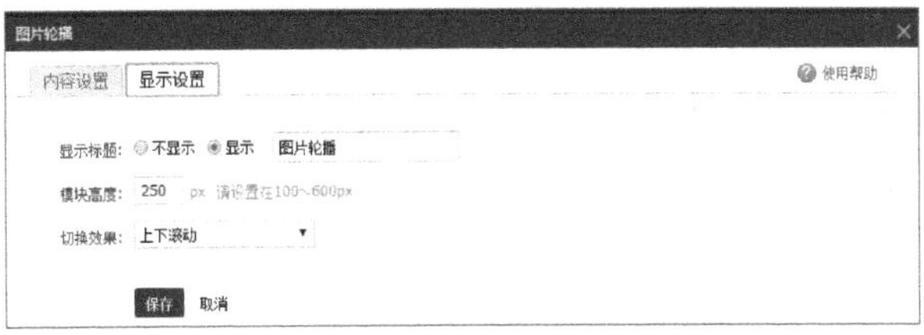

图 4-17　图片轮播模块的“显示设置”界面

2）宝贝推荐模块

宝贝推荐模块中，可以通过手工推荐或自动推荐的方式，按照关键字、价格范围、宝贝分类等维度挑选宝贝，并可设置是否显示已收笔数、评价数、折扣价等。这个模块可帮助卖家推荐想要显示在网页上面的商品，商品图片显示的尺寸和信息也可以自行进行设置，从而较好地提高主推商品的曝光率。图 4-18 所示就是宝贝推荐模块的设置界面。

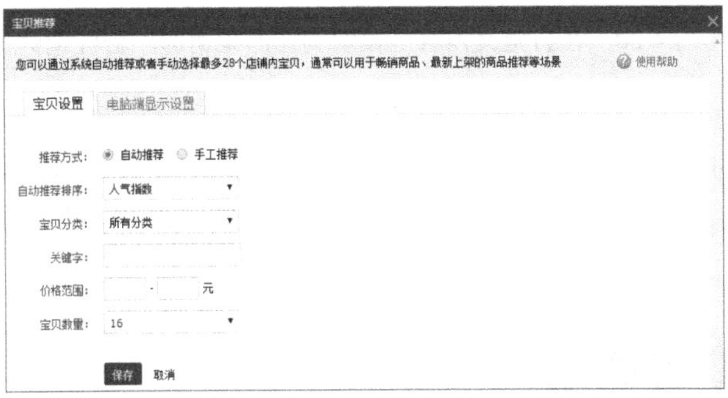

图 4-18　宝贝推荐模块的设置界面

3）自定义内容区模块

自定义内容区可以通过在编辑器输入文字、图片、html 代码的形式自定义编辑内容。其编辑界面如图 4-19 所示，有点类似网页编辑软件的界面。一般用于编辑网页文字、段落、超级链接等内容的工具在该界面中都能够找到。自定义内容区完全可以实现用户自己编辑 html 静态代码，卖家可先在个人电脑的 Adobe Dreamweaver 或者 Microsoft FrontPage 软件里面设计制作好自定义内容区的内容，再粘贴到自定义内容区的编辑界面上，即可完成该模块的制作。

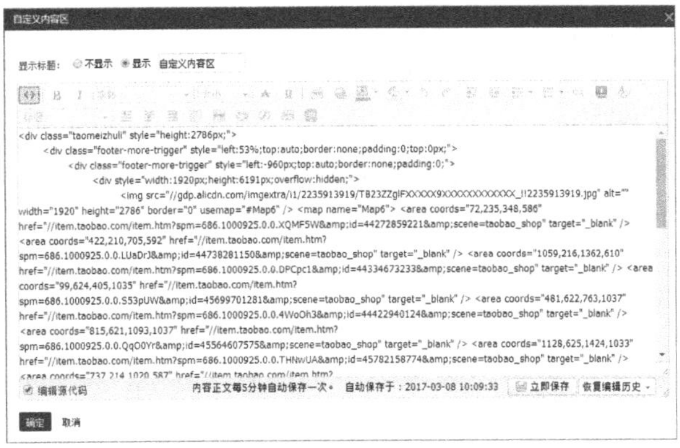

图 4-19　自定义内容区模块的编辑界面

如图 4-20 所示，在自定义内容区模块，卖家制作了一个果树剪广告促销区。

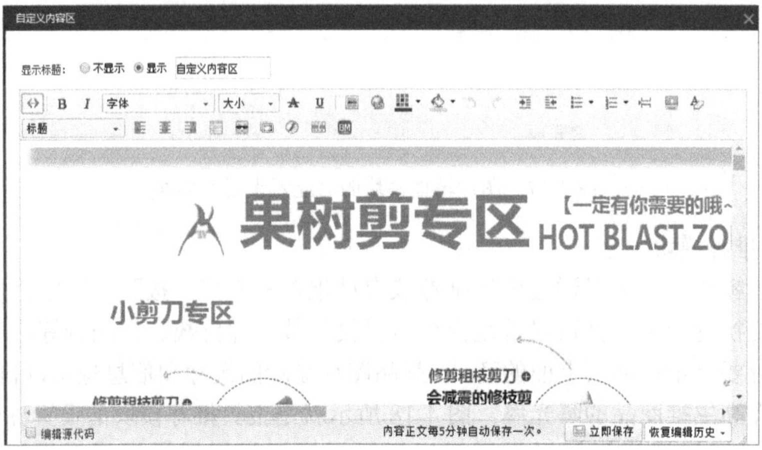

图 4-20　在自定义内容区模块制作的果树剪广告促销区

2．设计师模块

店铺装修之外的其他应用，如与店铺紧密结合的商品展示、商品导购、关联推荐、营销、社交网络服务（SNS）、个性定制等行业化需求，都可以通过设计师模块在店铺前台轻松实现。

三、网店装修的原则

网店装修时需要从消费者的角度来进行设计，网店不仅要美观，而且要有创意，让店铺在吸引人的同时给人以专业、有实力的感觉；同时要注意网店的可用性和易学性，给予消费者良好的用户体验。网店装修的原则具体有以下几点：

（1）从买家的角度出发设计网店；
（2）店铺形象与企业（品牌）形象一致；
（3）吸引人的颜色搭配和页面布局；
（4）色彩不刺眼，让人看久了也不会累；
（5）网页显示速度快；
（6）内容清楚，图片完整；
（7）传达正确的品牌、商品、促销信息；
（8）良好的导航和链接；
（9）避免使用访问者可能不懂的行话或术语；
（10）保证在最小的显示器上也能清晰地展示文字；
（11）易学性。

同步实训

实训 1　无线端店铺首页装修

实训目的

随着移动互联网的发展，使用 App（应用程序）购物的人群在比例上已经远远超过通过 PC（个人计算机）端购物的人群，无线端店铺的装修显得尤为重要。通过无线端店铺首页装修的实训，卖家可以熟悉店铺装修模块，掌握淘宝网无线端店铺的装修技能。

实训内容与步骤

（1）进入淘宝网，登录淘宝账号，单击“卖家中心”按钮，进入店铺后台。

（2）在店铺后台，单击“店铺管理”下方的“手机淘宝店铺”按钮，在“无线店铺”下方单击“立即装修”按钮，如图 4-21 所示。

图 4-21　无线端装修入口

（3）无线端店铺新版店铺招牌装修时，单击店铺招牌模块之后，模块编辑页面出现在右侧。店铺招牌装修如图 4-22 所示。设置查看店铺基本信息，填写店铺名称，上传店铺 Logo 和店铺招牌图片（可以选择淘宝官方推荐图片，也可以进行自定义上传），同时可以上传店铺招牌图片的链接地址，内容编辑完成之后单击“确定”按钮即可。

（4）无线端店铺首页店铺招牌下方内容装修时，应熟悉左侧的装修模块。宝贝类模块当中比较常用的模块是智能单列宝贝、智能双列宝贝、宝贝排行榜和搭配套餐模块，主要用于产品展示，如图 4-23 所示。

（5）图文类模块主要是通过上传图片进行展示的，主要包含单列图片模块、双列图片模块、多图模块、轮播图模块等，这几个模块在装修时比较常用，如图 4-24 所示。

（6）还有两类分别是智能类模块和营销互动类模块，智能类模块中很多功能尚未开通，营销互动类模块主要用于店铺促销活动（如优惠券、店铺红包等），如图 4-25 所示。

图 4-22 店铺招牌装修

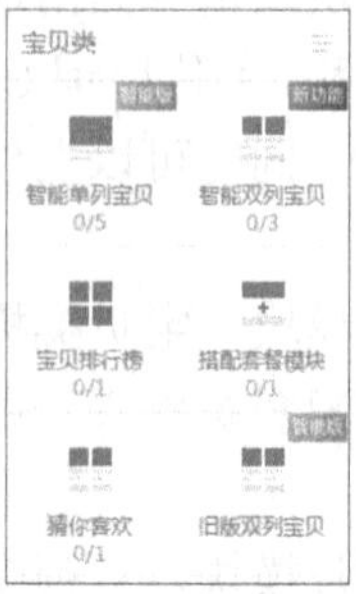

图 4-23 宝贝类模块

图 4-24 图文类模块

图 4-25 营销互动类模块

（7）根据无线端店铺装修的需求，选择相应的模块拖动到首页当中进行编辑。如图 4-26 所示，在店铺招牌模块下方有轮播图模块，拖动后选中该模块，在右侧进行内容编辑，图片大小要求为 640px×320px，格式为 jpg、png，并上传图片链接。此模块可上传多张图片，展示效果为轮播。

图 4-26 轮播图模块装修

（8）双列图片模块可用于店铺产品分类，其装修如图 4-27 所示，图片要求为 296 px× 160px。单击链接右侧的图标可以选择相应的链接，如图 4-28 所示。

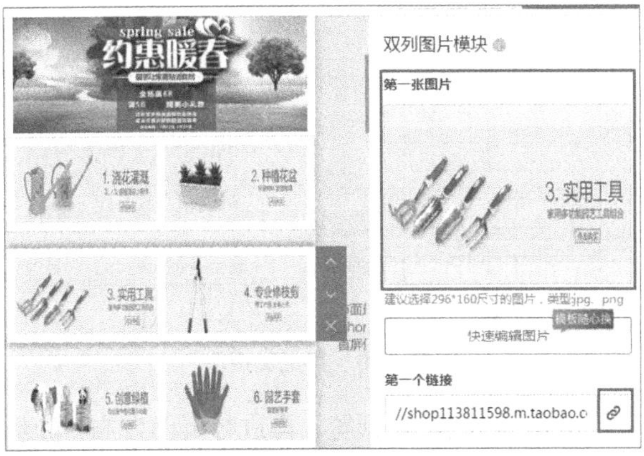

图 4-27 双列图片模块装修

图 4-28 对应链接的选择操作

（9）装修双列宝贝模块时输入标题，为标题选取相应的链接，并选择推荐类型，推荐类型有两种——自动推荐和手动推荐，最多可以推荐 6 个产品，如图 4-29 所示。

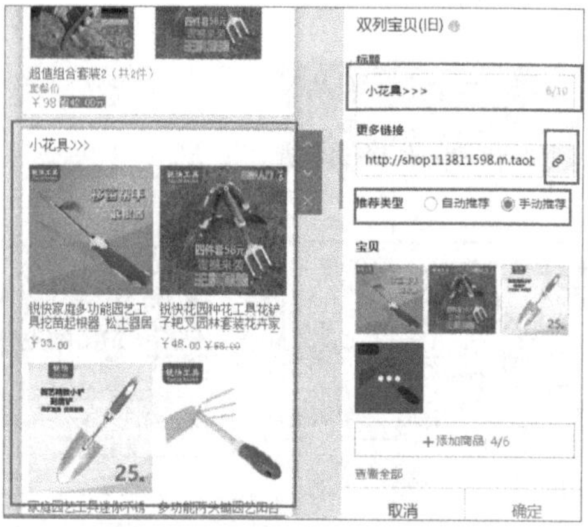

图 4-29　双列宝贝模块装修

（10）编辑自定义模块时可以根据装修的需求选择相应的大小，并进行图片和文字的编辑，如图 4-30 所示。自定义模块具有较高的可塑性，在无线端店铺装修中应用得比较广泛。

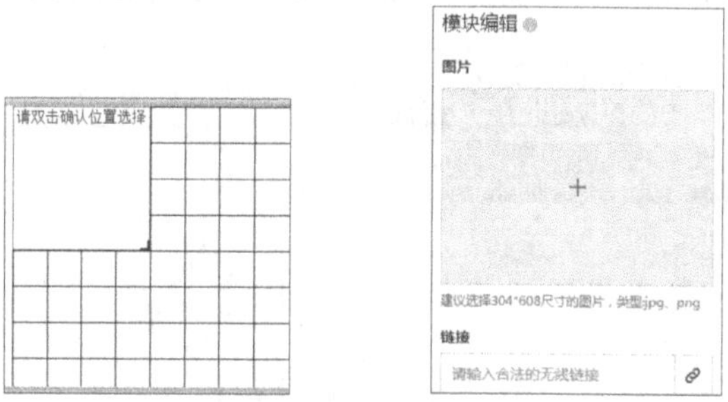

（a）　　　　（b）

图 4-30　自定义模块

（11）所有模块编辑完成后可先进行预览，再进行页面发布，无线端店铺首页的装修效果如图 4-31 所示。

（a）　　　　（b）

图 4-31　无线端店铺首页的装修效果

实训提示

无线端店铺首页的装修风格多种多样，卖家需要根据自己店铺的产品进行准确的风格定位，需要拥有合理的布局思路，先完成布局设计，再进行后台的装修。

思考与练习

完成淘宝无线端店铺首页的布局设计和装修，将过程截图并配以文字说明，同时回答下列问题。

1. 对比无线端购物和 PC 端购物，二者有哪些优势和劣势？
2. 请简述无线端店铺首页装修的重要性。

任务 3　商品发布

商品发布（即宝贝发布）是淘宝平台网络零售非常重要的步骤，在宝贝发布之前卖家需准备好关于宝贝的资料信息，如宝贝的标题、宝贝的图片等。宝贝的发布一般分成一口价、闲置和拍卖 3 种方式，一般店铺开张时都是以一口价的形式发布宝贝。

一、宝贝发布流程

宝贝发布流程如图 4-32 所示。

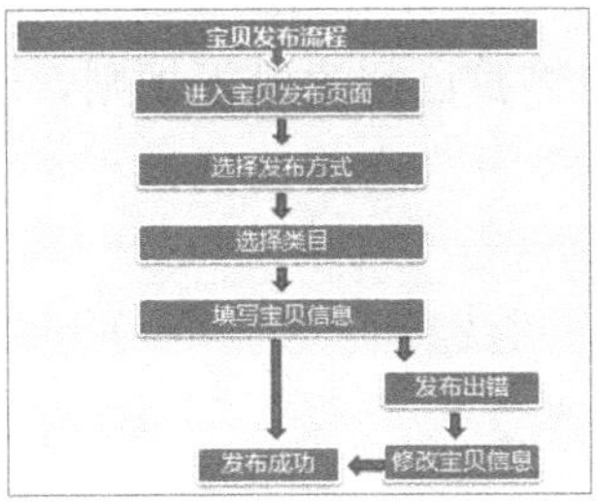

图 4-32　宝贝发布流程

（1）进入淘宝网首页，登录账号后，进入“卖家中心”，如图 4-33 所示。

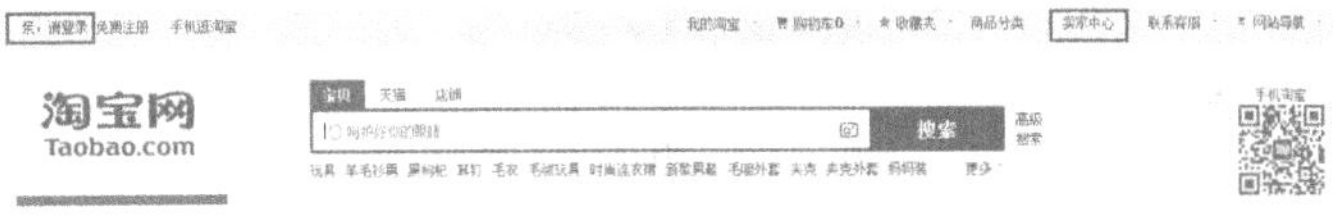

图 4-33　进入“卖家中心”

（2）如图 4-34 所示，单击“发布宝贝”按钮，选择发布一口价商品。

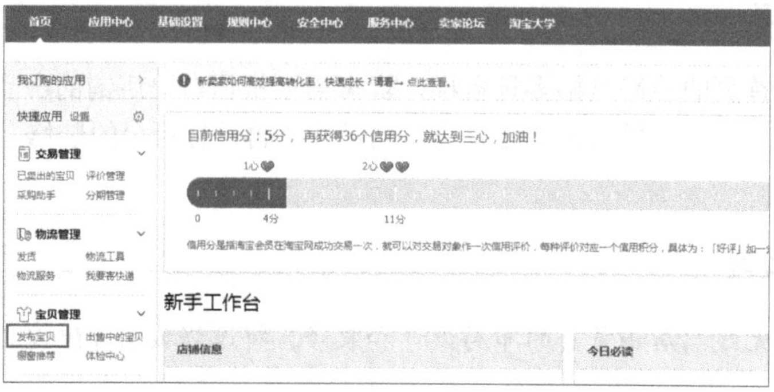

图 4-34　单击“发布宝贝”按钮

（3）如图 4-35 所示，默认一口价方式，选择宝贝类目进行商品发布。宝贝分类是指在发布宝贝时，可以选择宝贝的详细类目，根据一级类目定位到二级类目，再选择相对应的商品品牌进行发布。例如，要发布某款热水袋，先找到热水袋的一级类目为“居家日用”，再找到“居家日用”对应的“热水袋”类目，选择品牌之后进行宝贝发布；也可直接输入产品名称进行快速查找类目，节省发布宝贝时间。宝贝发布时一定要注意发布到正确的类目下方，否则会被淘宝网下架并扣分。

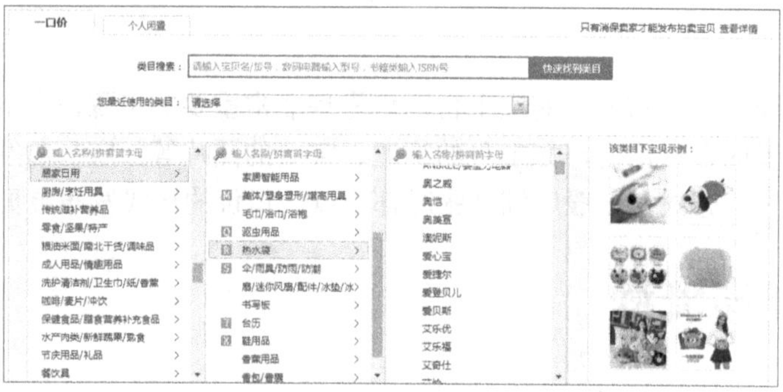

图 4-35　选择宝贝类目

（4）确定好类目之后，单击“我已阅读以下规则，现在发布宝贝”按钮，如图 4-36 所示。

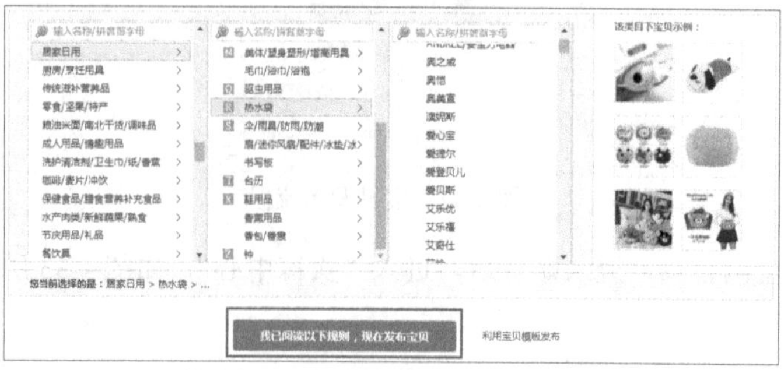

图 4-36　确认发布宝贝

二、宝贝基本信息填写

发布宝贝时会涉及很多信息，如宝贝的标题设计、宝贝的分类、宝贝的价格、宝贝的图片、宝贝的详情页还有宝贝其他各种属性。在发布宝贝前，必须先了解该宝贝是属于哪一个类目，在该类目中发布宝贝时需要填写哪些宝贝信息。千万不能将商品上错类目。

（1）在进入宝贝的发布界面后，进行宝贝基本信息的填写，涉及宝贝类型（全新还是二手）等。宝贝类目不同则所需填的属性内容也会存在着差异，如热水袋这类商品则需要填入品牌、包装体积、毛重、热水袋类型、材质和主图来源等相关属性，如图 4-37 所示。

图 4-37　编辑宝贝属性

（2）如图 4-38 所示，宝贝标题不可超过 30 个字或者 60 个字符。宝贝标题要尽量简单直接，还能突出卖点，要让买家即使瞄一眼也能清楚商品的特点，知道它是一件什么商品。宝贝标题是需要和当前商品的类目、属性一致的，比如出售的是女装 T 恤，就不能出现童装等非女装 T 恤类的关键词。宝贝标题的设置非常关键，直接会影响到商品的搜索。

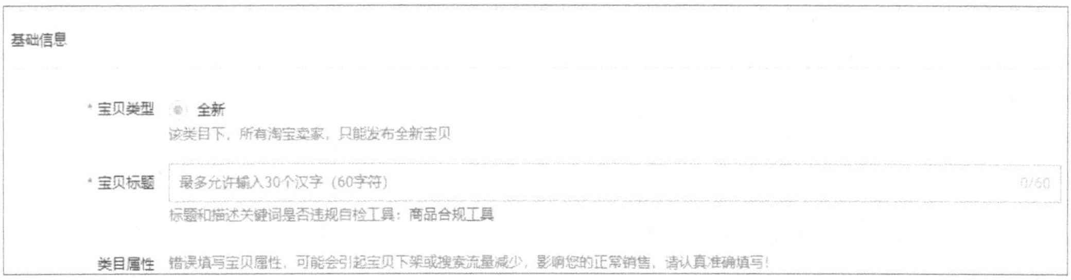

图 4-38　编辑宝贝标题等

（3）宝贝卖点是一种不同于商品标题的、对商品的特色和主打优势进行突出的补充说明，宝贝卖点不得超过 150 个字。并且要清楚的是，宝贝卖点是否设置不会影响到搜索，并且在无线端不展示，只是对商品优势的一种补充说明。

（4）如需设置多个商品价格，则需要有“宝贝规格”属性的支持，如颜色、尺码等。如果商品有颜色属性，则勾选对应的颜色属性后方可设置不同的价格。

（5）宝贝数量即商品的库存。

（6）采购地根据实际情况填写。

（7）商家编码处可自行输入一个编号（可以是数字或字母）作为商品的唯一标识，以便于后续商品的核查和仓库商品管理等。但商家编码为非必填项，也就是说可以根据实际需要进行填写。

（8）商品条形码可以在商品外包装上查看到，填写时请注意：有码的，请手动输入商品条形码；无码的，可以不填商品条形码。

（9）上传宝贝图片如图 4-39 所示。宝贝图片处要求最好上传 5 张图片，并且尺寸保证在 700px×700px 以上、3MB 以下。当上传的宝贝图片的尺寸大于 700px×700px 时，上传以后宝贝就自动会有放大镜的功能，鼠标移动到宝贝图片各位置时会显示放大，能帮助买家在浏览商品时注意到商品的细节部分。宝贝主图上传有两种方式，一种是本地图片上传，另一种是在图片空间进行选择后直接上传，图片空间是淘宝店铺后台专门管理和存储图片的板块。

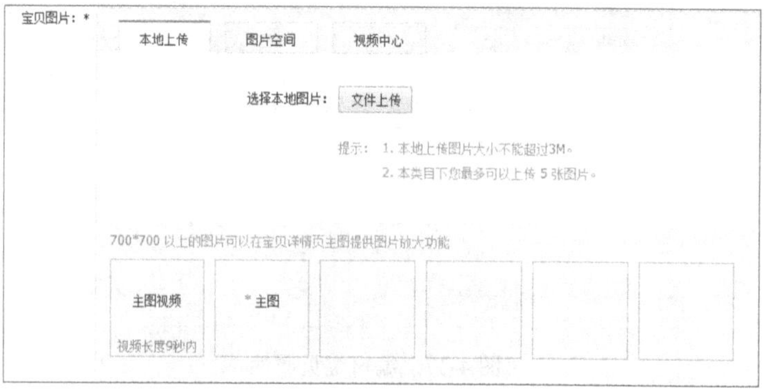

图 4-39　上传宝贝图片

（10）宝贝描述是发布宝贝过程当中最重要的环节。所销售的宝贝的所有图片信息基本在宝贝描述当中展示，宝贝描述区将商品信息直接呈现给买家，买家也是通过宝贝描述来获取大量的商品信息和判断这个商品是不是符合自己的需求的。宝贝描述可以包括图片、文字和视频。宝贝描述内容的编辑类似淘宝店铺装修的自定义模块的编辑，可以直接插入图片，也可以直接插入代码。选择图片的话，可以先将所需图片上传到图片空间，再到图片空间当中进行选择；也可以直接选择本地上传，将电脑上的图片直接上传到宝贝描述当中。或者通过上传 html 代码来完成宝贝描述。总之，宝贝描述是宝贝发布当中的非常重要的一个环节，如图 4-40、图 4-41 所示。

（11）在完成宝贝描述之后，为该商品选择商品所属的店铺类目，可以多选，如图 4-42 所示。

（12）填写宝贝物流信息，选择相应的运费模板，运费模板需要另外进行设置，并且宝贝所在地等相关信息也需要在运费模板中进行设置，如图 4-43 所示。

（13）售后保障信息根据商品的实际情况进行填写，如图 4-44 所示。例如，商品是否保修，是否开具发票，以及退换货承诺和服务保障。

图 4-40　编辑宝贝描述

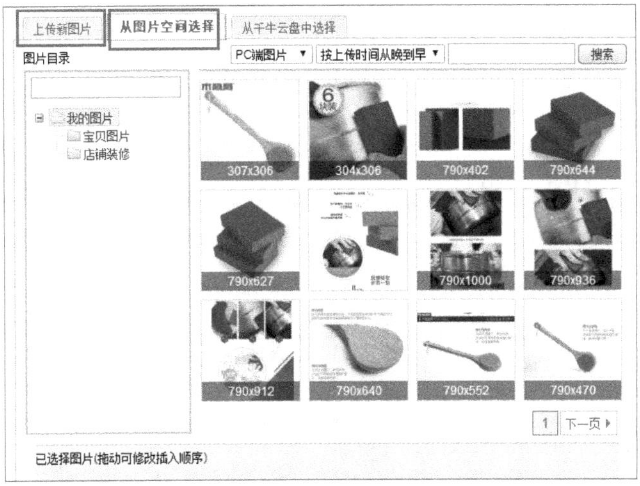

图 4-41　图片上传

图 4-42　选择店铺类目

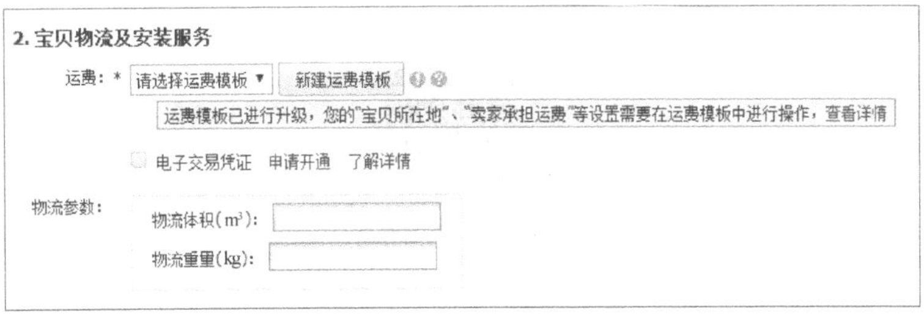

图 4-43　填写宝贝物流信息

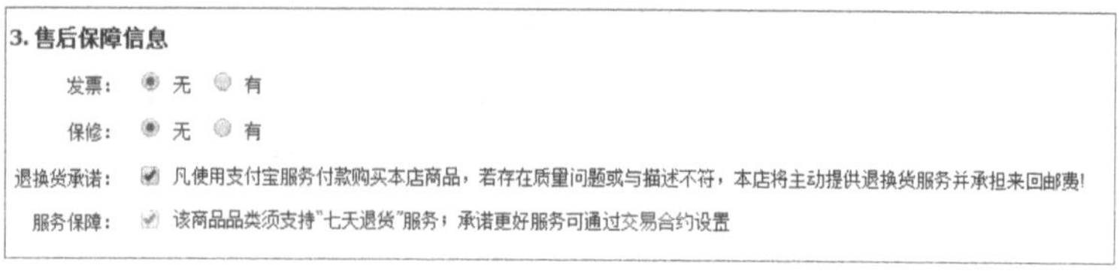

图 4-44　填写售后保障信息

（14）如图 4-45 所示，其他相关信息根据宝贝的实际情况填写，可以为宝贝设置是否参与店铺的会员打折，因为店铺后期一旦创立会员体系就会涉及会员独享的一些商品折扣。库存计数方式分成两种：拍下减库存和付款减库存。拍下减库存即在买家拍下商品未付款的情况下，商品的在线库存会自动扣除；付款减库存指只有当买家拍下商品并付款之后，线上库存才会相应地减少。关于开始时间，如果立即上架产品，可以直接选择“立刻”；如果要在固定时间上架，可以设定相应的时间，后台会在设定的时间自动把商品上架；如果暂时不上架产品，可以选择“放入仓库”。秒杀商品一般情况下不设置，除非该商品是秒杀商品。最后单击最下面的“发布”按钮，商品就发布成功了。

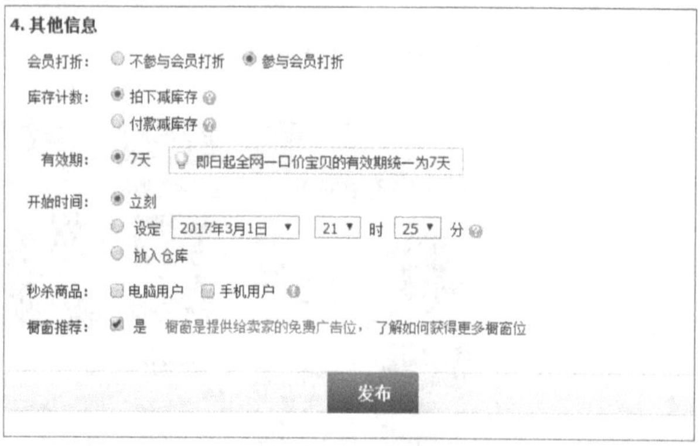

图 4-45　编辑其他信息

思考与练习

在上传商品时，请以 4 种不同的计价方式分别设置相应的运费模板，以文字配截图形式记录操作过程，并思考、回答下列问题：

1. 发布一款宝贝时需要传递哪些信息？
2. 在淘宝网和天猫发布商品时分别有哪些规则？

思考与练习参考答案-4

任务 4　营销推广

在传统的市场营销理论体系中，推广是指企业为扩大产品市场份额，以及提高产品销量和知名度，而将有关产品或服务的信息传递给目标消费者，激发和强化其购买动机；营销是指为促使这种购买动机转化为实际购买行为而采取的一系列措施。依次类推，在网店经营中，推广就是采取多种方式吸引买家进入网店；营销就是促使进入网店的买家购买商品和服务，促成交易。

酒香也怕巷子深，淘宝店铺也需要推广。在网络营销时代，营销与推广的关系非常密切，很多推广的工作是可以影响到营销效果的，而很多营销的工作也可以为推广而服务。在很多人看来，“网络营销”与“网络推广”两者的概念已经相当模糊，因此目前很多人习惯性地将两者统称为“网络推广”。

为了方便区分和归纳，以网店所用工具的适用范围为标准，网店营销与推广可分为店内营销与推广、站内营销与推广和站外营销与推广 3 种类型。不过，这 3 种营销与推广方式并非在推广和营销的本质上发生了变化。

一、店内营销与推广

店内营销与推广是卖家对网店进行营销与推广的基础和核心内容。学生通过以下学习与演练，能够理解店内营销与推广的重要性，掌握店内营销的基本方法，并能熟练运用多种工具进行店内推广。

可以说，如果没有店内营销与推广的基础工作，盲目地浪费大量时间、金钱和精力去做站内和站外营销与推广是徒劳无益的。要从浩瀚的店铺海洋之中脱颖而出并被别人发现的概率是比较低的。虽然卖家通过站内和站外的多种营销与推广手段大大地提高了店铺的浏览量，吸引了大量顾客进入店铺，但是店内宝贝的营销和推广力度不够的话，顾客是不会最终购买的。不想办法提高转化率，那么千方百计带来的浏览量就会变成无效的流量。因此，只有卖家充分运用店内营销与推广工具，才可能将顾客的购买动机直接转换为实际购买行为，有效地将浏览量转化为成交量。

一般来说，在店内营销与推广工作中，要取得较好的效果，就要在以下几个方面下足功夫：

1．网店定位

网店推广要从网店定位开始一步一步走好，网店的定位是我们做好网店推广的第一步。如果网店没有清晰明确的定位，商品的销售就没有一个清晰明确的消费群，销售就没有了方向，没有了方向的销售无法支撑起网店的经营。因此，网店在建设之前必须思考如下问题：有给自己的网店进行定位吗？网店的消费群是哪些？网店的产品是哪些？产品该怎么定价？

1）网店产品定位

开店之初，要通过大量的调查来确定产品定位。例如：自己打算卖什么产品？自己了解这些产品吗？有没有好的货源？如果你打算卖连衣裙，你对女性喜欢穿什么样的连衣裙了解吗？自己有没有这方面的货源？另外，坚持“做专不做杂”，特别是对新手卖家，千万别好高骛远而什么都想卖，利用好身边的资源先做好某一项。现在社会分工越来越细，只要做专做精，就会“行行出状元”，在没有成为专才之前请别考虑往全才发展。

2）网店消费群定位

如何确定目标消费者群体以及明确他们的需求特点是卖家必做的功课之一。打算把产品卖给谁？这些群体一般会聚集在哪些网站或论坛？他们有什么爱好？如何投其所好？淘宝网上有一个卖孕妇装的网店，其消费群定位很清晰，就是孕妇。孕妇一般会去宝宝树等一些知名的孕妇类论坛以及一些孕妇 QQ 群，她们对在哪个阶段该做什么、需要什么比较关心。如何提供她们所关心的东西呢？这就需要卖家动脑筋了，卖家要做消费者的咨询顾问，而不是简单的卖东西的，还要挖掘消费者的新需求。

3）网店价格定位

低价确实能吸引人一时，但非一世。没有一个好的品牌或者卖场是通过一味降价或者卖廉价商品发展起来的。当网店的消费群已经固定之后，卖家要思考网店在整体上是走高端路线还是走低端路线，要了解这些消费者能够接受的价格范围。对一般商品来说，价格定得过高，不利于打开市场；价格定得太低，则可能出现亏损。因此，最稳妥可靠的方法是将商品的价格定得比较适中，使买家有能力购买，也便于卖家推销。

2．充分利用旺铺的功能模块

充分运用好淘宝旺铺的各项功能，有利于塑造店铺形象和打响品牌，提高店内营销与推广的效果。

1）店铺招牌

店铺招牌好比商家的门头，是顾客对店铺的第一印象，可以醒目地标注商家的店名、品牌、广告等。利用了 Flash、GIF 动画的店铺招牌，则会更方便、更形象地推广、宣传店铺形象。卖家利用店铺招牌将店铺的经营内容、优势、卖点、品牌价值等在第一时间传递给浏览店铺的人，因此，店铺招牌起着重要的视觉营销作用。

2）自定义页

淘宝旺铺除比普通店铺首页模块更灵活外，还有一大特色就是有“自定义页”设置，最多可以设定 6 个独立的栏目，这就给了卖家更大的发挥空间，将其灵活应用好后就像拥有一个独立的网站。这些自定义页的快捷入口在店铺招牌下面，等于是将宝贵的一屏资源翻了 6 倍，每个栏目可以随意起名，内容更是丰富多彩，可以放入更多推广元素和促销信息。

3）旺铺促销区

淘宝网的旺铺促销区是顾客继店铺招牌和自定义页后看到的又一个视觉重心，可以让店铺促销信息以第一视觉呈现在顾客或者访问者面前；好的旺铺促销区犹如一个精美的图片广告，能够极大地吸引顾客的注意力。

旺铺促销区可以是一个较小的 html 页面，可以加入商品的图片、文字和超链接，也可以放入包含促销信息的 jpg 或 gif 格式的图片。不管是何种形式的旺铺促销区，一定要将商品的卖点信息最直接地传递给顾客，吸引顾客的眼球，刺激顾客的购买欲，提升转化率。图 4-46 所示为某店铺内活动预热海报。

图 4-46　某店铺内活动预热海报

4）自定义模块

与普通店铺相比，旺铺可以通过添加左侧、右侧的自定义模块来增加更多的展示面积，释放更大量的营销与推广信息。左侧页面的自定义模块（见图 4-47）窄一点，主要包含了店主基本情况、联系方式、店内商品搜索、商品类目和友情链接；右侧页面的自定义模块主要是促销区、商品展示和交流区。左右两侧都可以根据需要添加多个自定义模块。因此，淘宝旺铺的左右两侧自定义模块就是卖家可以自由发挥的地方了，卖家利用这个“弹丸之地”充分发挥自己的聪明才智。

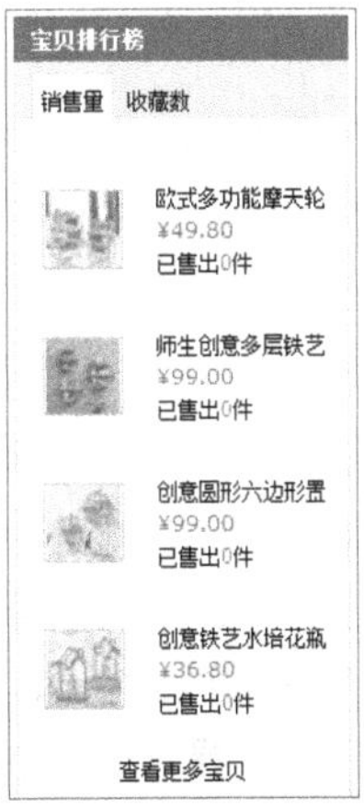

图 4-47　左侧页面的自定义模块

3．综合运用店内促销活动

1）刺激消费者购买的方法

（1）限时特价

顾名思义，限时特价就是在限定的时间内（如节日期间或者某个时间段）将产品以特价出售。这是卖家常用的一个促销工具，也是最简单且容易出效果的工具。通常以降价促销和折扣促销为主。

特价活动需要特别注意的问题如下：

① 给顾客时间紧迫感。大街上常有“大甩卖最后 1 天”的广告，其实哪一天都是“最

后一天”，只是让顾客产生时间紧迫感——今天非买不可，明天就没有这么大的优惠了，从而强烈刺激顾客的购买欲望，其实在网上的商品也是一样的道理。但是搞特价的时间不能太长，最忌讳年深日久地一直在搞特价。例如，春节、国庆等长假节日就只做2～3天特价，这样买家就会有可以得到实惠的感觉。

② 展示特价幅度。特价幅度要大，而且展示的手法要有技巧。例如，商品价格由1000元降到800元时应该标明“直降200元”而不能写成“打8折”或者“8折优惠”；要是20元的商品降到10元，那就应该写“半价出售”，就不能写“直降10元”了。

（2）秒杀

秒杀是网上竞拍的一种新方式。所谓“秒杀”，就是网络卖家发布一些超低价格的商品让所有买家在同一时间网上抢购的一种销售方式。商品由于价格低廉，往往一上架就被抢购一空，有时只用一秒钟。在淘宝网，最吸引人的就是1元钱秒杀一辆汽车。秒杀是一个非常能吸引很多流量的活动，可以为店铺招徕大量的浏览量和人气。

秒杀活动需要注意以下技巧：

① 商品降价幅度要相当大。形成巨大的价格落差是秒杀活动的特征之一，也就是用令人大跌眼镜的价格吸引顾客。原本成百上千的价格降到几元钱，没有人对这种实实在在的天上掉馅饼的活动不心动。

② 在搞秒杀活动之前，提前公布、多方宣传消息。因为每次做秒杀活动的时候秒杀产品肯定不会太多，所以既然是赔本赚吆喝，就一定要提前公布秒杀活动信息，通过论坛、聊天软件、微博等工具多方宣传，吸引广大顾客的眼球。在秒杀的当天，所有感兴趣的顾客都会蜂拥而至，即使没有成功拍到也会看看你的店里卖不卖其他便宜的商品。

（3）抽奖

抽奖也是一种常用的促销方式，大商场在节假日都会举行各种各样的抽奖活动。两个卖家卖相同的产品且产品价格一样，一家没有抽奖，而另一家可以抽奖，顾客当然会选择可以抽奖的那一家了。

抽奖活动要遵循下列原则：

① 活动的奖品一定要有足够大的价值，如果奖品都是些几元的小奖品，顾客根本提不起兴趣。所以奖品尽可能贵点，如手机、电脑等，这样活动才有吸引力，才能达到好的效果。

② 小奖要广。提高中奖机会，让更多的人得到奖品。每抽奖100人就有60个人中奖，顾客的积极性就会被调动起来，对店铺的印象也会非常深刻，这样才能拉来更多的顾客。

③ 充分展示。抽奖的广告打在醒目位置，如店铺首页、店铺招牌、公告栏，也可放在商品描述的最前面，大张旗鼓地宣传，让每一个进店的顾客都知道有抽奖活动，千方百计地让更多的顾客参加抽奖活动。

2）刺激消费者多买的方法

（1）换购

换购就是买家在消费金额达到一定的标准后，再加一笔钱就可以买到价值较高的其他商品。例如，买家消费满80元的时候，再加5元，就可以换到一个价值远远超过5元的东西。这样买家就会感觉加5元钱换购非常划算，就会愿意参与这种活动。卖家开展换购促销活动，可以刺激顾客购买更多的商品，不仅提升了客单价，还加快了店铺信誉度的增长速度。

卖家需要掌握2个技巧：

① 加价幅度要小。换购活动增加的价格不要太高，要让买家感觉换购时物超所值。“一元钱换购”效果最好，能大力刺激买家参加换购活动的积极性。如果加价幅度太大，买家会权衡换购商品是否实用和非常划算，从而影响换购效果。

② 充分展示。展示的位置要明显、直接、简单，如在首页、促销区等显著的位置进行展示，要让消费者知道你的店里在开展换购活动。

（2）包邮

包邮是指在网上购买商品时，由卖家来承担邮寄费用，不需要买家自己掏腰包。包邮是卖家的促销手段之一。从一般情况来说，买家要在一家商店买到一定数量、价格或促销的商品时，卖家才会承担邮费。买家选择包邮的商品可以节省一定的邮费，但也要防止商品的数量、质量等可能有问题，毕竟一分钱一分货。买家在购买时应与卖家联系，问清是谁承担邮费，以免发生不愉快。

在进行包邮活动前，一定要设置好规则，以免亏损。注意是全场包邮，还是部分包邮。在全场包邮的时候要特别注意低价商品，如果一个 5 元钱的商品也能参加全场包邮，这样就会造成亏损。

（3）满就送

当买家消费满一定金额或者商品件数达到某一标准后，卖家会送赠品给买家。满就送活动最适合价格比较高但降价幅度不能太大的商品，如笔记本电脑、手机等。卖家利用赠送活动进行变相降价，最好能赠送相关的商品，如买手机送内存卡、贴膜等。当然，赠品要超值新颖，如果赠品价值不高，买家就会降低购买积极性，就不会刻意去凑够金额换赠品了。如果买家在店铺里消费满 2000 元，仅仅能得到一张贴膜，那么买家是没有兴趣参加满就送活动的。

3）刺激消费者再买的方法

优惠券

店铺优惠券是由淘宝卖家以虚拟电子现金券的形式赠送给买家的，当消费金额达到优惠券的使用要求时买家就可以用优惠券抵扣相应的消费额度。通常店铺在做大型活动预热时会采用发放优惠券的形式，通过优惠券的领取数量来预测当天的活动效果，提前做好备货。发放优惠券供客户在下次活动时进行购买的方法可以刺激消费者再次到店购买。

二、站内营销与推广

网店采用店内营销与推广，买家只有进到网店里才可以看到相关的推广活动与促销信息，因而其效果有一定的局限性。没有站内营销与推广活动的引流，店内营销与推广的效果就会受到很大影响。因此，如何让商品信息从店内走到淘宝网站内，如何将买家引入店内，是卖家最为关心的问题之一。这就要求卖家投入一定的精力和财力，在淘宝网站内采用各种营销与推广活动，尽可能地吸引大量买家的眼球并使其进入网店，充分挖掘买家的真正需求，产生新的销售机会。

目前，淘宝网的站内营销与推广方式丰富多样，为卖家提供了站内营销与推广的良好机会。淘宝网的站内营销与推广平台主要有直通车、智钻、淘宝网常规促销活动等。如果卖家能有效地采用这些站内营销与推广方式，将会极大地提高店铺的浏览量和转化率。当然，大部分站内营销与推广平台是收费的，卖家要根据自身财力和网店经营实际情况来选择适合自己的推广平台。而对免费的站内营销与推广平台，则要尽可能地加以利用。

1. 常规促销活动

卖家除在店内开展打折、包邮、满就送等促销活动以外，还可以报名参加淘宝网和天猫定期或不定期举办的促销活动。

定期举办的促销活动主要是指在每年固定时间举办的主题促销活动。近年来，各大购物网站纷纷尝试通过开展大型促销活动吸引消费者和提高企业销售额，主题活动已成为这些购物平台进行网络营销的重要手段。每年的“双十一”俨然已成为网民真正的狂欢日，这种大型促销活动对拉动企业经济十分有利。淘宝官方的投入力度非常大，活动要求的促销力度也很大，参加此类大型活动的效果非常明显。2018 年“双十一”当日天猫完成交易额 2135 亿元，可想而知此类促销活动可以为店铺带来的流量。淘宝平台有专门的淘宝嘉年华活动，如图 4-48 所示。

图 4-48　淘宝嘉年华活动

除定期的促销活动以外，卖家还可以通过卖家后台自主报名参加淘宝网不定期举办的其他促销活动。卖家登录淘宝网后，选择“卖家中心”→“营销中心”→“活动报名”，进入如图 4-49 所示的活动报名页面，并选择适合自己的活动进行报名，按照活动报名页面的提示完成报名提交，然后等待淘宝网审核报名资格，审核通过以后卖家即可参加活动。同时，卖家可以在此页面查看报名结果、历史报名记录。

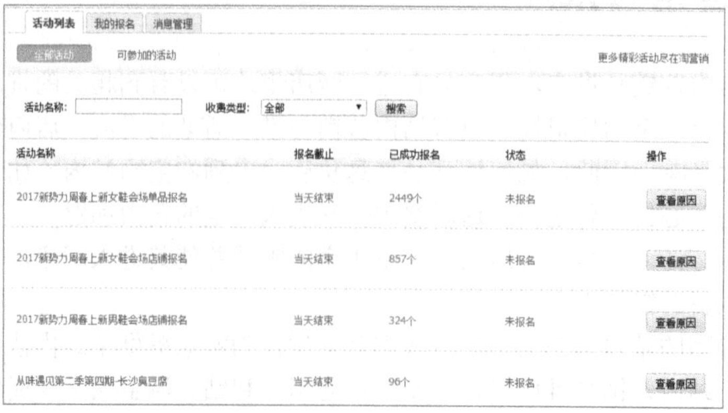

图 4-49　活动报名页面

2. 直通车推广

淘宝直通车是为淘宝卖家量身定制的，是效果极佳的付费效果营销工具，以实现宝贝的精准推广为目的。它是目前适合各种级别卖家使用的推广工具之一，淘宝网绝大多数店铺的第一次付费推广都采用了这个工具。卖家利用淘宝直通车来推广宝贝，不仅可以提高宝贝的曝光率，而且可以利用精准的搜索将宝贝展现给精确的买家。展现逻辑是根据潜在买家的浏览和购买习惯以及网页内容，由淘宝直通车系统自动匹配出相关度较高的宝贝，并结合出价进行展现，以更精准地迎合潜在买家需求。买家通过点击直通车展位的宝贝即可进入卖家店铺，从而产生一次甚至多次的店铺内跳转流量，利用以点带面的关联效应降低店铺整体推广的成本和提高店铺整体的关联营销效果。同时，淘宝直通车还给用户提供了淘宝网首页热卖单品活动和各个频道的热卖单品活动，以及不定期的淘宝网各类资源整合的直通车用户专享活动。

直通车选词技巧

1）直通车的原理

淘宝直通车推广原理是根据宝贝所设置的关键词进行排名展现，按点击进行扣费。直通车用户通过设置与推广宝贝的关键词获得流量，并按照获得流量的点击数付费。具体内容如下：

（1）如果卖家想推广某一件宝贝，就为该宝贝设置相应的关键词出价、类目出价及宝贝推广标题。

（2）当买家在淘宝网通过输入关键词搜索商品，或按照宝贝分类进行搜索时，直通车展位就会展现推广中的宝贝。

（3）如果买家通过关键词或宝贝分类进行搜索后，在直通车推广位点击推广的宝贝，系统就会根据设定关键词或类目的出价进行扣费。有点击才收费，没有点击不收费。这是直通车成为效果极佳的收费推广工具的原因。

2）直通车产品分类及展位

为了更好地为卖家和买家服务，直通车除了宝贝推广，还推出了店铺推广、活动专区和定向推广等营销产品。它们具备各自特有的优势，卖家可以根据自己的需求进行灵活的选择。

（1）宝贝推广

宝贝推广是淘宝直通车的基础推广方式。使用宝贝推广，卖家除可以获得精准的搜索流量外，还可通过对不同人群加价以及对不同展位竞价来获取更丰富的定向流量，其中的原理就是通过关键词进行精准推广，展位在关键词搜索页面、类目搜索页面、热卖宝贝搜索页面。在搜索框中输入关键词后单击“搜索”按钮，在进入的页面中，宝贝展位在页面右侧的 12 个位置和下方的 5 个位置，如图 4-50 和图 4-51 所示。

（2）店铺推广

店铺推广的原理跟淘宝直通车单品宝贝推广的原理一致，当买家搜索该关键词或类目时，用户的店铺推广就会得到展现，店铺推广也有丰富的展位。店铺推广的展现资源有淘宝网关键词搜索页面、类目搜索页面、淘客搜索页面、热卖宝贝搜索页面。关键词或类目搜索结果右下侧为“店家精选”区域，每页展现 3 个店铺，其位置即在 12 个单品宝贝推广的下方 3 个位置，如图 4-52 所示。

图 4-50　宝贝推广页面右侧展位

图 4-51　宝贝推广页面下方展位

图 4-52　店铺推广展位

（3）活动推广

直通车采取用户自主报名的方式，将一部分符合淘宝网特别运营要求的宝贝，在某一段时间，在特定位置上集中展现。活动不定期举行，需通过直通车后台进行自主报名。

（4）定向推广

定向推广依靠淘宝网庞大的数据库构建买家的兴趣模型，从细分类目中抓取宝贝特征与买家兴趣点匹配的宝贝展现到旺旺焦点图、“我的淘宝”中“已买到的宝贝”、收藏列表页、物流详情页等买家浏览的热门展位上，帮助卖家锁定潜在买家，实现精准营销。定向推广在淘宝网站内的主要资源位为淘宝首页—热卖单品、我的淘宝—已买到的宝贝—热卖单品、旺旺焦点图—热卖单品等位置，分别如图4-53、图4-54和图4-55所示。

图4-53 淘宝首页—热卖单品

图4-54 我的淘宝—已买到的宝贝—热卖单品

图4-55 旺旺焦点图—热卖单品

定向推广的优势体现在以下两个方面：

① 覆盖面广。参加定向推广的宝贝将会出现在淘宝网众多大流量、高关注度的买家必经之路，如旺旺每日焦点、“我的淘宝”页面中的“已买到的宝贝”、收藏夹等页面。除了淘宝网站内的热门页面，淘宝直通车还整合了多家外部优质网站，帮助卖家的推广宝贝覆盖更多目标客户。

② 操作便捷。进入直通车的推广计划后，在“设置投放平台”功能中勾选“定向推广”，这样该推广计划下的所有宝贝都启动了定向推广，然后进入推广宝贝的关键词管理页面，

设置合适的宝贝关键词及其出价，这样就完成了全部操作。

卖家需要注意的是，定向推广的点击费用远远低于关键词点击费用，但是定向推广是基于系统自动判断卖家的浏览行为的，其精准度不如关键词推广，其推广效果有时比关键词推广的效果差，因此卖家不要因为定向推广便宜就大肆投放广告。

3）直通车的计费方式

直通车推广所产生的费用是从直通车账户扣除的，卖家首次开户时需为直通车账户充值最少 500 元，充值的金额可用来自动支付未来直通车的推广费用。直通车的计费方式有如下特点：

（1）直通车按点击收费，并不按时间收费。广告展现在直通车推荐位，没有点击则不扣费；只有当买家对卖家的宝贝感兴趣并点击了卖家的宝贝时，直通车推广才会产生费用，因此直通车广告属于 CPC 计费方式。所以直通车的广告展现跟时间无关，只和账户余额、日最高限额和定时投放有关。

（2）出价越高，排位越靠前。直通车的广告推荐位在每页仅有 10 个，按照卖家对宝贝关键词出价的高低来排位。这个“价”就是竞价词的价格。如“手机”这个竞价词，假设共有 100 个卖家买了这个词，出价排位靠前的几个卖家的宝贝可以展现在搜索页面的第一页，其他卖家的宝贝按出价高低依次排在后面的页面。另外，在多个卖家出价相同的情况下，宝贝被越早设置，其排位就越靠前。当然，卖家的宝贝排位越靠前，每次因买家点击而被扣的费用也越多。

（3）计费遵循“多出一分钱”规则。卖家设定的竞价词价格，只是他愿意出的最高价格。潜在买家点击宝贝后卖家被扣掉的直通车推广费用，并不完全就是竞价词的价格。例如，某卖家将竞价词价格从 0.2 元提高到 0.31 元，相应地宝贝可以展示到第三名的位置，排在第四名的竞价词的价格是 0.3 元。因为该卖家比第四名刚好多出一分钱，所以广告被买家每点击 1 次时，该卖家就被扣 0.31 元。假如第四名的竞价词价格是 0.21 元，根据“多出一分钱”的规则，第三名实际被扣的费用就是 0.22 元，并不是 0.31 元。

有些卖家存在疑问，如果点击直通车广告的不是潜在买家，而是怀有恶意的竞争对手或其他人，卖家肯定会花费不少冤枉钱。其实，卖家完全没有必要担心，因为直通车实施了强大的防止无效点击系统，可以对点击者进行精准定位，坚决排查重复点击行为，真正保证每一个直通车用户的权益。

4）直通车的优势

直通车能给卖家带来下面 4 点好处：

（1）曝光率高。参加直通车推广的宝贝能大大地提高曝光率，能被有相应购买需求的买家看到，给卖家带来更多的潜在客户。

（2）精准投放。直通车根据买家的购买意向在广告位展现相关的推广宝贝，只有想买这种宝贝的买家才能看到卖家的广告，买家的点击都是有购买意向的点击，直通车给卖家带来的都是有购买意向的客户。

（3）以点带面，给整个店铺带来人气。虽然卖家推广的是单个宝贝，但很多点击过推广宝贝的买家会进入卖家的店铺去看看其他宝贝是否实惠，这样一次点击带来的可能是多个宝贝的成交，这也是直通车推广的最大优势，卖家店铺的人气自然就会兴旺起来。

（4）直通车用户可以参加更多的淘宝网促销活动。淘宝网会不定期举办直通车用户专享的促销活动，卖家加入直通车后可以报名参加淘宝网的各种促销活动。

5）直通车的基本流程

一般来说，淘宝直通车的基本流程有以下 8 个步骤，如图 4-56 所示。

① 卖家登录直通车，进入后台账户系统。

② 选择已有的推广计划，或者新建一个推广计划。

③ 选择参加该推广计划的一个或多个宝贝。

④ 为每个宝贝编辑推广内容，包括宝贝的标题、图片等。

⑤ 选择合理的关键词。

⑥ 启用类目出价。

⑦ 为每个关键词设置默认出价。

⑧ 完成新宝贝推广。

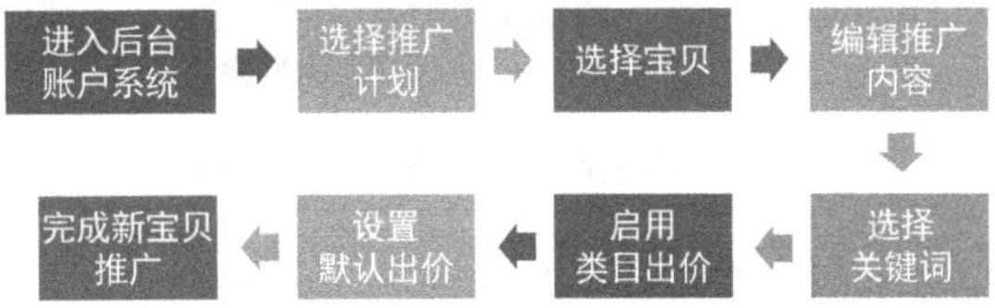

图 4-56　直通车的基本流程

3. 智钻推广

1）智钻介绍

智钻操作流程

智钻是以图片展现为基础，以精准定向为核心，面向全网精准流量实时竞价的展现推广平台。它为客户提供精准定向、创意策略、效果监测、数据分析、诊断优化等一站式全网推广投放解决方案，帮助客户实现更高效、更精准的全网数字营销。

智钻有以下几个特点。

① 流量精准。智钻覆盖淘宝网首页等站内资源位，以及各大视频类、门户类、社区类网站等全网优质流量资源。

② 精准定向目标人群。通过群体定向、访客定向、兴趣点定向和数据管理平台（DMP）定向等多种定向方式，圈定目标客户，精准展现广告。

③ 实时数据分析、效果监控。可以通过后台实时了解投放数据，查看投放效果，及时调整投放策略。

④ 按展现计费。智钻可按照展现次数来计费，若推广的图片未被展现则智钻不会收取费用。智钻根据千次展现计费，即采用千人成本计费方式。若您的 CPM（按展现计费）后台出价为 5 元，那么您的商品在展现千次之后就需要支付 5 元。

2）智钻的展位

智钻的展位非常多，覆盖站内和站外的资源，目前有上百个资源位，分布在淘宝网、天猫和各大站外知名媒体如腾讯、新浪、网易、豆瓣、优酷、土豆等。站内资源位包括但不限于淘宝网首页焦点图第二、三、四屏，焦点图右侧横幅第二屏大图，底部通栏和小图，淘金币焦点图轮播，旺旺弹窗焦点图等位置，数量非常多。站外资源涉及影视、综合门户、教育、军事、八卦等网站。

（1）淘宝网首页焦点图位置，中间第二、三、四屏都是智钻的展位。图 4-57 所示为淘宝网首页焦点图第二屏展位。

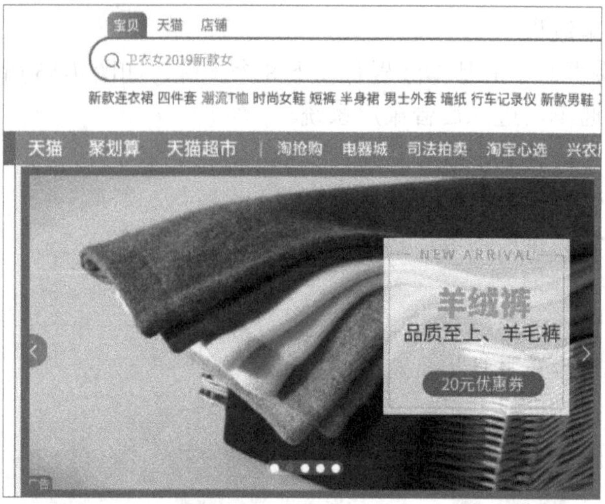

图 4-57　淘宝网首页焦点图第二屏展位

（2）淘宝网首页焦点图右侧横幅第二屏展位，如图 4-58 所示。

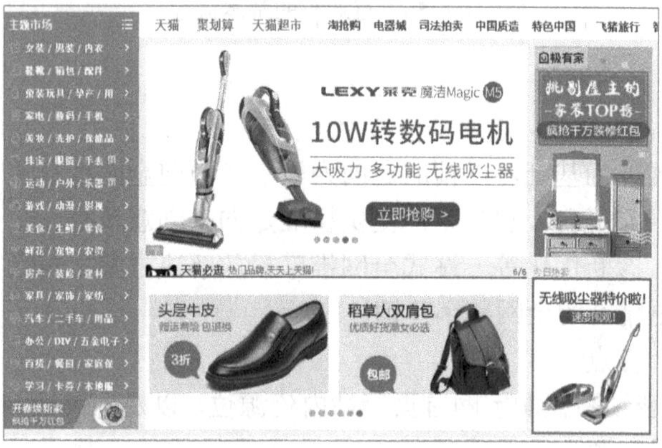

图 4-58　淘宝网首页焦点图右侧横幅第二屏展位

（3）合作网站。图 4-59 所示为优酷视频播放暂停展位。

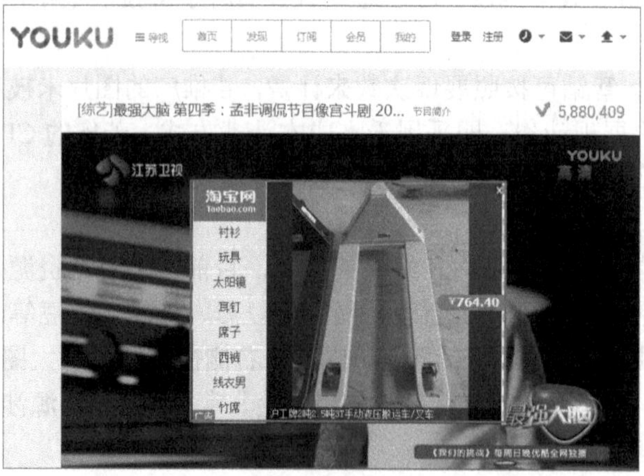

图 4-59　优酷视频播放暂停展位

3）智钻的计费规则

智钻是按照流量竞价售卖广告位置的，以千次展现为单位计费，即以广告被浏览一千次为单位收取费用。智钻展位计费采用 CPM 的方式，依据是浏览量而非点击量。

假如某个卖家对某个资源位的 CPM 出价为通投加溢价总共 20 元，假设最终扣费等于出价，那么该卖家获取一万次展现需要付出 10×20=200 元。那么根据该卖家的一个成交额情况就可以核算出当日智钻展位的投入产出比。

4）智钻的操作

第一步：新建一个推广计划，如图 4-60 所示。

图 4-60　新建一个推广计划

第二步：选择营销目标，可以选择“全店日常销售”以执行系统托管或者系统推荐计划，也可以选择“全店自定义”以进行定向人群、出价等设置，如图 4-61 所示。

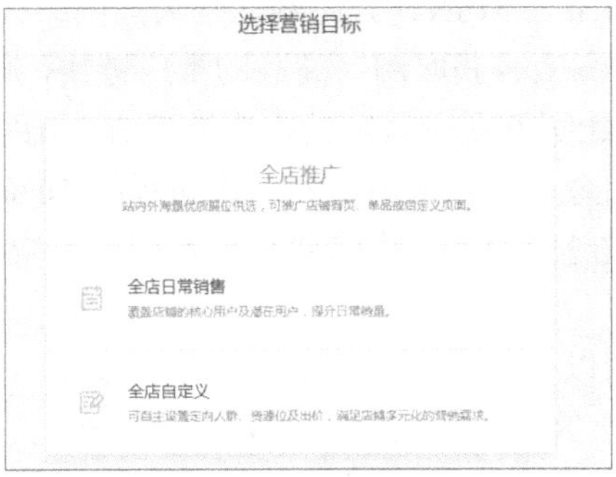

图 4-61　选择营销目标

第三步：设置计划的基本信息，填写计划名称，选择付费方式——付费方式分成“按点击付费（CPC）”和“按展现付费（CPM）”两种，接着填写每日预算、投放日期、投放方式，如图 4-62 所示。

图 4-62　设置计划的基本信息

第四步：设置推广单元，一个计划可以添加多个不同的推广单元，在推广单元中设置好定向人群、资源位和出价即可完成投放。

三、站外营销与推广

站外营销与推广对网店的经营有重要的影响。学生通过以下学习与演练，能够理解站外营销与推广的主要方式，掌握淘宝客推广和微博推广的流程，并能熟练运用这些方式推广店铺。

众所周知，淘宝卖家通常采用店内营销与推广和站内营销与推广，从而有效地提高了店铺的访问量和转化率，其重要性毋庸置疑。不过，卖家也需要在淘宝网站外对宝贝进行营销与推广，这种推广方式的效果不可小视，虽然效果不会很强，但有时也能帮助店铺引入较多的流量。目前，有影响力的站外营销与推广工具包括淘宝客推广、独立促销平台推广、微博推广、论坛推广、QQ 推广等。

1. 淘宝客推广

1）淘宝客推广概述

淘宝客指的是帮助淘宝卖家推广商品并按照成交效果获得佣金的人（可以是个人或者网站）。随着阿里妈妈影响力的不断提高，越来越多的个人站长和网络公司甚至很多博主都加入淘宝客这个行列，其中不乏 MSN、久游网这些大型网络公司。

所谓淘宝客推广，是指淘宝客获取淘宝商品的推广链接，通过聊天工具、论坛、博客、网站等工具推广商品，以便让买家通过卖家的推广链接进入淘宝店铺购买商品并确认付款，从而能赚取由卖家支付的佣金，佣金最高达商品成交额的 50%。淘宝客推广作为一种投资回报高的网店推广方式，被越来越多的淘宝卖家所运用。淘宝客推广带来的流量是淘宝网站外流量的重要组成部分。

目前，淘宝客通常采用以下 4 种方式来推广卖家的商品。

（1）个人网站。如果淘宝客的技术较强，可以通过建立个人网站推广商品以赚取佣金。淘宝客要让更多的人来到个人网站，聚集更多的人气，赚得更多佣金。

（2）博客。如果不懂建站技术，但闲暇时喜欢写写博客或空间，那么淘宝客可以将商品发布在个人的博客或空间上，尽量让每一个进入博客的网民都成为潜在的购买者。

（3）论坛。如果淘宝客平时喜欢在论坛灌水，并拥有一定的知名度，则可以在发帖过程中推荐商品，还可以往论坛签名中粘贴淘宝客链接，说不定能赚到意外佣金。

（4）即时聊天工具。通过 QQ、微信、MSN 等聊天工具，在好友之间推荐商品，是最简单、性价比最高的淘宝客赚钱渠道。

2）卖家招募淘宝客的方法

卖家成功参加淘宝客推广后，就要招募淘宝客帮忙推广商品。有的卖家的商品没人来推广，而有的卖家的商品经推广后销量惊人。因而，如何寻找优质淘宝客来推广自己的商品或店铺是卖家必须掌握的技能。一般来说，卖家招募淘宝客的方法有如下几种。

（1）守株待兔。卖家设置好参加淘宝客推广的商品和佣金，被动地等着淘宝客推广自己的商品。卖家要注意的是，尽量推广店铺的爆款商品，用爆款来吸引淘宝客，还要注意佣金比例，同类商品佣金尽量不要低于同行一般水平，丰厚的佣金才能留住淘宝客。然而，这种方法比较被动，效果不是太好。

（2）在论坛发招募帖。很多卖家都熟练掌握这种方法，在淘宝联盟官方论坛经常可以看到一些卖家发布的淘宝客招募帖。为了提高发帖效果，建议卖家到影响力大、与淘宝客相关的网站论坛里发帖，注意优化标题，提高帖子的吸引力，吸引感兴趣的淘宝客站长浏览。

（3）加入广告联盟。淘宝联盟因其固有的资源优势成为效果最好的广告联盟，卖家加入广告联盟能让推广事半功倍。

（4）其他方式。例如，卖家到淘宝客站长的网站上推广店铺，或者与知名的网站合作推广店铺等。

3）淘宝客推广的佣金规则

不管是卖家，还是淘宝客，都需要理解淘宝客推广的佣金计算规则和佣金结算规则。

（1）佣金计算规则

卖家可以根据各自允许的情况酌情设定佣金比例（1.5%～50%），最多选择 30 个商品设定个性佣金比例以将其作为展示商品。除了设定个性佣金比例，店铺内其他商品需设定一个统一佣金比例，用来结算淘宝客为店铺内其他商品带来交易后的佣金。

① 卖家可以在佣金范围内直接调高佣金比例。

② 卖家不能直接调低佣金比例，但可以通过先删除推广计划再新建推广计划的方法调低佣金比例。

③ 卖家可以在佣金范围内直接调整店铺统一佣金比例。

④ 买家从淘宝客的推广链接进入后，若当天没有购买商品而在此后 15 天内完成购买，则相应推广均被视为有效，淘宝客都可得到由卖家支付的佣金。如果卖家退出淘宝客推广，在卖家退出前用户点击过的推广链接对该用户在 15 天内继续有效，用户在此期间拍下商品则淘宝客仍可得到相应佣金。

⑤ 如果实际交易金额减去邮费大于或等于拍下时的商品单价，则佣金按实际交易金额减去邮费再乘以佣金比例进行计算。

⑥ 如果实际交易金额减去邮费小于拍下时的商品单价，则佣金按商品单价乘以佣金比例进行计算。

⑦ 如果买家通过淘宝客的推广链接直接购买了这件商品，则按照该商品对应的佣金比例结算佣金。

⑧ 如果买家通过淘宝客的推广链接购买了店铺内其他展示商品中的某一件商品，则按照该商品对应的佣金比例结算佣金给淘宝客。

⑨ 如果买家通过淘宝客的推广链接购买了店铺内非展示商品中的其他商品，则按照店铺统一佣金比例结算佣金给淘宝客。

（2）佣金结算规则

买家通过支付宝交易并确认收货时（即交易状态显示为“交易成功”），系统会自动将应付的佣金从卖家收入中扣除并在第二天记入淘宝客的预期收入账户。

系统在每个月的 15 号都会做上一个月的整月月结，月结时候将收取佣金的 10%作为技术服务费，结算之后将钱款正式转入淘宝客的收入账户。淘宝客需要在阿里妈妈账户绑定通过实名认证的支付宝账号，之后才可以提现到该支付宝账户。

4）淘宝客推广的技巧

卖家要想自己的店铺宝贝得到淘宝客的青睐，需要掌握如下技巧。

（1）设置较高的佣金比例。部分卖家在阿里妈妈投放的商品佣金的比例超过了 15%，有些达到了 30%。这么高的佣金比例，绝对会吸引众多淘宝客的目光。

（2）推广优秀的商品。卖家推广的商品应该销量高，甚至是爆品，标题要有吸引力，这些绝对是有效推广的有力保证。推广的宝贝只有具备诱人的销售记录和有说服力的标题，才能带给淘宝客和买家信心。切记，尽量不要将滞销宝贝放到淘宝客推广。

（3）设置有说服力的标题、简介。尤其要突出宝贝的卖点，如某件宝贝正在打折促销或者有赠品，以在第一眼就能吸引淘宝客的目光。

（4）用额外奖励来刺激。如果希望有更多的优秀淘宝客帮助推广商品，卖家还可以在佣金之外对淘宝客设置推广激励计划，让淘宝客心甘情愿、竭尽全力为店铺推广宝贝。

2. 微博推广

微博目前是很热的推广平台。微博让人与人之间的交流更容易，创造了一个网上微交际圈子，也催生了有关的营销方式——微博营销。随着微博的用户群体越来越庞大，微博推广的效果也越来越好，很多卖家在通过微博推广淘宝店铺后赚了不少钱。卖家通过微博推广，能够给自己的网店带来较大流量，带来新客户。

运用社交类淘宝客打造店铺爆款

目前，微博营销呈现以下优势。

（1）回报率高。淘宝卖家利用微博推广店铺，投资少，收益高。卖家要将推广的宝贝进行全方位包装优化，以最实惠的价格、最靓丽的图片、最美妙的文字打动粉丝，引导粉丝进入网店购买宝贝。当然，发布广告时要注意观察粉丝的接受程度及反应情况。

（2）打响品牌。卖家的微博可以以淘宝店铺的名字或是商品的名字命名，这样简单易记，久而久之，店铺品牌和产品品牌自然就越来越响了。

（3）立体化展示宝贝。微博营销可以借助先进多媒体技术手段，采用文字、图片、视频等展现形式对产品进行描述，从而使潜在消费者更形象、更直接地接收信息。

（4）传播面广。微博营销通过粉丝关注的形式进行“病毒式”的传播，影响面非常广泛，同时，名人效应能够使事件的传播量呈几何级放大。

一般来说，利用微博推广网店应遵循以下步骤。

（1）注册。以新浪微博为例，如果网店已经有微博，那么可以直接利用；如果没有，则需开通新浪微博。

（2）加关注。开通微博后，卖家需要选择自己想要关注的人。选择的人数越多，自己的粉丝数量也就会越多。

（3）找人。卖家可以通过兴趣爱好等条件找到自己的目标客户，进行主动联系。

（4）找热门。卖家可以在导航栏上的“热门话题榜”和“热门标签”中查看当前的热门词汇，这些词汇是被搜索次数排名靠前的词汇。卖家要不断地发表包含这些热门词汇的博文，并在内容的最后加入网店的网址。

卖家发微博时，有一点需要注意：微博信息价值要高。只有博文的内容包含有价值的信息，众多的粉丝们才有可能跟帖，才会有人来点击店铺活动的链接，因为他们想要了解更多的内容和你本身。通过微博、论坛等方式进行的推广有一个特点：效果不会立竿见影，需要长期坚持、积累资源。

同步实训

实训 2　加入淘宝客推广

实训目的

在网店的实际运营过程当中，要结合多种营销推广方式。淘宝客推广对商家来说是一种相对简单的站外推广方式。通过“加入淘宝客推广”的实战训练，并结合上课所学的关于淘宝客的知识，要求学生能够掌握卖家加入淘宝客推广的流程，并能够建立推广计划，合理设置商品的佣金。

实训内容与步骤

（1）登录淘宝账号，进入淘宝客后台，了解左侧菜单，如图 4-63 所示。

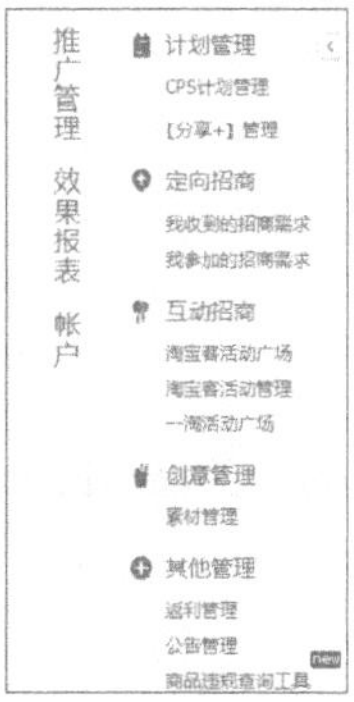

淘宝客的操作推广流程

图 4-63　淘宝客后台的左侧菜单

（2）加入淘宝客后，可以在后台设置以下 4 种类型的计划——通用计划、活动计划、如意投计划、定向计划，每个计划的模式不同，如图 4-64 所示。通用计划和定向计划中，淘宝客单独获取某个宝贝或店铺的推广地址并将其发送到淘宝网以外的地方，如推广到自己的网站、微博、博客、微信、QQ 等；如意投计划中，阿里妈妈的系统将商品推送到中小网站的橱窗推广位及爱淘宝搜索结果页；活动计划是商家报名由淘宝客发起的互动招商活动后自动生成的计划，主要帮助查看每个活动给店铺带来的效果情况，卖家可以根据店铺情况选择相应的计划投放。图 4-65 所示为通用计划后台的佣金管理。

状态	计划名称	产品类型	结算佣金	结算金额	平均佣金比率	点击数	引入付款笔数	引入付款金额	点击转化率	操作
	通用 通用计划	淘宝客	202.66	1,973.00	10.27%	6,879	53	3,069.00	0.77%	
	活动 活动计划	淘宝客	0.00	0.00	0.00%	0	0	0.00	0.00%	
	如意投 如意投计划	如意投	0.00	0.00	0.00%	91	3	171.00	3.29%	查看
	定向 定向计划	淘宝客	6.48	54.00	12.00%	1,737	6	137.00	0.34%	

图 4-64　4 种计划

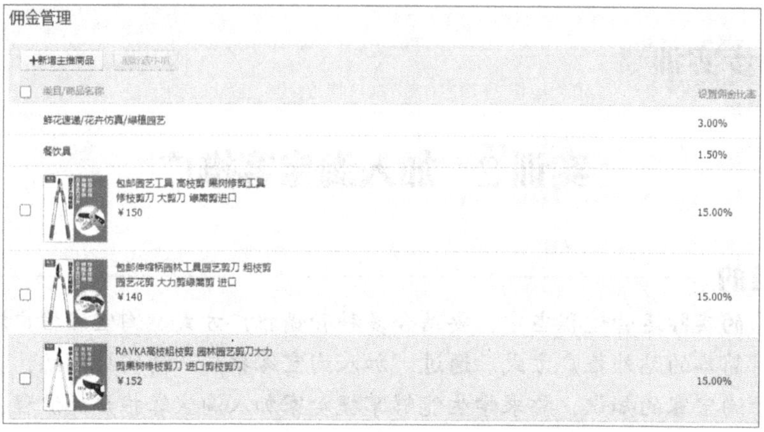

图 4-65　通用计划后台的佣金管理

（3）进行商品增加和佣金比例设置，佣金比例设置的范围为价格的 1.5%～50%。淘宝客的推广计划相对直通车和智钻在操作上要简单一些，以商品和佣金设置为主，如图 4-66 所示。

图 4-66　商品和佣金设置

实训提示

卖家在自身的能力承受范围内，给淘宝客以最大的利益，才能发动淘宝客无限的推广力量。设置合理的佣金，是吸引淘宝客的关键因素。即使今天卖家因为向淘宝客支付佣金而少赚了，但淘宝客带来的绝不是单单一个买家，而是这个买家身后千千万万更多的买家和口碑。

淘宝搜索标签深度解析

思考与练习

店铺在做淘宝客推广时，如何招募更多的淘宝客，提升淘宝客的计划效果？

项目小结

选择淘宝平台进行网络零售，除了基础的开设店铺、店铺装修、商品发布等工作，选品也是非常关键的，选品的成功与否直接关系店铺后期的运营。卖家在选品之前需进行产品的相关市场调研，了解行业现状及消费者的需求，选择具有竞争力的个性化产品，同时配合店内和站内外的营销推广，才能在淘宝平台上脱颖而出。

卖家可以从店内、站内、站外三个方面对店铺和宝贝进行营销和推广，三者是互相联系、密不可分的。店内营销与推广是基础，站内和站外营销与推广是重要推手。只有这三种营销与推广方式有机融合，卖家才能够取得最佳的营销和推广效果。卖家不仅要熟练掌握每一个具体的营销与推广方式的流程和步骤，而且要在此基础上摸索窍门，不断提高自己的营销和推广技能，才能提高店铺的销售额。

同步测试

1. 单项选择题

（1）发布商品时，商品标题不可超过（　　）个字。

A．20　　B．30　　C．40　　D．50

（2）发布商品时，商品图片大于（　　），才能有放大效果。

A．500px×500px　　B．700px×700px

C．800px×800px　　D．900px×900px

（3）属于淘宝网站外推广方式的是（　　）。

A．直通车推广　　B．智钻推广　　C．淘宝客推广　　D．硬广告

（4）淘宝网直通车广告属于以下哪一种形式？（　　）

A．CPC　　B．CPS　　C．CPM　　D．CPA

2. 多项选择题

（1）以下营销推广方式中，属于站内营销与推广的是（　　）。

A．直通车推广　　B．微博推广　　C．淘金币　　D．智钻推广

（2）电脑端店铺首页装修的模块有（　　）。

A．图片轮播模块　　B．宝贝推荐模块

C．自定义内容区模块　　D．搜索栏模块

（3）淘宝网的付费推广工具有（　　）。

A．直通车　　B．智钻　　C．淘宝客　　D．硬广告

3. 分析题

（1）如何优化商品标题、图片和描述？

（2）设置淘宝客推广的佣金有何技巧？

（3）论述店内、站内、站外三种营销与推广方式之间的关系。

（4）店内营销与推广有哪些方式？各自有什么特点？

项目 5

跨境平台网络零售

本项目知识点

跨境电商平台选择；店铺的日常运营、管理和优化；国际物流方式的选择。

本项目技能点

掌握跨境电商平台的规则与政策、账号注册、选品、产品定价与发布/更新/管理、跨境物流方式选择与运费计算、采购/入库/打包/发货、交易管理、营销推广、跨境支付与财务管理等一系列流程和基本操作。

知识导图

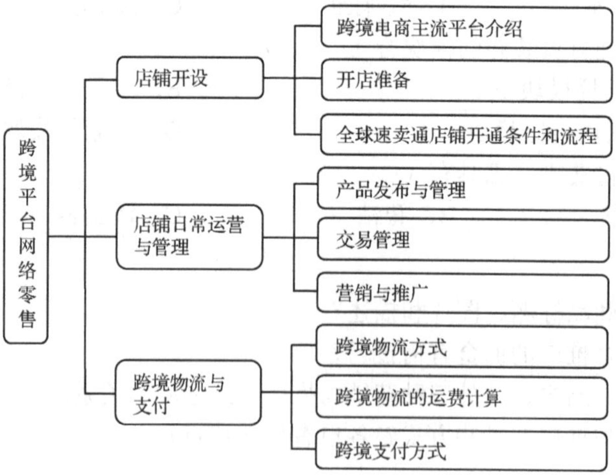

引例

根据“We Are Social”和“Hootsuite”披露的最新数据，全球互联网用户数已经突破了 40 亿大关，证实了全球有超过一半的人口“触网”。全球近 76 亿人中，约 2/3 已经拥有手机，且超过半数手机为“智能型”设备，因此人们可以随时随地、更加轻松地获取丰富的互联网体验。据研究预测，到 2021 年全球电商销售额将达到新高，将从 2014 年的 1.3 万亿美元增长到 2021 年的 4.9 万亿美元，预计增长 265%，如图 5-1 所示。另一方面，全球电商销售额在全球零售市场的占比不断提升。预计到 2021 年，全球电商销售额将占全球零售总额的 17.5%。

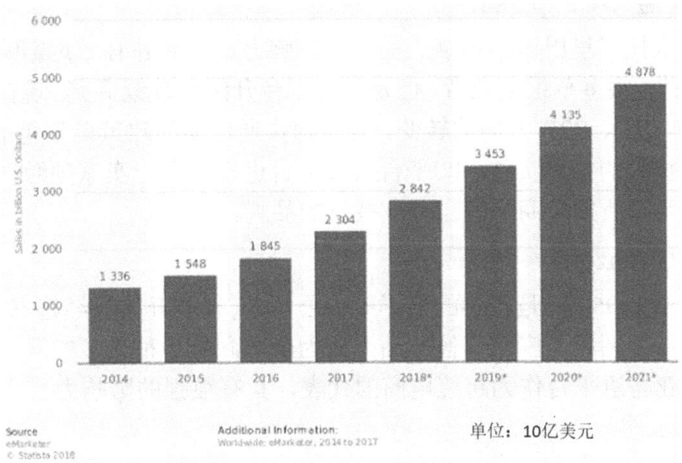

图 5-1　2014 年～2021 年全球零售电商销售额

近年来，我国传统外贸发展速度放缓，跨境电子商务却保持了快速增长的态势。我国中小外贸企业跨境电子商务逆势而上，多年保持 30%的年均增速。

引例分析

未来全球电商市场仍有稳步上升的趋势。但即便如此，全球电商销售额仍只占全球零售总额的一小部分，这意味着全球电商零售市场的未来潜力还很大。2015 年，尽管全球贸易增速放缓，中国跨境电商贸易却在逆势增长，进出口贸易中的电商渗透率持续提高。跨境电商零售作为互联网时代新的贸易形式正大放异彩，占中国跨境电商市场的比重正在大幅提升。国家连续颁布文件大力扶持跨境电商，在这样的政策背景下，越来越多的人投身于跨境电商行业。

本章将以全球速卖通平台为例，给大家介绍跨境平台网络零售的相关知识、流程和技巧。

任务 1 店铺开设

一、跨境电商主流平台介绍

1. 全球速卖通（AliExpress）

全球速卖通依托阿里巴巴集团强大的品牌影响力，在海外有一定影响力。它在成立初期完全免费，吸引了很多草根创业者，但是随着平台升级和政策调整，现在门槛逐步提高，开始了从 C2C 向 B2C、B2B 方向的转变。全球速卖通近期的政策调整包括：①注册店铺的主体须为有营业执照的公司实体；②平台对各类目进行招商，卖家须缴纳保证金；③开始走品牌化道路，要求所发布商品有自有或授权的品牌。

2. 亚马逊（Amazon）

亚马逊成立于 1995 年，是较早的电子商务公司之一，一开始只经营书籍网络销售业务，现在已将业务扩及范围相当广的其他产品，成为全球商品品种最多的网上零售商和全球知名互联网企业。亚马逊平台作为跨境电商的代表，具有很强的影响力。

3. eBay

eBay 创立于 1995 年 9 月，起因是创始人皮埃尔·奥米迪亚（Pierre Omidyar）的女朋友酷爱 Pez 糖果盒，却为找不到同道中人交流而苦恼，于是他建立起一个拍卖网站，希望能帮助女友和全美的 Pez 糖果盒爱好者交流。令他没有想到的是，eBay 非常受欢迎，很快网站就被收集 Pez 糖果盒、芭比娃娃等物品的爱好者挤爆。如今 eBay 已成为全球知名的国际贸易电子商务平台。eBay 致力于为中国商家开辟海外网络直销渠道并提供免费注册，帮助中国卖家直面数亿海外买家实现零门槛轻松创业。

4. Wish

Wish 是一款根据用户喜好，通过精确的算法推荐技术，将商品信息推送给感兴趣用户的购物 App。这种全自动推荐技术，将产品以类似于瀑布流的形式推荐给客户，可以给每个商品公平匹配的流量导入，给初创业者新的机会。Wish 目前旗下有电子产品应用“Geek”、母婴应用“Mama”和美容类垂直应用“Cute”。

Wish 与其他平台不同，拥有“移动端”“智能推荐”等标签，几乎是零广告，方便、省时，买家不用花时间去浏览网站去找，符合美国人的消费习惯；提供个性化服务，为客户量身定制，精确服务目标群体；通过社交媒体呈网状传播；在一定程度上，价格并不是主导因素，不会存在大量恶劣竞争。

下面以全球速卖通平台为例，给大家介绍如何开设一家店铺。

二、开店准备

公司注册流程

1. 公司注册

（1）公司名称预先核准。公司取名要符合《企业名称登记管理条例》。公司名称一般由 4 部分组成：行政区划+字号+行业特点+组织形式。

（2）公司注册登记。关于“有限责任公司”和“股份有限公司”注册登记时所应提交的材料，请查阅当地的政务服务网。浙江政务服务网如图 5-2 所示。

图 5-2　浙江政务服务网

（3）公司设立申请获得通过后，工商行政管理机关颁发营业执照 A3 正本、A4 副本各一（副本想要多份可申请）。

（4）刻章。新注册的公司一般需要刻 5 个章：公章、财务章、合同专用章、发票专用章和法人章。不经常签订合同可不刻合同专用章，公章也可用于签订合同。

（5）到银行开立基本户。需要准备的资料：营业执照正本和副本的原件及复印件；法人身份证明、经办人身份证明、授权书；公章、财务章、法人章；个别银行需要财务人员照片。

商标注册流程

2. 品牌资质申请——商标注册与授权

1）全球速卖通平台对商标的要求

①英文注册商标；②注册地为中国或海外；③拥有商标注册证（简称 R 标）或商标注册申请受理通知书（简称 TM 标）。

2）商标注册流程

自然人、法人或者其他组织对其生产、制造、加工、拣选或经销的商品或者提供的服务需要取得商标专用权的，应当依法向国家市场监督管理总局商标局（以下简称商标局）提出商标注册申请。

① 选择注册方式

一种注册方式是自己到商标局申请注册，另一种注册方式是委托一家经验丰富的商标代理组织代理服务。

② 准备资料

确定商标类型是英文、拼音、数字还是组合，想好商标创意，查询是否有近似的已注册成功的商标，判定商标申请成功率并确定最终商标方案。

③ 按商品与服务分类提出申请

商品和服务项目共分为 45 类，其中商品有 34 类，服务项目有 11 类。商标注册申请书如图 5-3 所示。

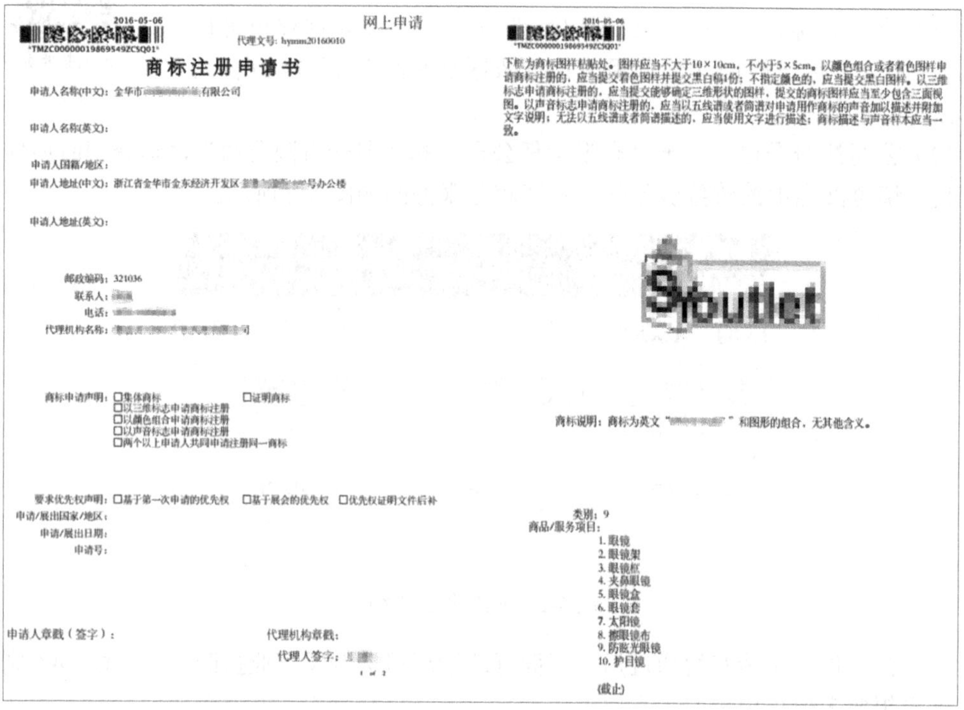
2016-05-06
"TMZC00000019869549ZCSQ01"
代理文号：hymm20160010
网上申请

商标注册申请书

申请人名称(中文)：金华市　有限公司

申请人名称(英文)：

申请人国籍/地区：

申请人地址(中文)：浙江省金华市金东经济开发区　号办公楼

申请人地址(英文)：

邮政编码：321036
联系人：
电话：
代理机构名称：

商标申请声明：☐集体商标　☐证明商标
☐以三维标志申请商标注册
☐以颜色组合申请商标注册
☐以声音标志申请商标注册
☐两个以上申请人共同申请注册同一商标

要求优先权声明：☐基于第一次申请的优先权　☐基于展会的优先权　☐优先权证明文件后补
申请/展出国家/地区：
申请/展出日期：
申请号：

申请人章戳（签字）：　代理机构章戳：
代理人签字：
1 of 2

2016-05-06
"TMZC00000019869549ZCSQ01"

下框为商标图样粘贴处。图样应当不大于10×10cm，不小于5×5cm。以颜色组合或者着色图样申请商标注册的，应当提交着色图样并提交黑白稿1份；不指定颜色的，应当提交黑白图样。以三维标志申请商标注册的，应当提交能够确定三维形状的图样，提交的商标图样应当至少包含三面视图。以声音标志申请商标注册的，应当以五线谱或者简谱对申请用作商标的声音加以描述并附加文字说明；无法以五线谱或者简谱描述的，应当使用文字进行描述；商标描述与声音样本应当一致。

商标说明：商标为英文“　”和图形的组合，无其他含义。

类别：9
商品/服务项目：
1. 眼镜
2. 眼镜架
3. 眼镜框
4. 夹鼻眼镜
5. 眼镜盒
6. 眼镜套
7. 太阳镜
8. 擦眼镜布
9. 防眩光眼镜
10. 护目镜

(截止)

图 5-3　商标注册申请书

④ 形式审查

商标局自收到申请文件之日起 3～4 个月左右的时间发纸质《受理通知书》，商标申请人收到纸质《受理通知书》即证明申请文件已通过了商标局的形式审查，进入实质审查阶段。

⑤ 实质审查

约 6～8 个月后实质审查完毕，通过实质审查的商标将由商标局发布初步审定公告，公告期是 3 个月。

⑥ 初审公告

初步审定公告期满（3 个月），无人提异议的，由商标局发布注册公告，注册公告即证明了该商标已被核准，商标申请人取得了该商标的专用权。

⑦ 领取商标注册证

自发布注册公告之日起约 1～2 个月的时间即可以取得商标注册证。

3．了解平台规则

每个电商平台都有自己的游戏规则。因此，在开店之前，必须先了解平台规则，做到心中有数。全球速卖通的平台规则有很多，主要包括注册、发布、交易、放款、评价和售后规则等，这里不具体介绍。大家可以在“AliExpress 商家门户”网站找到“全球速卖通平台规则”板块进行学习，如图 5-4 所示。

全球速卖通平台规则

图 5-4　“全球速卖通平台规则”板块

三、全球速卖通店铺开通条件和流程

全球速卖通卖家入驻手册

1．全球速卖通店铺开通条件（见图 5-5）

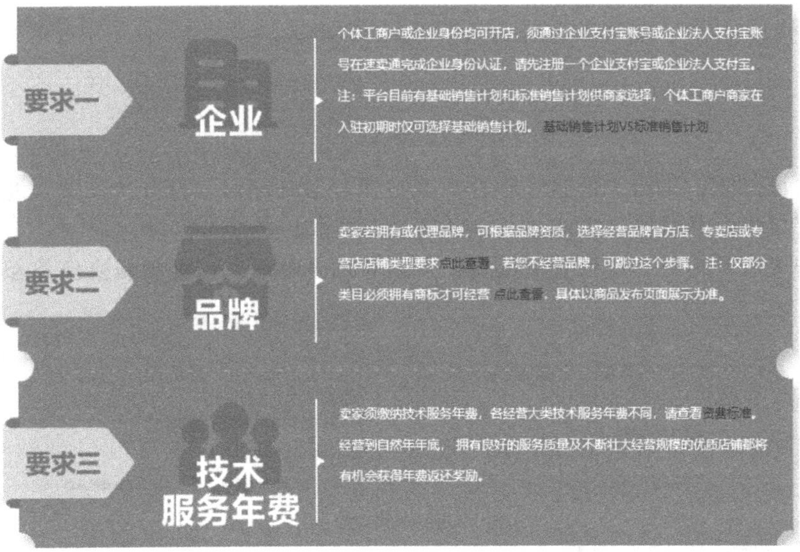

图 5-5　全球速卖通店铺开通条件

2．账号注册及实名认证

（1）注册全球速卖通账号时有 2 个入口，在买家版首页单击“Join”或“Join Free”，在卖家版首页单击“立即入驻”或“免费开通”，如图 5-6 所示。

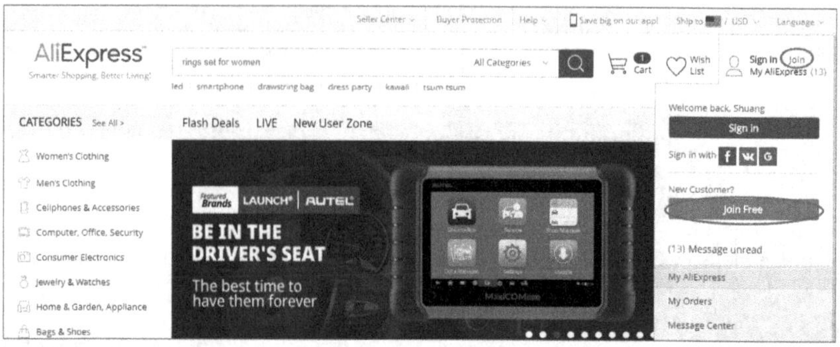

图 5-6　全球速卖通买家版首页账号注册入口

（2）填写邮箱作为用户名，验证邮箱是否可用，如图 5-7 所示。

注：一个邮箱只能在阿里巴巴集团旗下任意网站（全球速卖通、阿里巴巴国际站、阿里巴巴中文站、淘宝网、天猫、阿里云）被注册一次，一旦注册成功，账号可登录以上任一网站。

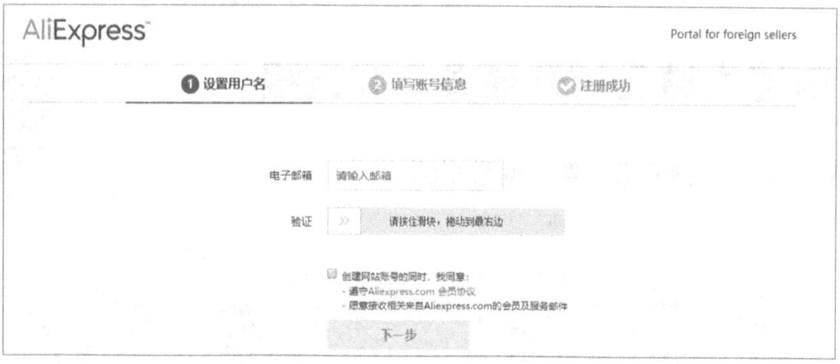

图 5-7　设置用户名

（3）验证邮箱，单击“请查收邮件”或直接登录邮箱后，打开全球速卖通平台发送的确认邮件，单击激活链接，完成验证，如图 5-8 所示。

注：若未收到邮件，请检查垃圾箱、订阅和广告邮箱；检查邮箱地址是否填错。

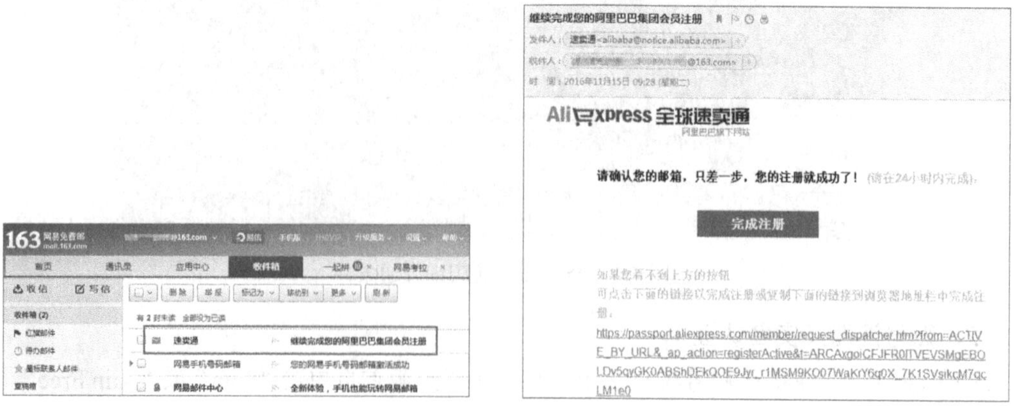

（a）　　　　（b）

图 5-8　验证邮箱

（4）填写账号信息，如图 5-9 所示。

图 5-9　填写账号信息

（5）注册成功，进行实名认证，如图 5-10 所示。

注：从 2016 年 4 月 1 日开始，新卖家在入驻时需要有企业身份，平台不再允许个人卖家入驻，因此只有“企业认证”选项。企业身份最多可以认证 6 个全球速卖通账号。

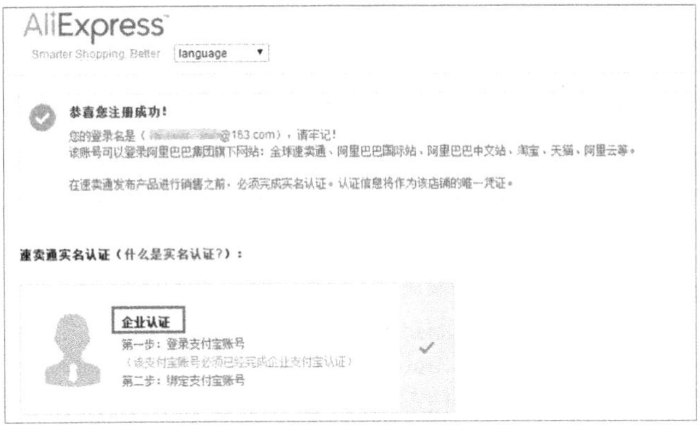

图 5-10　实名认证

3. 类目准入

（1）选择销售计划。有“标准销售计划”和“基础销售计划”可选，两者区别如图 5-11 所示。满足一定条件时，“基础销售计划”可升级为“标准销售计划”。

（2）选择店铺类型。全球速卖通店铺类型分为官方店、专营店和专卖店。每种店铺对商标的要求不同，图 5-12 所示为店铺类型详解。

（3）选择经营大类。查看平台最新的《各类目技术服务年费一览表》，每个全球速卖通账号只准选取一个经营范围进行经营，如图 5-13 所示。但有些类目仅限平台定向邀约，不接受商家主动申请。

进入店铺后台-账号及认证-我的权益，选择销售计划

两种销售计划主要区别在于**年费结算和功能使用权限**上：

- 企业店铺，可选择“标准销售计划”或“基础销售计划”；
- 个体工商户店铺，首次仅可申请“基础销售计划”；
- 满足条件时，“基础销售计划”可升级“标准销售计划”。

	标准销售计划（Standard）	基础销售计划（Basic）
店铺的注册主体	企业	个体工商户/企业均可
开店数量	1个注册主体6个店铺	同Standard
年费	1-3万不等	同Standard
商标资质	√	同Standard
类目服务指标考核	√	同Standard
年费结算奖励	中途退出：按自然月，返还未使用年费； 经营到年底：返还未使用年费，使用的年费根据年底销售额完成情况进行奖励；销售额要求详见	退出经营：全额返还
功能区别		1. 可发布在线商品数≤300 2. 部分类目暂不开放基础销售计划，开放类目点击查看；部分3C部分不开放） 3. 当月支付金额≥3000美金时，无搜索曝光机会；下个自然月初，搜索曝光恢复。

图 5-11　选择销售计划

店铺类型	官方店	专卖店	专营店
店铺类型介绍	商家以自有品牌或由权利人独占性授权（仅商标为R标）入驻速卖通开设的店铺。	商家以自由品牌（商标为R或TM状态），或者持他人品牌授权文件在速卖通开设的店铺。	经营1个及以上他人或自有品牌（商标为R或TM状态）商品的店铺。
开店企业资质	需要企业资质，卖家需提供如下资料： 1、企业营业执照副本复印件 2、企业税务登记证复印件（国税、地税均可）； 3、组织机构代码证复印件； 4、银行开户许可证复印件； 5、法定代表人身份证正反面复印件； 相关操作参考： http://bbs.seller.aliexpress.com/bbs/read.php?tid=281765	同官方店	同官方店
开店企业资质	仅1个	仅1个	可多个
平台允许的店铺数	同一品牌（商标）仅1个	同一品牌（商标）可多个	同一品牌（商标）可多个

图 5-12　店铺类型详解

速卖通2019年度各类目技术服务年费一览表

1、每个速卖通账号只准选取一个经营范围经营，并可在该经营范围下经营一个或多个经营大类。（只有9和10经营范围下有多个经营大类）
2、年费按照经营大类收取，入驻不同经营大类需分别缴纳年费。同一经营大类下，年费只缴纳一份。
3、2019年度，卖家经营经营大类下的共享类目，产生的销售额（GMV）也会算到卖家当前准入的这个经营大类中。
4、2019年季度类目服务考核时间不变，各类目考核指标请关注平台于2018年12月下旬发布公告。
5、部分经营大类下类目需要额外提供资质详情点击了解
6、特殊类目（Special Category）不单独开放招商，而采取随附准入制度，即只要卖家获准加入任一经营大类，即可获得特殊类（Special Category）的商品经营权限；

经营范围	2019经营大类	年费	经营大类下可发布的类目	是否开放基础销售计划	返50%年费对应年销售额（美金）	返100%年费对应年销售额（美金）	经营大类下需提交额外资质类目	类目经营过程考核指标
1	珠宝手表（含精品珠宝）	1万	Jewelry & Accessories 珠宝饰品及配件 Watches 手表 **以下类目可共享发布：** Apparel Accessories 服饰配饰（男/女/儿童配件，婴儿配饰发到婴儿服装） Men's Clothing 男装 Women's Clothing 女装 Novelty & Special Use新奇特及特殊用途服装 Underwear, Socks, Sleep & Lounge Wear男女内衣/家居服/袜子 Weddings & EventsWedding Accessories婚庆配饰	是	5000	30000		点击下载

图 5-13　《速卖通 2019 年度各类目技术服务年费一览表》

（4）选择经营的品牌并提交商标资料。输入商标，勾选类目。若商标输入后未显示，需先进行商标添加再进行商标资质申请，如图 5-14 所示；若不经营商标，可直接勾选“None

品牌”，进行无品牌提交，跳过这个步骤，如图 5-15 所示。

图 5-14　商标资质申请

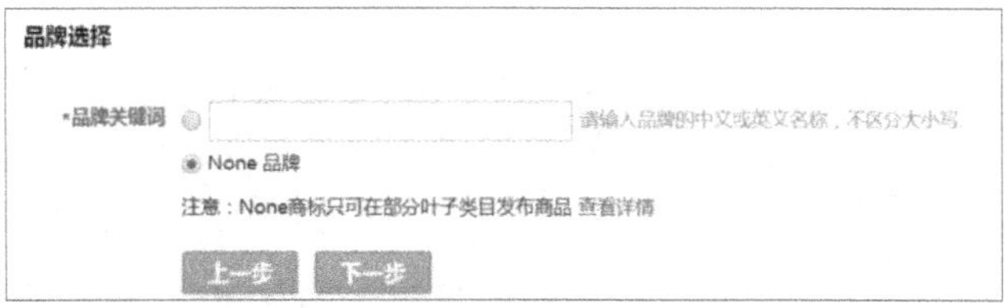

图 5-15　无品牌提交

（5）审核通过后，卖家进行相应类目缴费即可完成入驻。年费标准详见《各类目技术服务年费一览表》，如图 5-13 所示。

任务 2　店铺日常运营与管理

一、产品发布与管理

1. 产品发布前准备

产品发布之前要做一些准备工作，包括选品、产品定价和运费模板设置等，这里仅介绍产品定价的内容。另外，产品发布之前应准备好产品图片和英文文案。关于美工的部分，大家可参照专业教材进行学习，本章节不一一细述。

1）产品价格的分类

（1）上架价格（List Price，LP）：即产品在被上传的时候所填的价格，即原价。

（2）销售价格/折后价（Discount Price，DP）：即产品在店铺折扣下显示的价格。如图 5-16 所示，该产品打六五折，折后价为 11.78 美元。

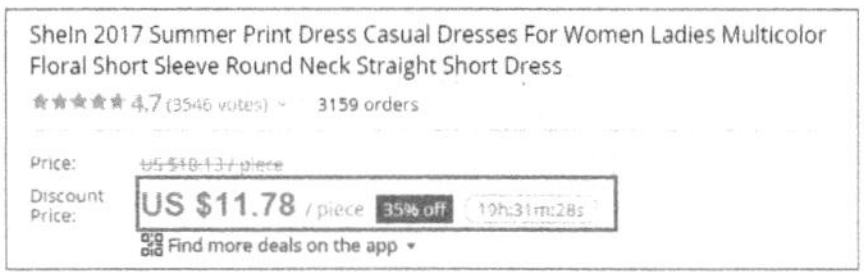

图 5-16　折后价

（3）成交价格（Order Price，OP）：用户在最终下单后所支付的单位价格。如图 5-17 所示，该产品的销售价格是 7.29 美元，但订单最终成交金额为 7.00 美元。

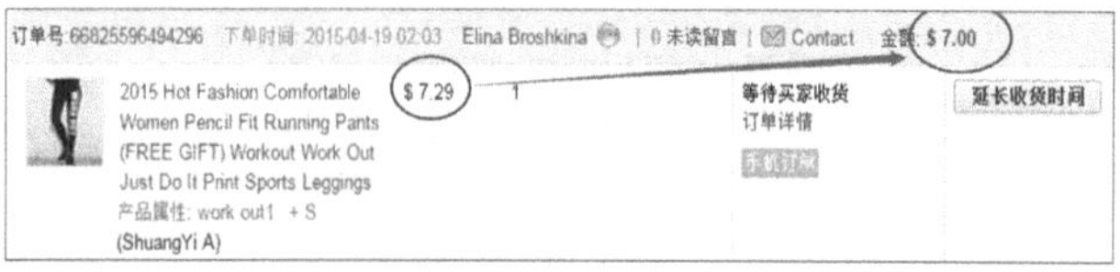

图 5-17　成交价格

想一想

有哪些方式会使“产品总额+运费”与“订单总额”不等?

1. 手动调整未付款订单价格，如图 5-18 所示。
2. 客户使用营销优惠，如满立减和优惠券。

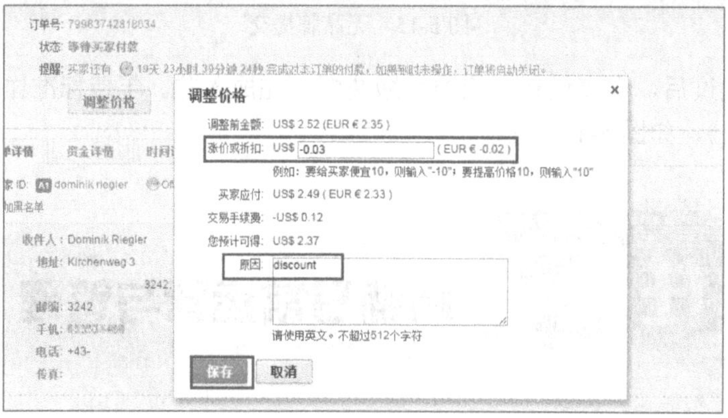

图 5-18　手动调整未付款订单价格

2）产品价格的关系

销售价格=上架价格×折扣率

成交价格=销售价格-营销优惠（满立减、优惠券、卖家手动优惠）

3）产品定价应考虑的因素

产品定价因素如图 5-19 所示。

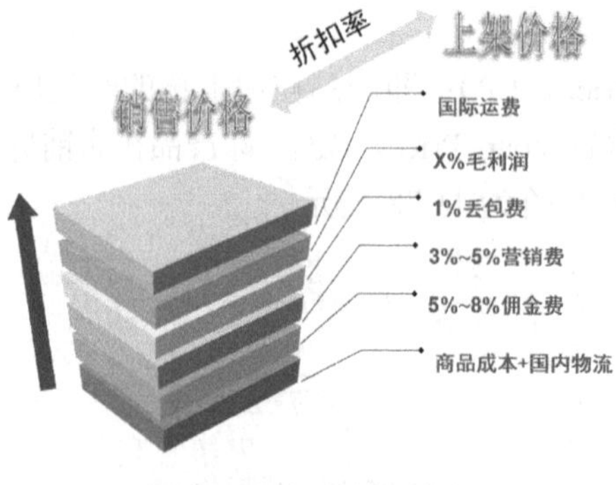

图 5-19　产品定价因素

2．产品发布

（1）产品发布有 2 个入口，一个在“我的速卖通”下的“快速入口”，一个在“产品管理”，如图 5-20 所示。

（a）

（b）

图 5-20　产品发布入口

（2）选择类目有 2 种方式：逐级选择类目（见图 5-21）和输入关键词选择类目（见图 5-22）。

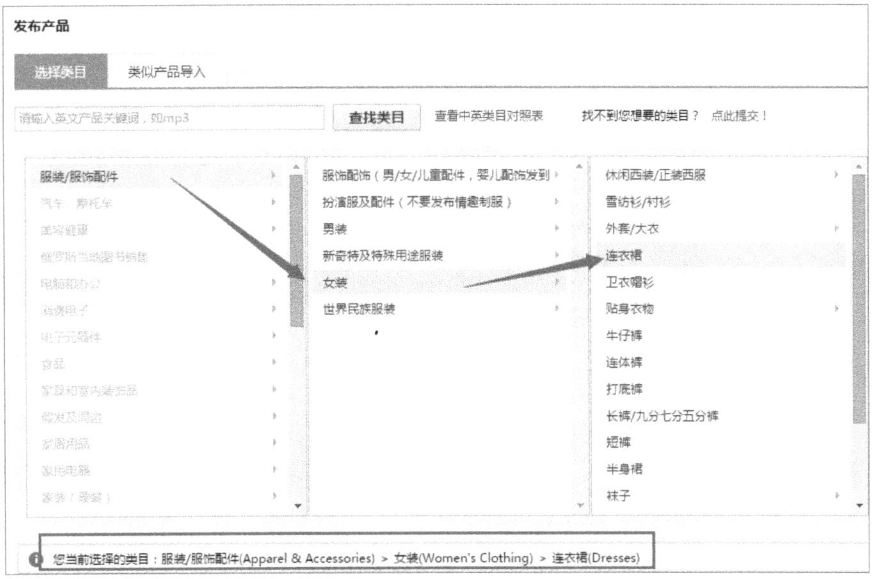

图 5-21　逐级选择类目

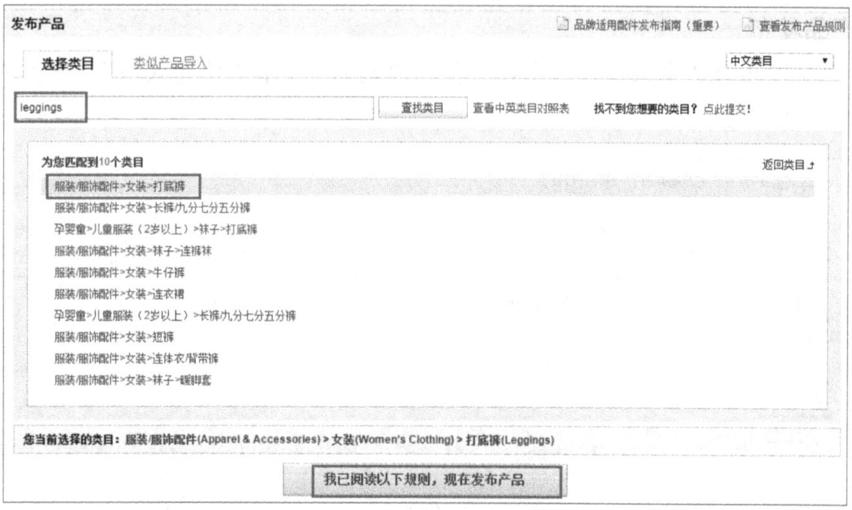

图 5-22　输入关键词选择类目

注：根据平台规则，若商品实际所属类目与发布商品时选择的类目不一致，属于“类目错放”的搜索作弊行为。对放错类目的商品，平台将其搜索排序靠后，造成曝光少或没有曝光的结果。

（3）填写属性。不同的产品有不同的属性选项，图 5-23 所示为“Necklaces”（项链）类目的产品属性信息。完整且正确的产品属性信息有助于提升产品曝光率、提高产品转化率和减少客服的工作量；属性填写率是审核产品能否入选平台活动的重要依据，因此建议属性填写率达到 100%。

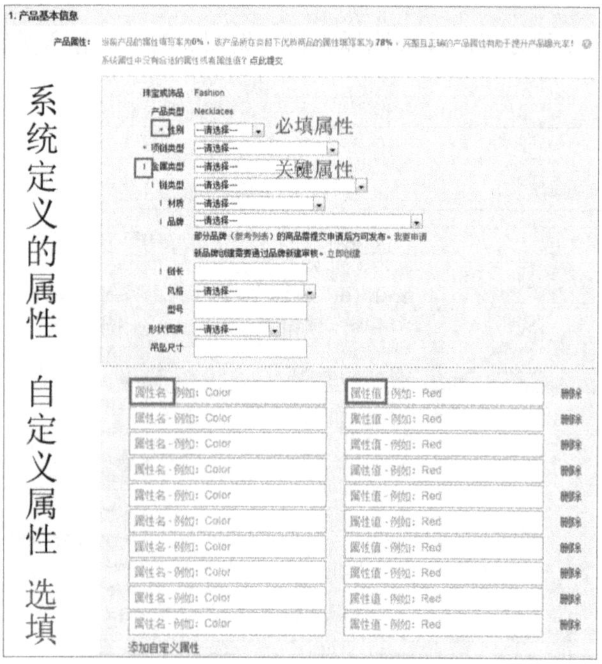

图 5-23　产品属性信息

（4）制作产品标题。标题（见图 5-24）就像是将用户带到产品面前的导航。当用户搜索的关键词可以与产品的标题或系统标准属性中的 2 项信息匹配时，产品就会进入搜索结果，因此标题设置非常重要。标题由核心词、属性词、流量词和小词（小语种词）组成，平台给每个产品标题以 128 个字符的空间。

（5）上传产品主图。在呈现搜索结果时，平台默认展示主图（见图 5-24）。

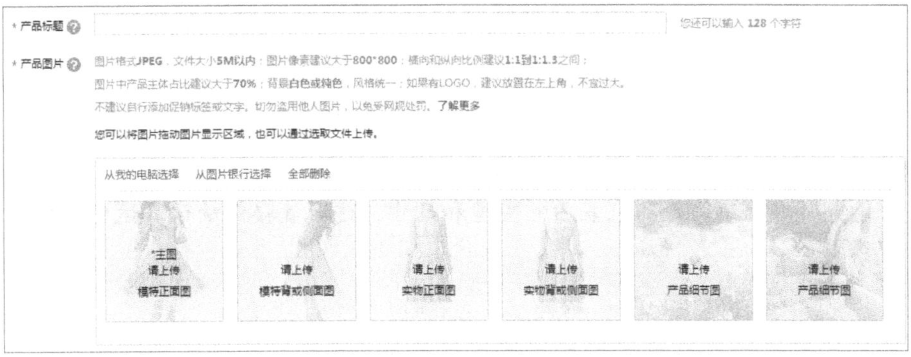

图 5-24 产品标题与主图

（6）填写产品其他信息，如图 5-25 所示。

图 5-25 产品其他信息

（7）制作产品详细描述和产品信息模块，如图 5-26、图 5-27 所示。

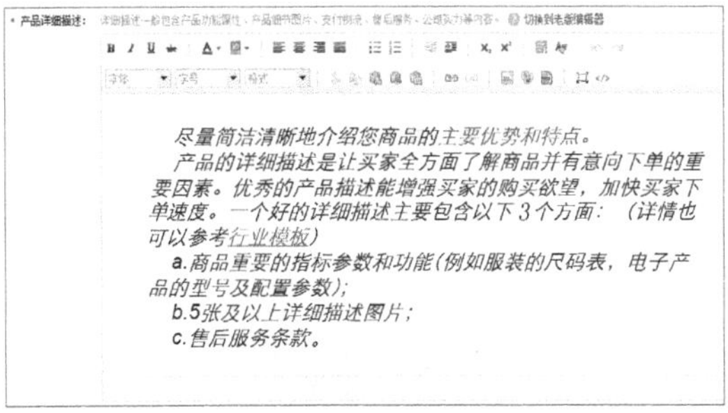

图 5-26 产品详细描述

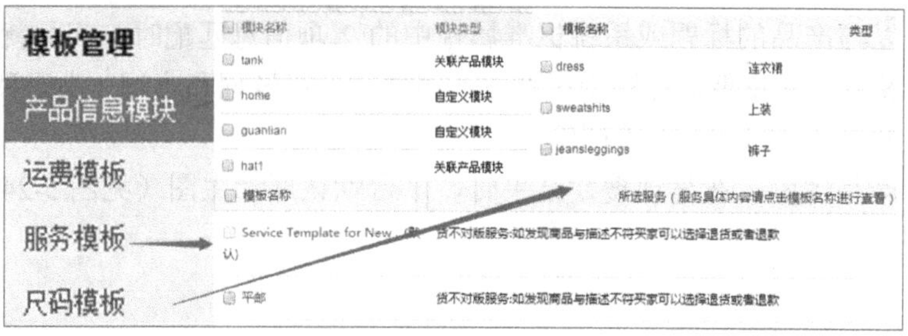

图 5-27　产品信息模块

（8）填写产品的包装信息，如图 5-28 所示。

注：请务必准确填写产品包装后的重量和尺寸，这会直接影响试算运费价格。

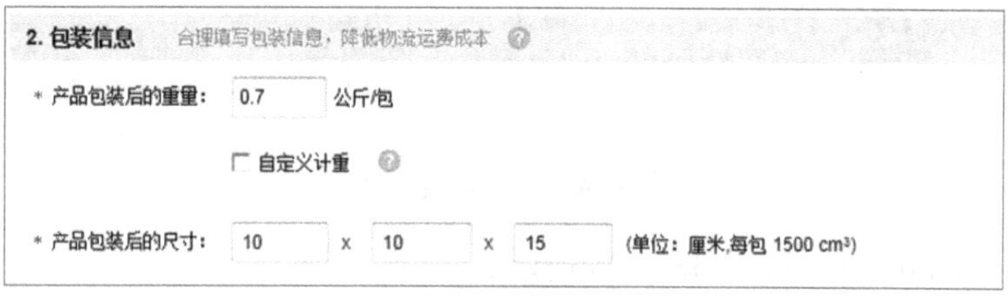

图 5-28　包装信息

（9）选择运费模板和服务模板。运费模板分为：A.新手运费模板；B.自定义运费模板，如图 5-29 所示。服务模板分为：A.新手服务模板；B.平邮；C.自定义服务模板，如图 5-30 所示。

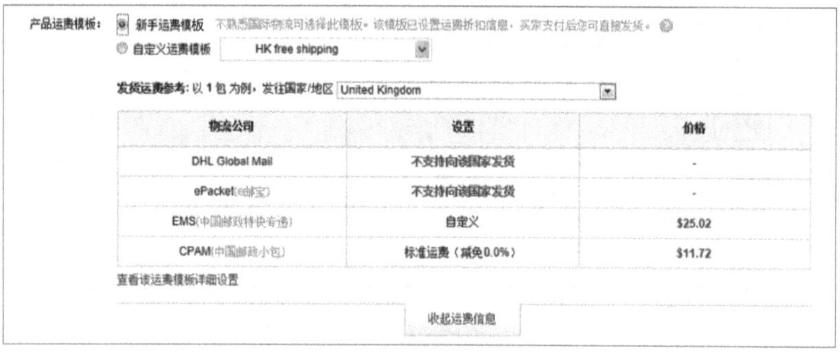

图 5-29　运费模板

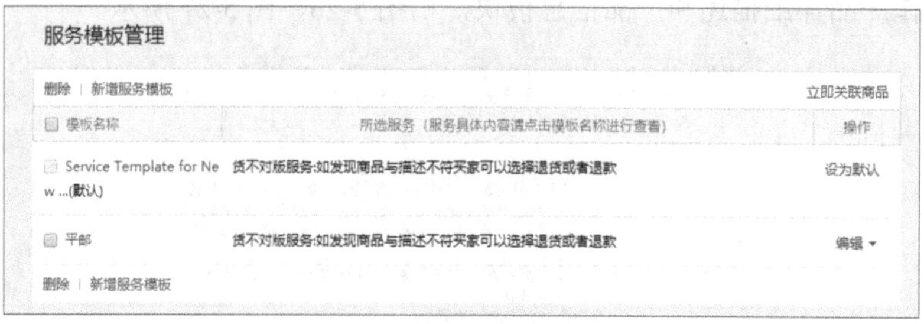

图 5-30　服务模板

（10）填写其他信息，包括产品组、产品有效期、产品发布条款等，如图 5-31 所示。

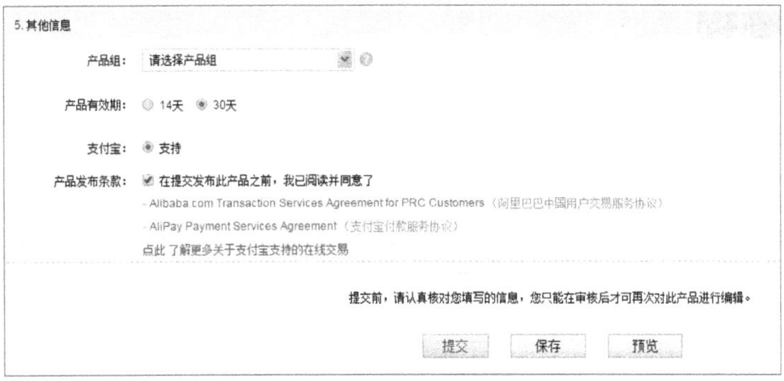

图 5-31　其他信息

（11）填写完所有信息后可先进行保存，再预览一下页面，确认信息无误可提交。成功提交后，平台通常会在 1～3 个工作日内对产品进行审核，审核通过的产品才有机会在平台展示，如图 5-32 所示。

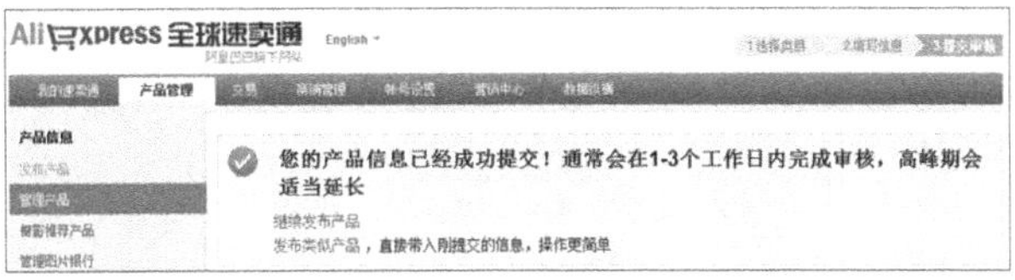

图 5-32　成功提交

3. 产品管理

产品上传后要进行检查，看是否通过审核。如图 5-33 所示，对审核不通过的产品进行编辑修改后可再次提交。

注：如果是产品侵权造成的审核不通过，应立即删除产品，以免被扣分。

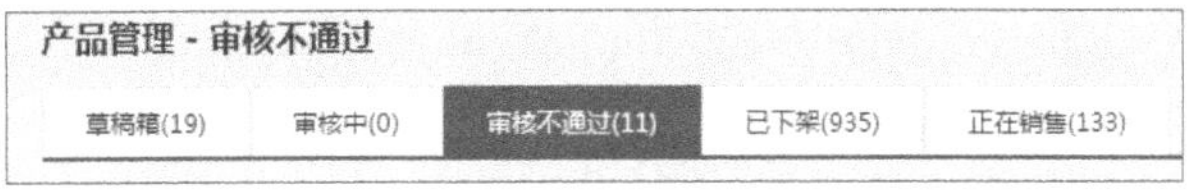

图 5-33　审核不通过

卖家可在“产品管理”板块对产品进行编辑、调整产品组、分配负责人、下架、一键修改发货期、批量延长有效期等操作，如图 5-34 所示。

图 5-34　产品管理

二、交易管理

登录全球速卖通后台，进入“交易”板块，如图5-35所示。

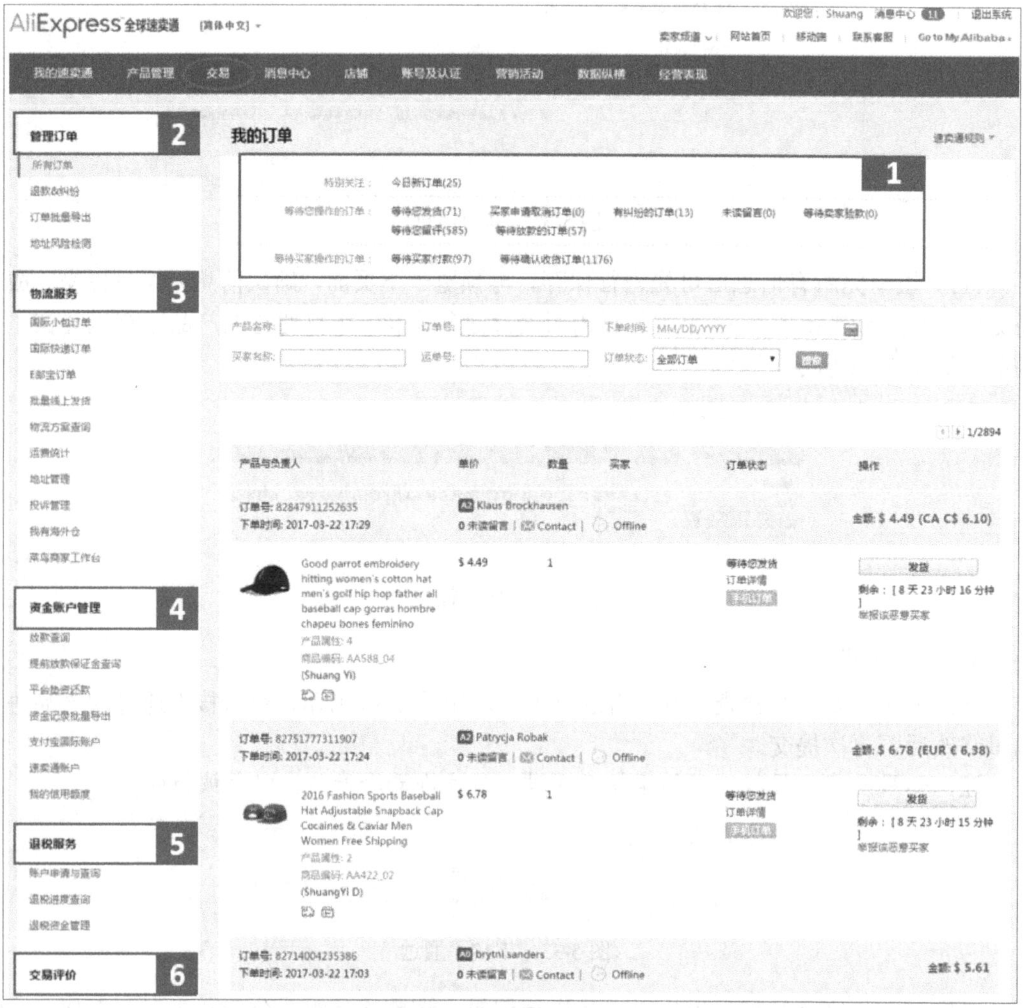

图5-35 “交易”板块

（1）交易核心区域：显示订单（包括今日新订单和不同状态的订单）的详细情况，包括“等待卖家发货、买家申请取消、卖家已部分发货、有纠纷的订单、有未读留言的、等待卖家确认金额、等待卖家留评、等待放款的订单”（等待卖家操作），以及“等待买家付款、等待买家确认收货”（等待买家操作）。这块区域是卖家每天要处理和关注的板块。

（2）管理订单：显示所有订单（含退款、纠纷订单），也可以在这里导出订单信息（excel格式的文件），便于进行统计。

（3）物流服务：可以查询国际小包订单（见图5-36）、国际快递订单（见图5-37）和e邮宝订单（见图5-38）。还可操作批量线上发货、物流方案查询、运费统计、地址管理、投诉管理（线上发货物流赔付）、海外仓开通、菜鸟商家工作台（主要用于使用菜鸟海外仓的商家，通过该入口可免登录进入菜鸟系统进行海外仓相关的操作）。

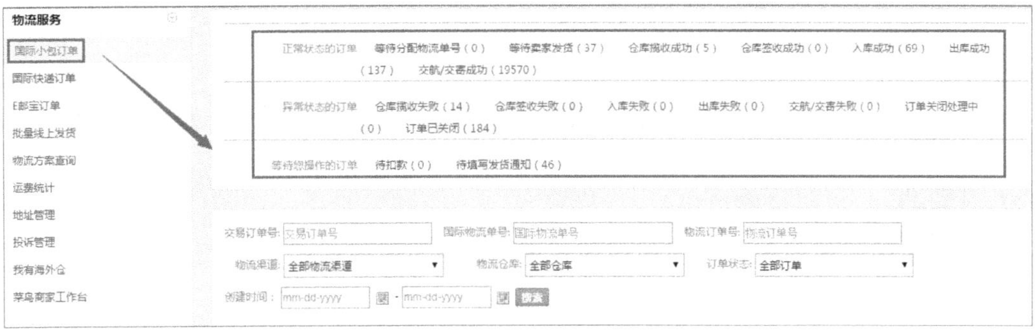

图 5-36　国际小包订单

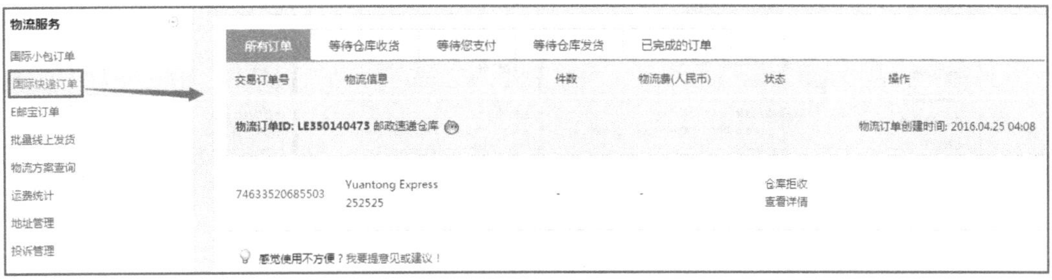

图 5-37　国际快递订单

图 5-38　e 邮宝订单

（4）资金账户管理：可以查询资金记录，进行账户的管理和提现的相关操作。在任务 3 中会具体介绍。

（5）退税服务和交易评价（略）。

三、营销与推广

要判断一个店铺运营得怎么样，有一个重要的指标就是店铺或产品的流量，如何引流非常关键。除了做好选品、优化，还应该拓展流量入口和渠道，做好店铺和产品的营销和推广。全球速卖通平台的营销推广方式主要有：站内引流的店铺活动、直通车营销、平台活动和粉丝营销；站外引流的联盟营销、社交推广平台等。这里主要介绍最常用的全球速卖通平台站内营销与推广方式。全球速卖通营销活动如图 5-39 所示。

（a）

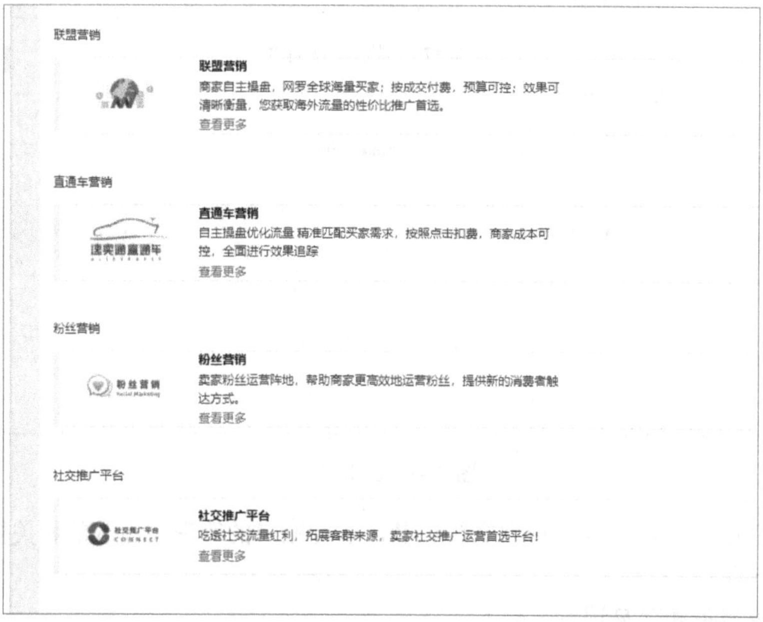

（b）

图 5-39　全球速卖通营销活动

1. 店铺活动

店铺活动主要有“单品折扣”“满减活动”“店铺优惠券”“搭配活动”“互动活动”“设置店铺优惠码”等，如图 5-40 所示。每个工具每月有一定的活动数量和时长，用完了就没有了，因此要合理使用。

全球速卖通自主营销活动设置

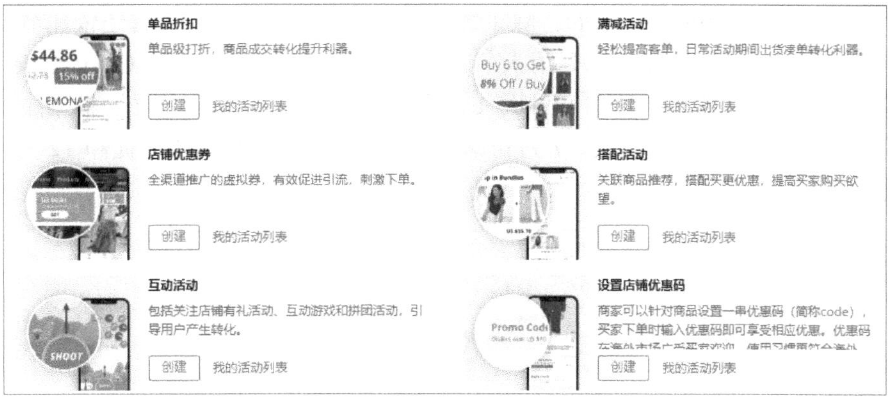

图 5-40　店铺活动

一个商品可以结合各种营销工具进行引流和促销，如图 5-41 所示。

图 5-41　店铺自主营销活动使用

2. 平台活动

平台活动是指由平台组织并由卖家参与的，以促进销售为主要目的的主题营销活动。全球速卖通平台活动是平台向卖家推出的免费推广活动，是平台效果显著的营销利器，它能帮助店铺快速实现高曝光、高点击和高转化等一系列目标。全球速卖通的平台活动可以分为 4 类：

（1）非好卖家日常平台活动：包括新版 Flash Deals（普货）、俄罗斯团购（爆品团和秒杀团）和其他日常主题活动。

（2）好卖家日常平台活动：包括无线金币兑换、无线全球试用、新版 Flash Deals（核心商家尖货）。

（3）俄罗斯品牌团：全球速卖通俄文网站上推崇的 Tmall 相当于俄罗斯版天猫，俄罗斯品牌团目前限定俄罗斯精品馆商家可以参加。

（4）大促活动：包括年初的周年庆大促（Anniversary Sale）、年中促（2019 财年的主题为品牌购物周，即 Brand Shopping Week）和促销力度最大且流量最大的年底“双十一”购物狂欢节（11.11 Shopping Festival）。除了每年3场大规模的大促，平台还依托节日进行促销，如黑色星期五（Black Friday）、情人节（Valentine' s Day）和春节（Chinese New Year）等。另外，关于2019财年（2018年4月1日至2019年3月31日），平台根据品类规划了行业大促，如5月份时尚类大促、7月份家居类大促、9月份母婴类大促和12月份3C数码类大促，如图5-42所示。

图5-42　全球速卖通2019财年全球促销活动计划

3．直通车营销

全球速卖通直通车又叫作"竞价排名"，它是一种按效果付费（Pay for Performance，P4P）的全球在线推广服务，可以让卖家的产品在多个关键词的黄金位置优先排名展示。直通车的付费方式是曝光免费，只有当买家点击商品进入详情时系统才会进行扣费，即按点击付费（Cost per Click，CPC）。全球速卖通直通车旨在帮助卖家迅速精准定位海外买家，扩大产品营销渠道，具有关键词海量选择、多维度曝光商品、全面覆盖潜在买家等三大主要优势。

4．粉丝营销

"My Store"是全球速卖通平台为广大卖家提供的粉丝营销阵地，功能类似于淘宝的"微淘"，基于买卖双方的关注关系进行内容展示。关注店铺的买家可以收到卖家发布的动态信息，包括店铺上新、买家秀、粉丝专享活动和导购文章等。此外，若卖家获得了直播权限，其直播视频也会同步展示在频道内，并支持买家对相应的内容进行点赞和评论。

任务3　跨境物流与支付

跨境电子商务是指分属不同关境的交易主体，通过电子商务平台达成信息交易或商品交易的商业活动。它与国内电子商务的最大区别，就是交易对象常常来自不同国度，容易存在语言沟通的障碍和远距离运输的问题。

玩转跨境物流

任务3前半部分着重讲解全球速卖通平台的跨境物流问题。大家可以登录"AliExpress商家门户"网站，单击"经营支持"，进入"物流解决方案"板块进行学习和了解，如图5-43所示。在此板块卖家可以了解到跨境物流方式及其选择、运费模板设置、物流发货和物流跟踪。网站还会发布最新的物流资讯并提供一些实用的物流工具。“物流解决方案”内容如图 5-44 所示。

图 5-43　“AliExpress 商家门户”之“物流解决方案”

图 5-44　“物流解决方案”内容

任务 3 后半部分给大家介绍跨境支付方式和全球速卖通国际账户的相关操作。

一、跨境物流方式

全球速卖通物流方案列表

1．五大类跨境物流方式

全球速卖通平台根据物流方式及其所提供的服务不同，将跨境物流分为经济类物流、简易类物流、标准类物流、快速类物流和海外仓物流五大类。

（1）经济类物流：物流成本低，不可查询目的国包裹妥投信息，适合运送货值低、重量轻的商品。经济类物流仅允许使用线上发货。

（2）简易类物流：邮政简易挂号服务，可查询包含妥投或买家签收在内的关键环节物流追踪信息。

（3）标准类物流：包含邮政挂号服务和专线类服务，可查询全程物流追踪信息。

（4）快速类物流：包含商业快递和邮政提供的快递服务，时效快，可查询全程物流追踪信息，适合高货值商品使用。

（5）海外仓物流：已备货到海外仓的货物所使用的海外本地物流服务。

全球速卖通平台的物流服务和物流方案推荐如图 5-45 所示。

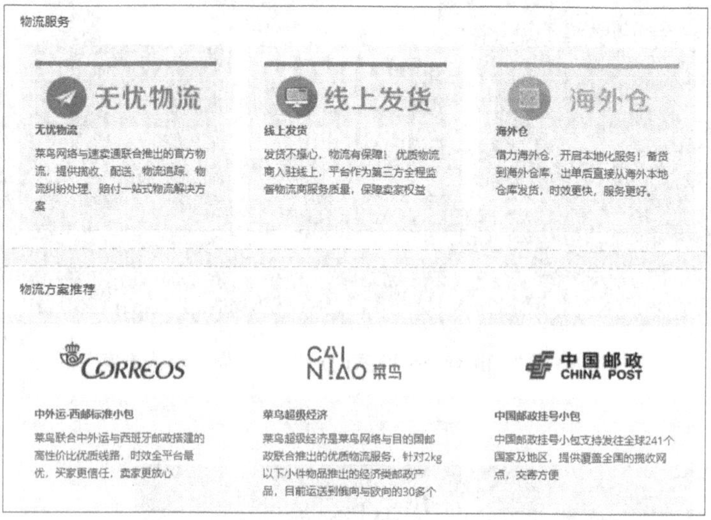

图 5-45　全球速卖通平台的物流服务和物流方案推荐

2. 常用跨境物流方式对比

表 5-1 所示为常用跨境物流方式对比。

表 5-1　常用跨境物流方式对比

方　式	优　点	缺　点	价格和时效
邮政小包	网络基本覆盖全球，价格非常便宜	重量尺寸有严格要求，无法享受正常出口退税	价格低，20～50 天
e 邮宝	速度较快，费用低于普通国际 EMS，通关能力强	仅限 2kg 以下的包裹，目的国相对较少，上门取件城市有限	价格低，7～20 天
中邮 EMS	速度较快，费用低于四大国际商业快递巨头，EMS 在中国境内的出关能力强	并非专注于跨境业务，相对缺乏经验，目的国数量比较有限	价格中高，5～10 天
四大国际商业快递	速度快，服务好，丢包率低，发往欧美发达国家非常方便	价格昂贵，资费变化大，只有货值高、客户强烈要求、有时效性的情况下才会使用	价格高，3～7 天
专线物流	集中大批量货物发送，费用比商业快递低，速度快于邮政小包，丢包率也比较低	与邮政小包相比运费较高，且在国内的揽收范围相对有限	价格中等，俄罗斯专线 10～20 天
集货物流+海外仓	可降低物流成本，提供灵活可靠的退换货方案，发货周期缩短，发货速度加快	有库存占用，适用于库存周转快的热销单品，标准化、偏重、体积大，对卖家供应链管理等提出更高要求	综合价格中高，本地快递时效高，2～5 天

针对不同国家、订单金额，可用的物流方式是有差异的，因此卖家应根据平台规则来设置相应的物流模板。

二、跨境物流的运费计算

关系到运费的因素通常为货物送达地和货物包装后的重量，有时还要考虑货物体积重量。针对不同的物流方式、目的国运费费率，挂号服务费也不同。可下载最新的线上发货及无忧物流报价文件，如图 5-46 所示。

图 5-46 下载文件

对每一种物流方式，其官网或合作的跨境电商平台都会给出计算公式，其中要注意以下几个要点。

1. 首重和续重

例如，中国邮政平常小包+根据包裹重量按克计费（不足 30 克按 30 克计费），单件包裹限重在 2 千克以内，免挂号费；中国邮政挂号小包根据包裹重量按克计费，每个包裹限重在 2 千克以内；e 邮宝根据包裹重量按克计费，目的地是美国、新西兰、日本等地区时按照 50 克起重计费（不足 50 克按 50 克计费），目的地是乌克兰时按照 10 克起重计费（不足 10 克按 10 克计费），部分国家和地区按照 1 克起重计费；EMS 按起重 500 克、续重 500 克计费，无燃油附加费；四大常用国际快递 DHL、UPS、FedEx、TNT，一般 21 千克以下按首重 500 克、续重 500 克计费，21 千克以上首重、续重按照 1 千克计费。

2. 运费费率

目的地离本地的距离不同，因此各个物流方式设置了不同的运费费率，例如中国邮政平常小包+的运费费率表（节选）如表 5-2 所示，e 邮宝的运费费率表（节选）如表 5-3 所示；还有一些物流方式设置了更复杂的阶梯计费制度，如中国邮政挂号小包的运费费率表

（节选）如表 5-4 所示，燕文航空挂号小包的运费费率表（节选）如表 5-5 所示。

表 5-2　中国邮政平常小包+的运费费率表（节选）

配送范围/目的地		首重价格（首重 30g）	续重价格（按 g 续重）
		元（RMB）	元（RMB）/kg
俄罗斯	RU	4.65	153.47
美国	US	3.94	130.22
巴西	BR	3.99	131.71
法国	FR	3.52	116.40

表 5-3　e 邮宝的运费费率表（节选）

配送范围/目的地		起重/g	重量缴费 元（RMB）/kg	操作处理费 元（RMB）/包裹
澳大利亚	AU	1	60	19
奥地利	AT	1	60	25
比利时	BE	1	60	25
巴西	BR	50	80	25
美国	US	50	80	10
加拿大	CA	1	70	19
丹麦	DK	1	60	25
芬兰	FI	1	65	25
法国	FR	1	60	19
德国	DE	1	60	19
希腊	GR	1	60	25

表 5-4　中国邮政挂号小包的运费费率表（节选）

配送范围/目的地		0～150g（含 150g）		151～300g（含 300g）		301～2000g		备注
		正向配送费（根据包裹重量按克计量）	挂号服务费	正向配送费（根据包裹重量按克计量）	挂号服务费	正向配送费（根据包裹重量按克计量）	挂号服务费	
		元（RMB）/kg	元（RMB）/单	元（RMB）/kg	元（RMB）/单	元（RMB）/kg	元（RMB）/单	
俄罗斯	RU	70.00	18.00	60.00	19.50	52.50	21.50	
美国	US	54.00	15.50	50.00	16.00	51.00	16.00	
巴西	BR	102.00	12.50	85.00	15.00	74.00	17.00	暂停服务
法国	FR	68.00	12.00	58.00	13.00	58.00	13.00	
英国	UK	50.00	21.50	50.00	21.50	46.00	22.00	
澳大利亚	AU	70.00	13.70	54.00	16.00	54.00	16.00	
德国	DE	73.00	13.10	53.00	16.00	48.00	17.00	
以色列	IL	53.38	14.20	52.00	15.00	52.00	15.00	

表 5-5　燕文航空挂号小包的运费费率表（节选）

配送范围/目的地		包裹重量为 1～150g		包裹重量为 151～300g		包裹重量为 301～1000g		包裹重量为 1001～2000g	
		配送服务费（按克计费）	Item 服务费	配送服务费（按克计费）	Item 服务费	配送服务费（按克计费）	Item 服务费	配送服务费（按克计费）	Item 服务费
		RMB/kg	RMB/包裹	RMB/kg	RMB/包裹	RMB/kg	RMB/包裹	RMB/kg	RMB/包裹
爱尔兰	IE	52.02	19.19	44.13	21.30	44.13	21.30	44.13	21.30
爱沙尼亚	EE	50.04	16.94	50.04	16.94	50.04	16.94	50.04	16.94
奥地利	AT	90.40	14.14	57.99	18.82	53.04	19.81	53.04	19.81
澳大利亚	AU	69.87	13.58	54.03	15.85	54.03	15.85	44.13	18.82
巴西	BR	101.54	12.39	71.21	16.16	64.14	18.18	64.14	20.20
白俄罗斯	BY	64.92	13.87	57.00	14.86	47.10	15.85	47.10	15.85
比利时	BE	90.40	14.14	61.95	17.64	50.07	21.10	50.07	21.10

此外，除中国邮政平常小包+、4PX 新邮经济小包、中外运-西邮经济小包、顺丰国际经济小包、顺友航空经济小包和燕文航空经济小包等经济类物流不收取或少量收取挂号服务费[①]以外，中国邮政挂号小包、e 邮宝、中外运-西邮挂号小包、速优宝芬邮挂号小包、中俄航空 Ruston、4PX 新邮挂号小包和燕文航空挂号小包等标准类物流都要收取挂号服务费并提供物流跟踪服务。

国际商业快递的物流费用最为复杂，不仅包含国际快递费（以包裹实际测量为准，体积重量与实重取较大者计费）及燃油附加费，还会根据包裹的实际情况收取以下费用：报关代理费；偏远地区附加费；换包装费，该费用适用于需更换外包装的货物，具体咨询对应仓库；超长超重附加费，该费用无固定收费标准，具体以咨询官方或客服电话为准；特别安检附加费；磁检费，即对带有磁性货物做磁性检验所产生的费用。

3. 是否计算抛重

国际商业快递的快递费用是按照包裹的实际重量和体积重量取较大者进行计算的，即要计算抛重（简称计抛）。

小知识-抛货

抛货是指体积大重量轻的货物，又称泡货，通俗点讲就是轻货。由于国际快递货舱空间有限，寄运抛货的情况会让货舱单位体积的载货量减少。为解决这一问题，就产生了抛货重量，即“体积重量”这一概念。体积重量大于实重的货物就是抛货。

计算体积重量的公式：

（1）四大国际快递：长×宽×高/5000（长宽高单位为厘米）=体积重量（千克）。

（2）DPEX 东南亚专线：长×宽×高/6000（长宽高单位为厘米）=体积重量（千克）。

（3）EMS：包裹单边小于 60 厘米，不算体积重量，计费重量=实际重量；包裹单边大于或等于 60 厘米，包裹记抛，体积重量=长×宽×高/6000。体积重量和实际重量大的为计费重量。

① 不同物流方式对此服务费的命名不同，常见的有“挂号服务费”“Item 服务费”“操作处理费”等。

此外，在全球速卖通后台“交易”板块有一个叫“物流方案查询”的板块，可以输入发货及收货的国家、重量、尺寸，进行运费的试算，如图 5-47 所示。

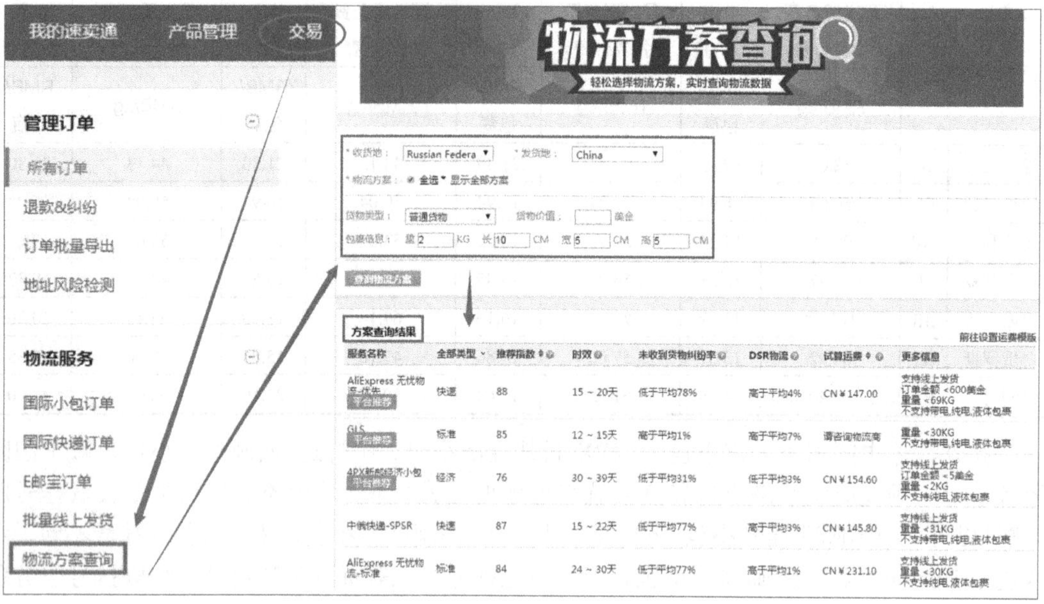

图 5-47　物流方案查询

三、跨境支付方式

1．国际支付宝

国际支付宝是由阿里巴巴与蚂蚁金融服务开发的，为保护国际在线交易中买卖双方交易安全所设置的一种服务，全称为 Escrow Service。如果卖家已经拥有国内支付宝账户，绑定国内支付宝账户即可，无须再申请国际支付宝账户。目前国际支付宝支持部分产品的小额批发、样品、小单、试单交易，只要您的产品满足 2 个条件即可通过国际支付宝进行交易：

（1）产品可以通过 EMS、DHL、UPS、FedEx、TNT、SF、邮政航空包裹等 7 种运输方式进行发货；

（2）单笔订单金额小于 10 000 美元（产品总价加上运费的总额）。

2．国际支付宝支持的支付方式

买家可通过国际支付宝使用多种方式进行支付，买家付款界面如图 5-48 所示。

1）信用卡/借记卡（见图 5-49）

买家通过人民币通道收到的货款，在放款后直接进入支付宝国际账户的人民币账户；通过美元通道收到的货款，在放款后直接进入支付宝国际账户的美元账户。

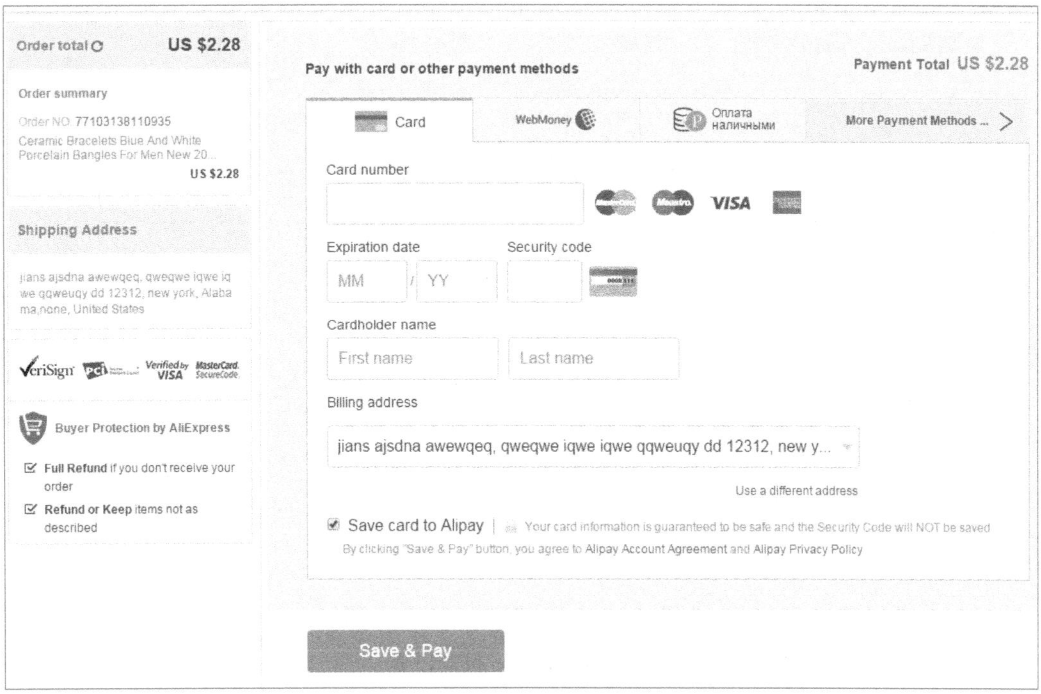

图 5-48　买家付款界面

图 5-49　信用卡/借记卡

2）西联汇款、电汇

西联汇款（Western Union）、电汇（Telegraphic Transfer，T/T）都是国际贸易主流的支付方式，常用于大额交易。如果买家使用此方式支付，在订单完成后，平台会直接将货款以美元形式支付给卖家，但银行会收取一定的汇款手续费和提现费用。

3）Boleto 支付

Boleto 是由多家巴西银行共同支持的一种支付方式，在巴西占据主导地位，其客户可以到巴西任何一家银行、自动取款机、彩票网点转账或授权银行转账。该支付渠道有如下特点。

（1）一旦付款，不会产生拒付和假冒，保证商家的交易安全。

（2）无须预付交易保证金，降低了门槛。

（3）单笔支付限额为 1～3000 美元，月累计支付不超过 3000 美元。

（4）不是网上实时付款，消费者需在网上打印付款单并通过网上银行、线下银行或其他指定网点进行付款。消费者可以在 1～3 天内付款，各个银行需要 1～3 个工作日的时间完成数据交换，所以每笔交易一般需 2 天到一周左右的时间才能支付完成。因此，当买家使用 Boleto 支付时，卖家需要等待几天才能看到付款成功，不要立即催付或修改订单价格，如图 5-50 所示。

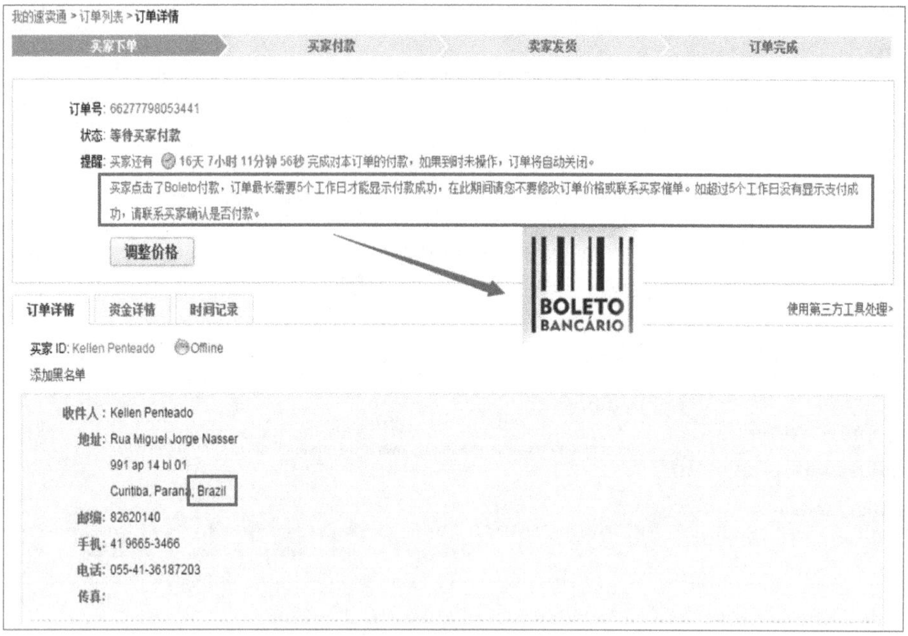

图 5-50　Boleto 付款订单

4）QIWI 支付

QIWI 是俄罗斯客户主要的支付方式，类似于支付宝，买家可以根据自己的情况选择合适的付款方式。

（1）如果通过 QIWI 钱包支付，则通过资金审核（一般 24 小时内）即可到账。

（2）如果通过西联汇款，一般需要 2 个工作日到账。

（3）如果通过 T/T 转账，一般需要 7 个工作日左右到账。

同步阅读

Pitney Bowes：2018 年全球电商研究报告

日前，Pitney Bowes 发布了最新的《2018 年全球电商研究报告》（*2018 Global Ecommerce Study*）。报告基于对全球 12 个主要市场中 1.3 万名消费者的调查，以及对美国、英国和澳大利亚的 650 家零售商的调查。调查显示，跨境购物消费者的比例有史以来第一次出现下滑，从 2017 年的 70%下降到 2018 年的 64%。只有中国、美国和日本三个国家在 2018 年跨境购物人数增加了。不过，跨境电商市场继续发展，因为消费者更频繁地进行跨境购物。全球 12%的消费者现在至少每周跨境购物一次，频率高于 2017 年的 10%。

跨境购物受挫主要归因于运输过于缓慢以及运费昂贵。其他包括：退回不需要的物品时非常不便和售后客服体验不佳等。

Useit 从报告发现，全球 61%的受访消费者表示，他们对上一个假日购物季的线上购物体验不满，这一比例显著高于 2017 年的 47%和 2016 年的 41%。在美国，对线上购物体验不满的消费者在快速增长，比例达到 56%，高于去年同期的 36%。这部分消费者指出，发货慢、运输费用昂贵、包裹追踪不准确、不良的售后体验和退货政策等是他们不满的原因。

Pitney Bowes 商务服务部总裁 Lila Snyde 表示："越来越多的消费者告诉我们，售后与下订单之前的购物体验一样重要，甚至更重要。消费者的意见正在告知一部分零售商如何做正确的事，而那些做得对的零售商将获得客户忠诚度提升和销售增长的双重回报。"

消费者更频繁地在线上购物

数据表明，2018 年全球 94%的消费者都曾在线上购物，这一比例和去年同期持平。但线上购物的频率正在增加。在全球范围内，35%的线上购物者至少每周进行一次线上购物。在美国，30%的线上购物者至少每周进行一次线上购物，而一年前这一比例仅为 19%。英国每周进行线上购物的购物者的比例从去年的 38%上升至 46%。

Lila Snyde 表示："购物频率的上升虽然对零售商来说是个好消息，但同时消费者的不满意度也在上升。个人消费者花更多时间在网上购物并等待商品，有可能出现更多的糟糕购物体验。随着产量的增加，零售商正在努力改进基础设施并提升管理技术。"

快速和免费送货是线上零售商的赌注

研究表明，消费者甚至在下订单之前就开始对售后体验做出判断。事实上，美国有 91%的线上购物者表示，如果没有"快速和免费送货"等关键服务，他们不会下单。与此同时，消费者对"快速和免费送货"的期望越来越高，只有 47%的人认为，2 天内免费送货算是快的。

Lila Snyde 表示："有一点零售商需要注意：快速和免费送货是必须的。零售商投入数百万美元用于吸引消费者进入他们的电商网站，但如果他们不投资于快速和免费送货服务，那么所有之前的努力都将成为徒劳。"

此外，消费者认为"免费"比"快速"更重要。在全球范围内，76%的消费者表示，相比"快速"，他们更热衷于"免费"。然而，在美国，这一趋势开始逆转，喜欢"免费"多于"快速"的消费者从去年的 86%下降至 79%。这一趋势的转变主要由"千禧一代"推动，35%的人表示他们愿意支付快速运费，而前一年这一比例仅为 20%。

Useit 从报告发现，在美国，分别有 80%和 66%的线上购物者把"免费送货"和"快速送货"作为确定线上购物的两个极其重要的标准。美国三分之二的线上购物者表示，他们可以接受"购买 25 美元及以上的满额商品才可以享受免邮服务"的条件。

糟糕的售后体验会让零售商损失客户

研究表明，美国 90%的线上购物者会采取行动以应对糟糕的售后体验，这可能损害零售商的品牌。他们的反应包括：在社交媒体上分享他们的挫败感，或者再也不到该平台进行购物。在"千禧一代"中，30%的线上购物者会公开他们糟糕的售后体验，在网上评论或社交媒体帖子中抱怨，这可能影响他们整个社交网络的购买决策。

调查结果进一步验证了消费者明确表达售后体验的重要性。成功的高增长零售商（同比销售额增长 25%或更高）比增长较慢的竞争对手更加重视消费者的售后体验，这包括提供免费退货和日间保证送达等服务。54%的高增长零售商提供 2～3 天免费送货，而 60%的低增长零售商（同比销售额增长 10%或更少）提供 4～7 天免费送货。高增长的零售商也倾向于满足或超出消费者的需求，提供准确实时的订单追踪、免费和快速的发货、快速退货、及时退款甚至有吸引力的品牌包装等方面的服务。

Lila Snyde 表示："成功的高增长零售商和品牌不仅超越了客户对售后体验的期望，还利用每个消费者来建立品牌知名度，进一步增强客户忠诚度。"

在消费者关注度方面，研究发现，电商平台占据了 60%的线上购物，但它也为一些注重售后体验的零售商提供了更多机会。当消费者明确知道他们想要购买什么品牌时，可以促成 61%的线上购物——在这种情况下，54%的人更愿意通过零售商或品牌的官方网站来购买，而不是电商平台。这样，品牌和零售商可以通过持续提供卓越售后体验来获得培养客户忠诚和信任的机会。

《2018 年全球电商研究报告》

（资料来源：Useit 编译 Pitney Bowes 发布的《2018 年全球电商研究报告》）

同步实训

实训 产品定价

实训目的

通过产品定价实操，要求学生能够熟练描述定价因素并掌握定价方法和策略。

实训内容与步骤

学习产品定价影响因素，利用 Excel 进行推导定价。

（1）计算运费。中邮小包-国际运费计算表如表 5-6 所示。

表 5-6 中邮小包-国际运费计算表

运费费率（元/千克）	产品重量（克）	挂号费（元）	运费折扣（%）	国际运费（元）
80	280	7	90.00%	26.46

国际运费=（产品重量×运费费率/1000+挂号费）×运费折扣

注： 运费单价根据实际物流方式而定，如选择无忧物流且运往俄罗斯，产品重量在 2kg 以内是 80 元/千克，挂号费 7 元/件，运费以包装后实重计量。

（2）计算包邮发布价格。全球速卖通包邮发布价格计算表如表 5-7 所示。

表 5-7 全球速卖通包邮发布价格计算表

采购价格（元）	国内运费（元）	国际运费（元）	成本利润率（%）	人民币对美元汇率（1：X）	佣金和营销费率（%）	利润（元）	包邮发布价格（美元）	发布价毛利润率（%）
38	0.5	26.46	120.00%	6.7	13.00%	77.95	24.52	50%

根据实际情况填入采购价格、国内运费、国际运费（数值取自表 5-6 的计算结果）、成本利润率、人民币对美元汇率、佣金和营销费率，则可通过公式算出：

利润（RMB）=（采购价格+国内运费+国际运费）×成本利润率

包邮发布价格（\$）=成本+利润=（采购价格+国内运费+国际运费）×（1+成本利润率）/美元汇率

发布价毛利润率=利润/（包邮售价×0.92）

注：目前全球速卖通平台佣金为 5%～8%[①]，平台会直接扣除这部分金额，因此计算毛利时要将其扣除。

（3）计算不同折扣率下的折后价格和折后利润（全球速卖通发布价格的数值取自表 5-7 的计算结果），如表 5-8 所示。

表 5-8 折后价格和折后利润计算表

全球速卖通发布价格（美元）	折扣率（扣减 X%）	折后价格（美元）	折后利润（元）
24.52	10.00%	22.068	64.174372
24.52	20.00%	19.616	49.881664
24.52	30.00%	17.164	35.588956
24.52	40.00%	14.712	21.296248
24.52	50.00%	12.26	7.00354

实训提示

实训介绍的产品发布价格是包邮价格，因此要考虑运费；如果不是包邮价格，则产品价格不用包含运费，运费另外收取。运费模板决定了有关运费的收取。

通过 Excel 套用公式做计算时，一定要注意单位统一，通过汇率转换，统一为人民币或美元进行计算。

思考与练习

针对实训中完成的产品表格对产品进行定价，并回答下列问题：

1. 描述一下产品定价要考虑哪些因素。
2. 根据步骤使用 Excel 计算运费、包邮发布价格和各档折后价格。
3. 延续实训，完成产品表格（见表 5-9）。

表 5-9 产品表格

产品图片	主 SKU	开发人	所属类目	标题	采购价格	重量	运费	物流方式	总成本	营销折扣	采购链接

① 自美国时间 2016 年 10 月 10 日 0 点开始，全球速卖通平台将服装、家居、玩具以及假发等类目的佣金比例从 5%调整为 8%。

项目小结

广义的跨境电子商务是指分属不同关境的交易主体通过电子商务手段达成交易的跨境贸易活动。狭义的跨境电子商务特指跨境网络零售，指分属不同关境的交易主体通过电子商务平台获得订单、进行跨境支付、通过跨境物流送达商品并完成交易的一种跨境贸易新业态。跨境电子商务根据贸易模式、商业模式、服务类型、平台类型、行业广度和通关方式分为不同类型。随着电子信息技术和经济全球化的深入发展，跨境电子商务在国际贸易中的地位和重要作用日益凸显，跨境电子商务已广泛地渗透到全球经济和生活的各个领域。

目前适于跨境电商零售的主流平台有全球速卖通、Wish、eBay 和亚马逊。

本项目以全球速卖通平台创业为例，需要做的开店准备工作包括注册公司和商标，还需掌握平台规则，并且熟悉开通店铺与实名认证、产品发布与管理、营销与推广、跨境物流与支付的流程与操作。

同步测试

1．单项选择题

（1）全球速卖通平台网址是（　　）。

A．www.ebay.com

B．www. aliexpress.com

C．merchant.wish.com

D．www.amazon.com

（2）注册店铺的主体须为（　　）。

A．有营业执照的公司实体　　B．个人　　C．不确定

（3）自商标局收到申请文件之日起，发纸质《受理通知书》的时间为（　　）。

A．0~1 个月左右　　B．1~2 个月左右

C．2~3 个月左右　　D．3~4 个月左右

（4）发布的产品过了有效期就会由“正在销售”转为“已下架”，全球速卖通平台的产品有效期是（　　）。

A．7 天、30 天　　B．14 天、30 天

C．7 天、14 天　　D．30 天、60 天

（5）代表产品原价的是（　　）。

A．上架价格　　B．销售价格　　C．折后价　　D．成交价格

2．多项选择题

（1）全球速卖通店铺类型分为（　　）。

A．官方店　　B．专营店　　C．专卖店　　D．企业店

（2）俄罗斯买家在全球速卖通平台可以使用的支付方式有（　　）。

A．WebMoney　　B．QIWI　　C．MasterCard　　D．VISA

（3）产品详细描述需要包含哪些内容？（　　）

A．产品基本描述　　B．物流信息

C．店铺及产品的相关推荐　　D．服务信息

（4）专线物流包含哪几种物流方式？（　　）

A．中东专线　　B．Special Line-YW

C．e 邮宝（ePacket）　　D．Russian Air

（5）属于阿里巴巴集团旗下的网站有（　　）。

A．全球速卖通　　B．阿里巴巴国际站

C．淘宝网　　D．阿里云

3．分析题

（1）比较跨境电子商务与国内电子商务的异同点。

（2）调研各主流跨境电商平台，根据自己的情况选择合适的创业平台。

项目 6

移动平台网络零售

本项目知识点

移动电子商务的定义、特点及发展趋势；什么是有赞微商城及创建有赞微商城店铺的步骤；有赞微商城的店铺装修；有赞微商城店铺导航设置；有赞微商城店铺营销活动的设置；入驻有赞分销市场的步骤；有赞微商城店铺推广方式；微店的简介；微店创建的步骤；微店装修；微店店铺营销与推广工具。

本项目技能点

掌握有赞微商城开店的技能；掌握微店的店铺营销与推广工具。

知识导图

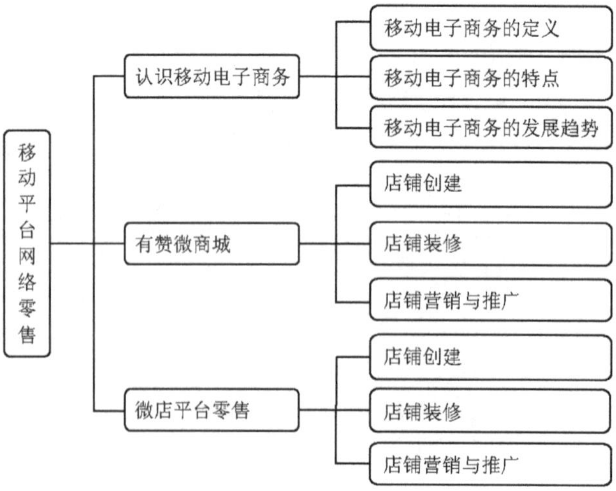

引例

2016 年 10 月在杭州·云栖大会上，马云在演讲中第一次提出了“新零售”：“未来的十年、二十年，没有电子商务这一说，只有新零售。”所谓新零售是指企业以互联网为依托，通过大数据、人工智能等技术手段，对商品的设计、生产、流通过程进行升级改造，并对线上服务、线下体验以及现代物流进行深度融合。简言之，新零售就是以大数据为驱动，通过新技术应用和用户体验的升级，改造零售业形态。自该概念被提出以来，已经有包括阿里、腾讯、百度、京东、小米、网易在内的众多企业开始了新零售的探索之路。其中知名度较高且从一开始就完全按照新零售模式操作的，有阿里巴巴的“盒马鲜生”、永辉的“超级物种”、小米的“小米之家”等。有专业人士将新零售总结为“线上+线下+物流，其核心是以消费者为中心的会员、支付、库存、服务等方面数据的全面打通”。

引例分析

移动互联网时代，智能手机的普及让几乎每一个人都可以随时在线。消费者可以一边逛着商场一边刷着淘宝，线上和线下几乎完全打通。很多商家也完成了重构，摒弃了所谓的“电商专供款”，线上线下价格也基本趋同。当几乎每个消费者都是互联网用户时，整个品牌塑造、品牌推广、营销都可以通过数字化的方式来完成。数字化媒体不仅能够让消费者接收到信息，也能够发生双向互动，同时能够进行进一步的行为，获得消费者的数据。

数据能帮助商品的生产者与服务的提供者更好地识别与理解消费者，基于对消费者需求的洞察，指导商品的生产与服务的优化，进而在所有合适的场景里（包括线上和线下）将其提供给消费者。零售的三要素发生了重构，从原先的“货—场—人”转变为“人—货—场”，这就是与“零售”相似而又不同的“新零售”。

新零售的核心不在于所谓的线上线下融合，也不在于人工智能或现代物流，真正的核心是数据。有了数据，才能实现对消费者的可识别、可洞察与可服务，才可以重构零售活动中关键要素——人、货、场，进而才能培育出与以往不同的零售新生态。

任务 1　认识移动电子商务

一、移动电子商务的定义

移动电子商务（M-Commerce）是指通过手机、个人数字助理（PDA）、掌上电脑等手持移动终端从事的商务活动，包括 B2B、B2C、C2C 或 O2O 等形式的电子商务。它将因特网、移动通信技术及其他信息处理技术结合，使人们随时随地可以实现线上线下各种交易活动、商务活动、金融活动和相关综合服务活动等。

二、移动电子商务的特点

与传统电子商务相比，移动电子商务具有如下特点：

（1）更具开放性、包容性。移动电子商务因接入方式无线化而使得任何人都更容易进入网络世界，从而使网络范围延伸更广、更开放；同时，使网络虚拟功能更带有现实性，因而更具有包容性。

（2）具有无处不在、随时随地的特点。移动电子商务的最大特点是“自由”和“个性化”。传统电子商务使人们感受到了网络带来的便利，但局限在于它必须利用有线接入，而移动电子商务则可以弥补传统电子商务的这种不足，真正让人们随时随地购物和支付以及感受独特的商务体验。

（3）潜在用户规模大。目前我国的移动电话用户已超过15亿户，是全球之最。从消费用户群体来看，手机用户基本包含了消费能力强的中高端用户，而传统的电脑用户以缺乏支付能力的年轻人为主。由此不难看出，以智能手机为载体的移动电子商务不论在用户规模上，还是在用户消费能力上，都优于传统的电子商务。

（4）能较好确认用户身份。对传统电子商务而言，用户的消费信用问题一直是影响其发展的一大问题，而移动电子商务在这方面拥有一定的优势。这是因为手机号码具有唯一性，且随着手机实名制的推行，身份确认越来越容易。对移动商务而言，这就有了信用认证的基础。

（5）易于提供定制化服务。移动智能手机具有比电脑更高的可连通性与可定位性，因此移动商务的提供者可以更好地发挥主动性，为不同顾客提供定制化的服务。例如，依赖于包含大量活跃客户信息和潜在客户信息的数据库，以及利用无线服务提供商提供的人口统计信息和基于移动用户当前位置的信息，商家可以通过具有个性化的短信息服务活动进行更有针对性的营销宣传，从而满足客户的需求。

（6）易于推广。移动通信所具有的灵活便捷特点，决定了移动电子商务更适合大众化的个人消费领域，如自动支付系统（包括自动售货机、停车场计时收费等）、半自动支付系统（包括商店的收银柜机、出租车计费器等）、日常费用收缴系统（包括水、电、煤气费用的收缴等）、移动互联网接入支付系统（包括移动支付和移动购物等应用）。

（7）其领域更易于技术创新。移动电子商务领域涉及IT、无线通信、软件等技术，并且其商务方式更具多元化、复杂化，因而在此领域内很容易产生新的技术。随着我国4G网络的普及应用，这些新兴技术已转化成当今众多的产品或服务，移动电子商务进入了一个技术创新和商业应用的高度成熟阶段。5G的商用及大规模发展将继续促进新的技术创新和应用。

三、移动电子商务的发展趋势

（1）移动应用普及化。2018年移动互联网用户总数保持在13.7亿户，同比增长12.2%。

其中手机上网的用户数达 12.5 亿户，电子商务将来的主战场不是在电脑上，而是在移动设备上。移动互联网阶段，大家都习惯通过智能手机去完成一切。

（2）电商平台规模化。电商发展离不开平台。无论是平台方还是商家，经营的目标都是要充分发挥一切优势，将自己的流量、商品和服务效益最大化，通过平台和网络效应，利用全社会的资源提高自己商品的丰富度，扩展自己的服务和地理覆盖范围。

（3）电商渠道下沉化。随着经济收入水平的提高，很多三四五线城市的人群都开始普及智能手机，光纤网络也逐步进入乡镇村一级，各类快递物流覆盖城乡，再加上本地化购物不便，人们开始尝试在网上购物。在一二线城市网购渗透率接近饱和的情况下，三四线城市、乡镇等地区将成为电商渠道下沉的主战场。

（4）社交购物常态化。消费者购物时希望听到亲人、朋友的意见以作为参考，社交购物可以让卖家在社交网络上面更加精准地开展营销和提供更个性化的服务。微信 10 亿人以上的用户规模形成了庞大的社交购物生态圈。

（5）O2O 应用深入化。O2O 即线上链接线下并同时开展营销和服务。目前 O2O 应用发展较好的行业是服务业、出行业、餐饮业等。对实物类商品，O2O 应用也很广泛，如华为、小米、三星等品牌在天猫、京东等电商平台上都有旗舰店，但同时在线下有很多体验店，人们可以通过体验店体验、查看真实的物品然后到网上下单，或者在网上查看、了解商品信息后去实体店购买，这就是线上线下同时进行。O2O 深入应用化也是目前电商的一大趋势。

《2017 年中国移动电商行业研究报告》

任务 2　有赞微商城

一、店铺创建

有赞大电商解决方案

1. 了解有赞微商城

有赞微商城原名为口袋通，是帮助商家在微信上搭建微信商城的平台，提供店铺、产品、订单、物流、消息和客户的管理模块，同时提供丰富的营销应用和活动插件。目前有赞旗下包括有赞微商城、有赞零售、有赞连锁、有赞微小店等产品，以及为线下门店提供 O2O 解决方案服务。图 6-1 所示为有赞微商城首页。

图 6-1　有赞微商城首页

有赞微商城分为基础版、专业版和旗舰版 3 种：基础版适合个人或小型团队开店，满足商品销售、推广营销等基础经营需求；专业版适合成长型电商、门店商家，满足推广获客、成交转化、客户留存、复购、分享裂变等经营需求；旗舰版适合规模化扩张、有多个经营场景需求的成熟商家，满足创新营销玩法等深度经营需求。该平台通过自建商城，提供客户粉丝经营、在线互动营销、商品销售、线上线下打通、开放数据等体系化服务。有赞微商城各版本基础服务和有赞微商城部分功能展示如图 6-2、图 6-3 所示。

图 6-2　有赞微商城各版本基础服务

图 6-3　有赞微商城部分功能展示

2. 认证方式

有赞微商城店铺认证分成主体信息认证和店铺认证。其中，主体信息认证是指能够证明这家店铺的最终所有者的最权威资质证明。商家主体信息主要分为 3 种，分别是个人、企业、公益组织，需要提交资料进行审核后才能生效。而店铺认证又分成网店认证、门店认证和收银认证。网店认证分为普通店认证、旗舰店认证、专营店认证、专卖店认证、直营店认证。可以在店铺后台“设置”的“店铺信息”中完成主体信息认证和店铺认证，如图 6-4 所示。

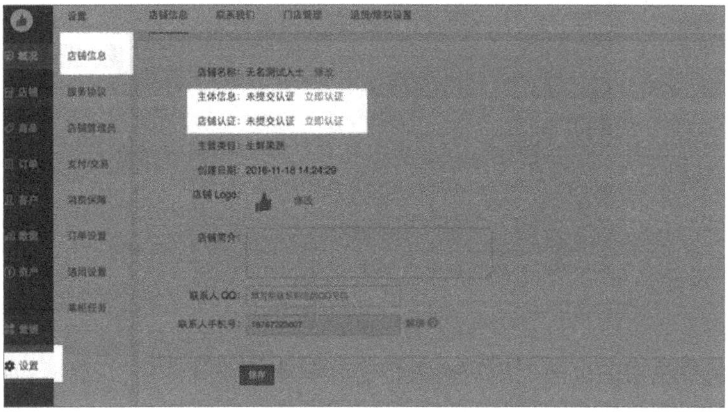

图 6-4　主体信息认证和店铺认证

3．支付方式

有赞微商城的支付方式分为微信支付、银行卡支付、货到付款和支付宝支付，商家可在后台进行开通，如图 6-5 所示。对自有商品的店铺，需要认证服务号才能申请开通微信支付，需要商家申请后才能对接到有赞店铺进行使用。使用自有微信支付，货款直接入账至商家的财付通账户，由财付通自动扣除每笔 0.6%的交易手续费；订单如需退款，需要商家自己通过财付通后台手动完成退款操作，并在订单中做“标记退款”。买家也可以直接通过网银进行付款。有赞微商城提供的货到付款服务需商家自行与快递公司合作并完成配送和货款结算，有赞微商城不参与配送和货款代收服务。另外，有赞微商城提供支付宝支付，但支付宝支付在微信、QQ 环境下不支持使用，需要买家通过支付宝扫一扫或跳转到浏览器上进行支付。

图 6-5　支付方式

4．创建有赞微商城店铺

（1）在浏览器中输入 https://www.youzan.com/，进入有赞微商城首页，对基础版可以进行免费试用，单击“免费试用”按钮，如图 6-6 所示。

如何创建有赞店铺　　有赞零售介绍　　有赞收银介绍

图 6-6　免费试用

（2）进入免费注册的页面，填写个人信息，单击“确认注册”按钮，如图 6-7 所示。

图 6-7　填写个人信息

（3）注册成功后，单击“创建店铺”按钮，进行有赞微商城的店铺创建，如图 6-8 所示。

图 6-8　创建店铺

（4）继续填写页面中的店铺信息，包含店铺名称、主营商品的类目、联系地址、公司名称，其中公司名称为非必填内容。填写完成后，单击“创建店铺”按钮，如图 6-9 所示。

图 6-9　填写店铺信息

（5）有赞微商城已经为商家准备了多种行业模板，商家可以根据自己的需求选择一种模板，之后单击“确定”，如图 6-10 所示。

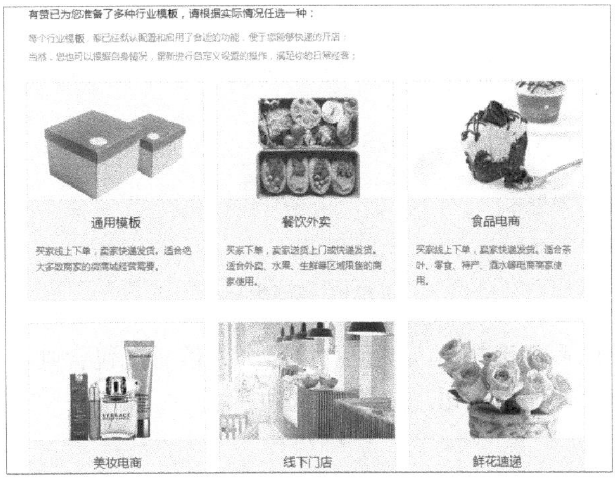

图 6-10　选择行业模板

（6）选择好店铺的模板之后，如果有微信公众号，即可将有赞微商城店铺与微信公众号绑定，通过微信公众号进行店铺推广；如果没有微信公众号，也可不进行绑定，直接进入店铺后台，即可进行店铺的装修和商品的发布了，如图 6-11 所示。

图 6-11　店铺创建成功

二、店铺装修

有赞微商城目前是付费的，创建店铺成功后仅有几天免费试用的时间。店铺需要进行有赞微商城基础版、专业版或旗舰版的订购，才能正常运营。

1．店铺认证

有赞微商城为保障商家资金的安全，店铺只有进行认证之后才能进行资金的提现。认证方式有 3 种：个人认证、企业认证、公益组织认证。个人认证时使用大陆身份证则默认进行实时快速认证，其他类型的证件可进行人工认证，审核周期为 1 个工作日；企业认证适合公司经营者，增加功能为可提现至公司银行账户，审核周期为 1 个工作日；公益组织认证适用于致力于社会公益事业和解决各种社会性问题的公益组织。以个人认证为例，具体操作方法如下：

（1）进入店铺后台，单击左上角“未认证”按钮，之后单击“立即认证”按钮，如图6-12所示。

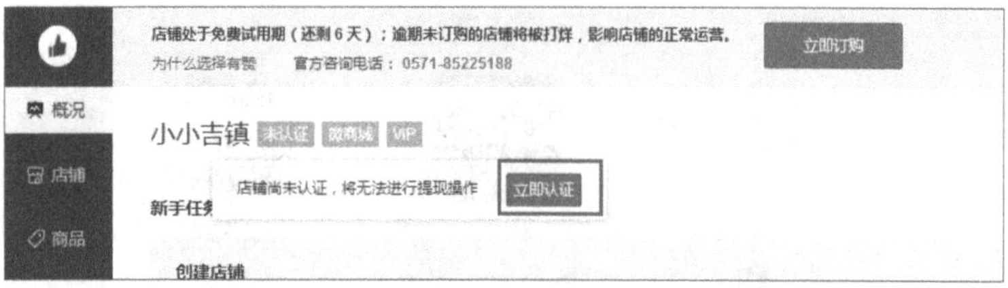

图6-12　店铺认证

（2）进入认证页面后，选择个人认证，填写个人信息，包含姓名、身份证号码和短信验证码等，单击“提交认证”按钮，如图6-13所示。

图6-13　填写个人信息

（3）通过微信扫一扫进行身份验证，需要注意的是通过微信扫一扫进入微信支付页面，必须使用以本人身份证开户的银行卡进行1分钱支付来完成个人认证。微信扫一扫验证身份信息如图6-14所示。

图6-14　微信扫一扫验证身份信息

（4）用手机微信扫描二维码后，出现如图 6-15 所示的微信支付页面，用本人银行卡完成支付即可，再单击图 6-14 所示的“我已经支付”按钮，完成个人店铺的认证。

图 6-15　微信支付页面

2. 店铺装修

店铺装修在电商运营中非常关键，可以给买家带来良好的购物体验，提高店铺的人气，提升商品的转化率。卖家应分析买家的需求，根据买家的购物习惯进行主页装修，缩短买家的购物路径。有赞微商城的店铺装修主要涉及微页面、店铺导航、全店风格、公共广告、自定义模块。有赞微页面是可以自定义编辑的页面，商家既可以把它当作普通的页面来使用，也可将任一微页面设为店铺主页，所以微商城店铺装修时可选择新建一个微页面作为店铺主页。

1）店铺主页装修

微页面目前有 3 种模板类型：基础模板、场景导航、主页模板。基础模板为完全空白的自定义模板，适合有店铺主页自由搭建基础功底的商家使用。场景导航用图片和音乐来介绍品牌和商品。主页模板已经搭建了简单的框架，商家只需要根据自己的要求更换海报及商品即可，比较适合所有商户使用。商家在装修主页时可直接编辑现有的店铺主页，或者新建一个微页面进行装修，装修好了再将其设置为店铺主页。

（1）进入微商城后台，选择店铺微页面，单击“新建微页面”按钮，如图 6-16 所示。

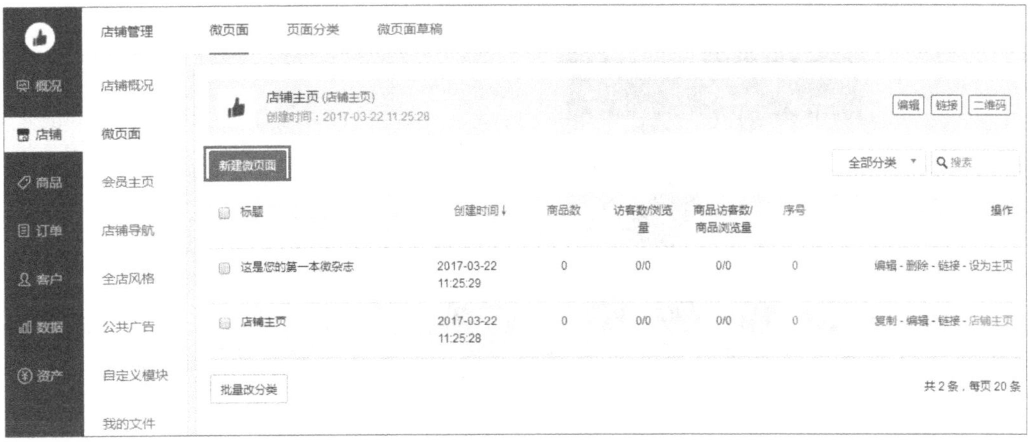

图 6-16　新建微页面

（2）选择页面模板，根据提示，可在基础模板中选择一个模板进行使用，如图 6-17

所示。

图 6-17　选择页面模板

（3）根据相应的模板进行微页面的编辑，在右侧设置页面名称、页面描述、分类及背景颜色，如图 6-18 所示。

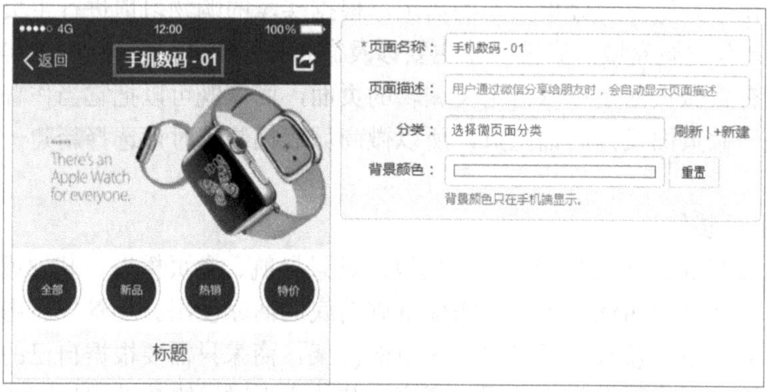

图 6-18　设置页面信息

（4）设置轮播模块，在右侧上传图片并设置标题和链接，还可以添加多个轮播广告，如图 6-19 所示。

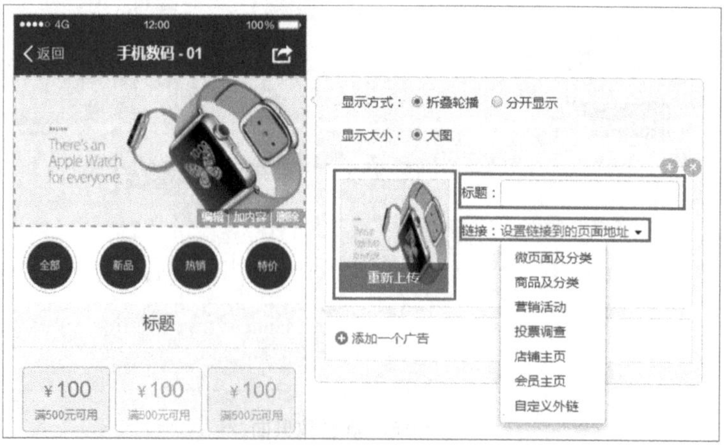

图 6-19　设置轮播模块

（5）设置布局和标题模块：选择布局模块，在右侧可进行布局内容的添加；选择标题模块，设置标题名、背景颜色，可选择添加一个文本导航，并设置导航的名称和链接，如图 6-20 所示。

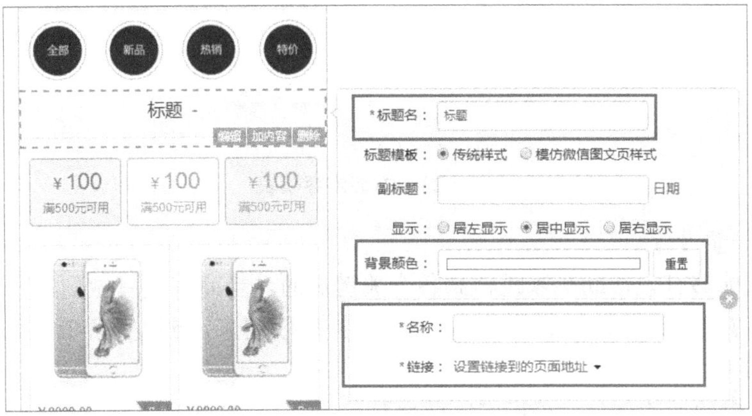

图 6-20　设置布局和标题模块

（6）设置优惠券模块，需要进行优惠券的添加，若商城内已有优惠券则选择即可，若没有优惠券则需新建优惠券后才可进行添加，如图 6-21 所示。

图 6-21　设置优惠券模块

（7）设置商品模块，需要进行商品的添加，选择已经上架的商品并设置展示的样式、价格是否显示等内容，如图 6-22 所示。

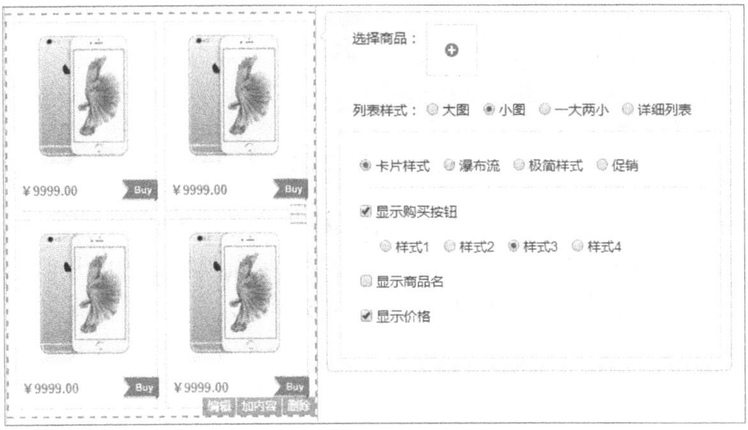

图 6-22　设置商品模块

（8）在编辑微页面时，可以根据自己的需求进行内容模块的添加，如图 6-23 所示。全部内容编辑完成即可进行页面上架、效果预览或保存为草稿。

图 6-23　添加内容模块

2）店铺导航设置

店铺导航能够有效帮助买家跳转到各个关键页面。当商家没有做到足够好的商品关联时，通过网站导航的设计，店铺的各个页面可以被串联起来，方便买家在栏目间快速切换，引导买家的购买。

（1）进入微商城的后台，单击“店铺导航”，在右上角单击“未启用”以切换至“已启用”，从而启用店铺导航，如图 6-24 所示。

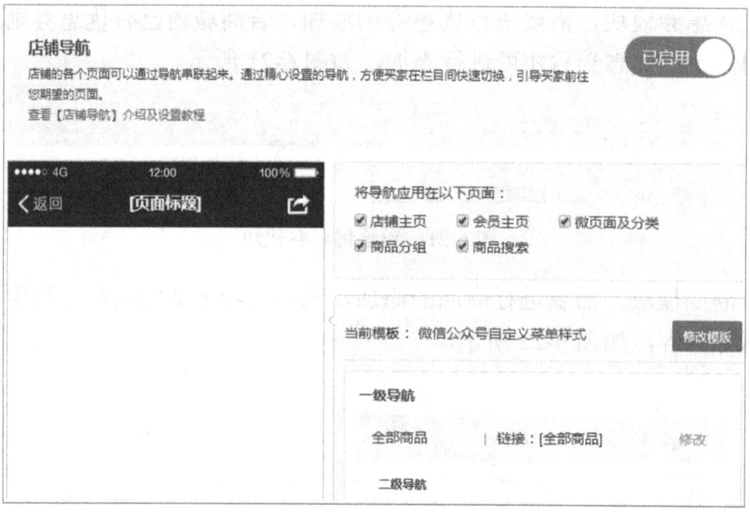

图 6-24　启用店铺导航

（2）选择导航应用的页面，然后进行导航模板的选择，导航的模板分成 5 种形式：微信公众号自定义菜单样式、App 导航模板、带购物车导航模板、Path 展开形式导航、两侧展开形式导航。根据需求选择导航模板，如图 6-25 所示。

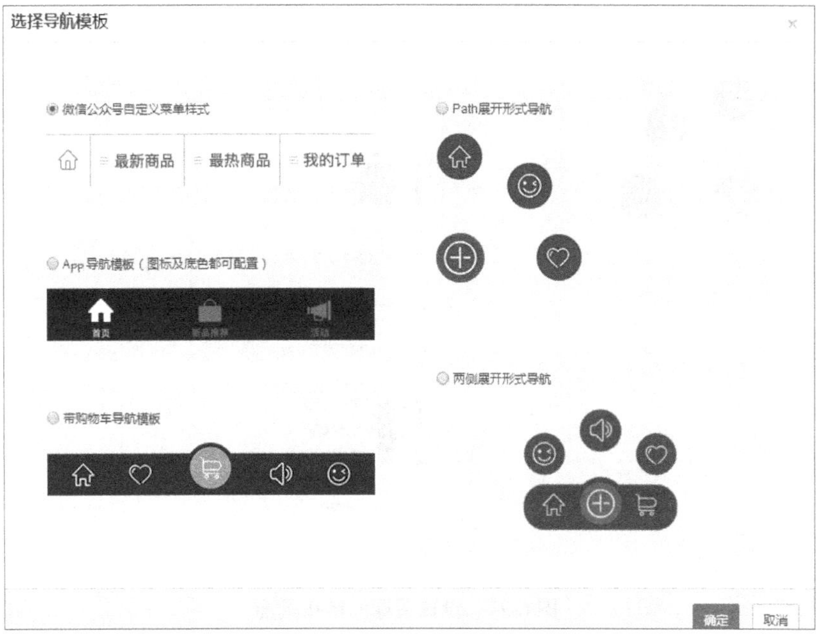

图 6-25　选择导航模板

（3）选择好导航模板之后，可在右侧看到图标，进入图标库并根据需求选择图标，如图 6-26 所示。

注：图中“100*100”意为“100px×100px”。

图 6-26　选择图标

（4）设置图标的链接页面，完成所有的图标设置之后即可保存并完成导航的设置，如图 6-27 所示。

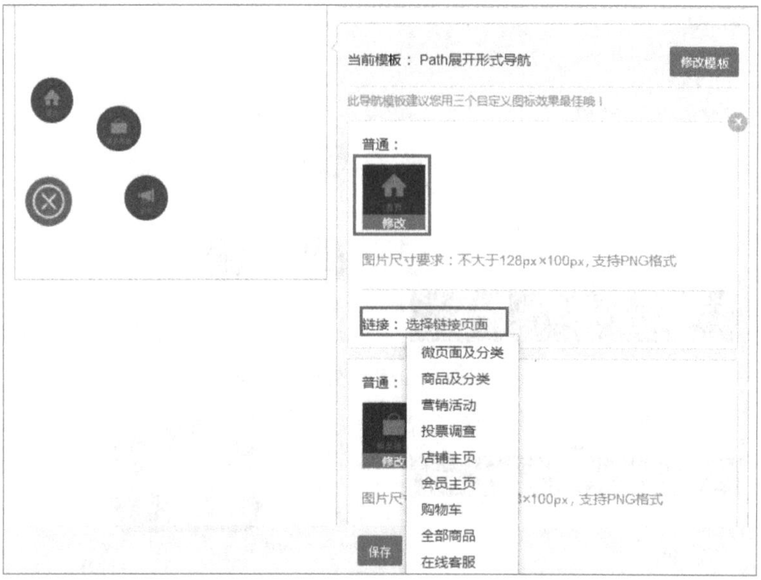

图 6-27　设置图标的链接页面

3）全店风格装修

全店风格设置比较简单，主要是设置微商城的整体配色方案，有 10 种配色方案可供选择，商家可根据需求进行选择后保存即可，如图 6-28 所示。

图 6-28　设置全店风格

4）公共广告的设置

公共广告是能够展现在各个页面头部或者底部的通用广告位，开启之后可以出现在店铺主页、会员主页、微页面等页面。

（1）进入微商城后台，单击“公共广告”，并在右上角单击“未启用”以切换至“已启用”，然后选择公共广告的展示位置和其出现的页面，如图 6-29 所示。

图 6-29　设置公共广告

（2）以图片广告为例，在“添加内容”区域选择“图片广告”，单击“添加一个广告”，如图 6-30 所示。

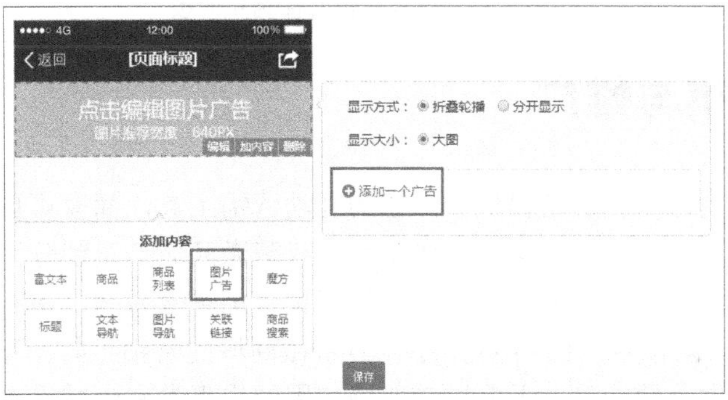

图 6-30　添加图片广告

（3）在弹出的窗口中，选择或上传相应的广告图片，如图 6-31 所示。

图 6-31　上传广告图片

（4）为广告设置相应的“标题”和“链接到的页面地址”，完成后单击“保存”按钮，在已经选择的页面中即会出现该公共广告，如图 6-32 所示。

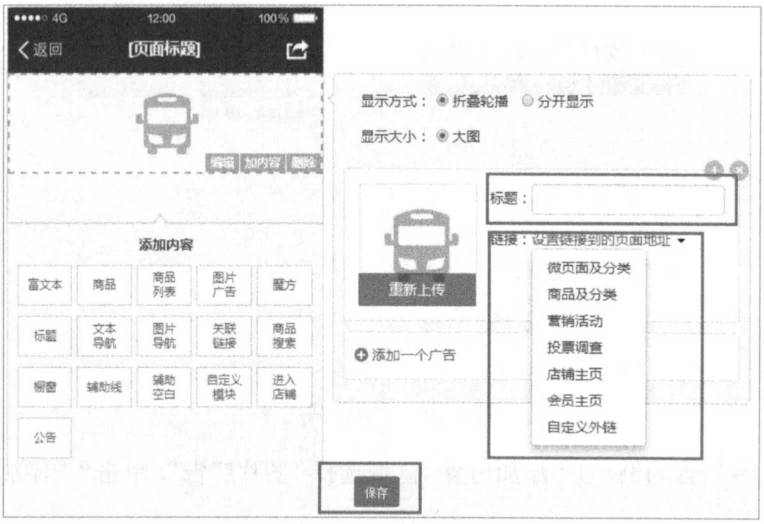

图 6-32　设置广告的标题和链接

三、店铺营销与推广

有赞营销中心为微商城店铺提供了丰富的互动营销工具，商家可自由选用这些工具，通过与粉丝客户的互动，推广店铺并促成交易。有赞微商城的营销分为基础营销和付费营销，其中付费营销包含秒杀、多人拼团、支付有礼、优惠套餐等，基础营销包含优惠券、满减送、限时折扣、赠品等。图 6-33 所示为有赞微商城的营销工具。商家可以根据需求选择相应的营销工具做营销活动。下面以较普遍使用的优惠券和满减送为例，讲解微商城营销活动的设置。

图 6-33　有赞微商城的营销工具

1．店铺优惠券

微商城中设置了优惠券，当用户领取优惠券后，在对订单进行付款时，如果订单的金额已经满足优惠券的使用条件，系统在买家付款时会自动扣除优惠券金额。

（1）进入店铺后台，选择“营销中心”中的“优惠券”工具，单击“新建优惠券”，如图 6-34 所示。

图 6-34 新建优惠券

（2）设置店铺优惠券，设置“优惠券基础信息”和“基本规则”，包含优惠券名称、发放总量、面值、使用门槛、生效时间和过期时间等，如图 6-35、图 6-36 所示。需注意的是，打红色星号的信息在被保存后不支持修改，可以选择“指定商品”使用，但不支持“除某商品外，其他商品都支持使用”。优惠券生效后不支持修改使用范围。

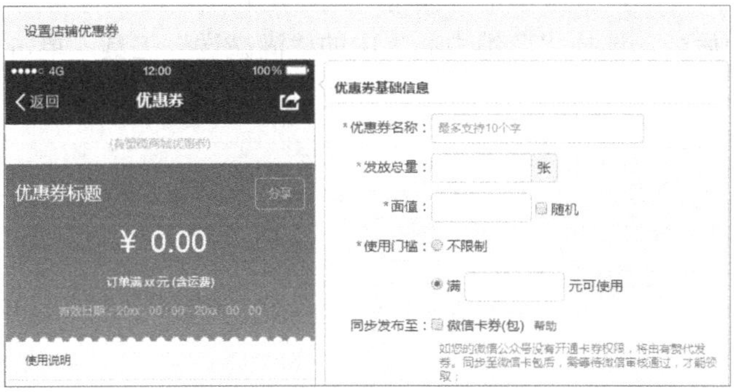

图 6-35 设置优惠券基础信息

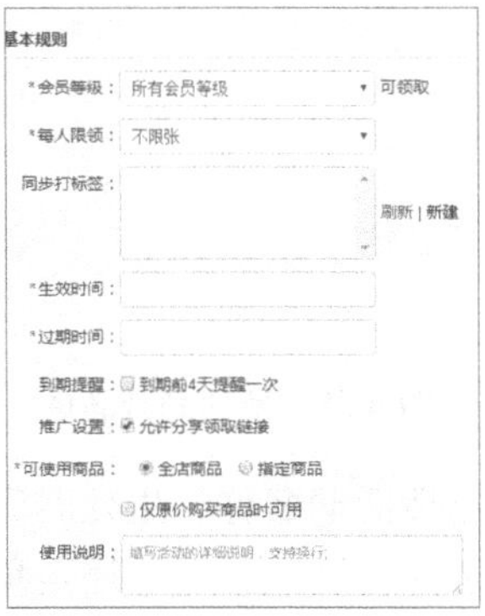

图 6-36 设置基本规则

（3）优惠券设置成功后，商家即可在“所有优惠券”中看到该优惠券的信息，并且可以获取相应的优惠券二维码和优惠券链接以进行优惠券的推广，如图 6-37 所示。

图 6-37　推广优惠券

2. 满减送

满减送是系统提供的一个店铺营销工具，通过这个营销工具可实现满金额送多种优惠，还可以设置多级满减，让商家的店铺促销活动更加丰富。优惠券、会员折扣、团购、订单返现、限时折扣、商品扫码优惠等营销活动可叠加使用。在已经设置的满减送活动显示结束之后，如想继续该活动，直接单击“编辑”重新延长活动时间即可。

（1）进入店铺后台，选择“营销中心”中的“满减送”工具，单击“新建满减满送”，如图 6-38 所示。

图 6-38　新建满减满送

（2）进行活动信息的设置，包括活动名称、生效时间等。优惠设置包括优惠方式是普通优惠还是多级优惠，以及优惠条件是满减、满送还是免邮。最后对活动商品进行选择，可以指定部分商品参加，从而完成满减送的营销活动内容设置，如图 6-39 所示。当买家满足该活动的条件时即可享受活动优惠。

图 6-39　设置营销活动内容

3. 入驻有赞分销市场

有赞分销市场致力于打造一个商品快速销售和流通的平台，帮助商家更快更好地将商品发散出去，也可以让卖家成为分销商，帮助卖家解决货源问题，为卖家找到合适的商品。

（1）进入店铺后台，选择“营销”中“我要推广”，单击“立即进入”按钮，进入供货商后台，如图 6-40 所示。

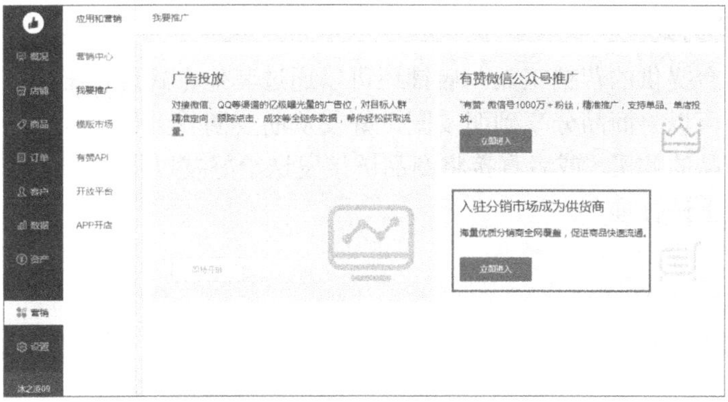

图 6-40　入驻分销市场成为供货商

（2）选择现有店铺或者新建店铺，选择“点击入驻”，如图 6-41 所示。

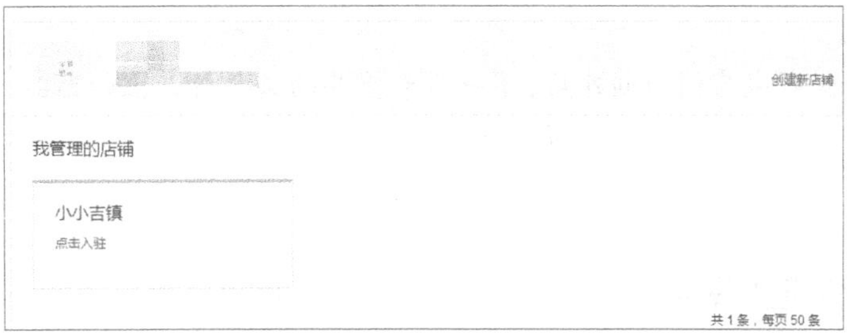

图 6-41　点击入驻

（3）完成店铺验证，店铺只有满足以下的所有条件并缴纳保证金，才能完成验证、成功入驻有赞的分销市场，如图 6-42 所示。

有赞供货商入驻流程　　有赞全员开店操作手册　　有赞商家管理规范　　有赞分销员商家端操作手册

图 6-42　完成店铺验证

4．其他推广方式

除了店铺后台提供的营销工具，店铺还可以通过其他方式进行推广。例如，通过微信朋友圈推广时，可以将商品分享到朋友圈，好友从朋友圈看到你的分享后，点击链接即可进入店铺进行商品的购买，或者直接将商品链接发送给好友以供购买。也可以在微博、QQ空间等社交平台上进行推广。

同步实训

实训 1　发布商品

实训目的

完成有赞微商城店铺的创建后，下一步最重要的工作就是上传商品。通过该实训，要求学生掌握有赞微商城商品发布的技巧。

实训内容与步骤

（1）进入有赞微商城店铺后台，进入“商品”模块，选择“发布商品”，如图 6-43 所示。

图 6-43　发布商品

（2）在打开的页面中根据上架的商品选择相应的商品品类，然后进入下一步操作，如图 6-44 所示。

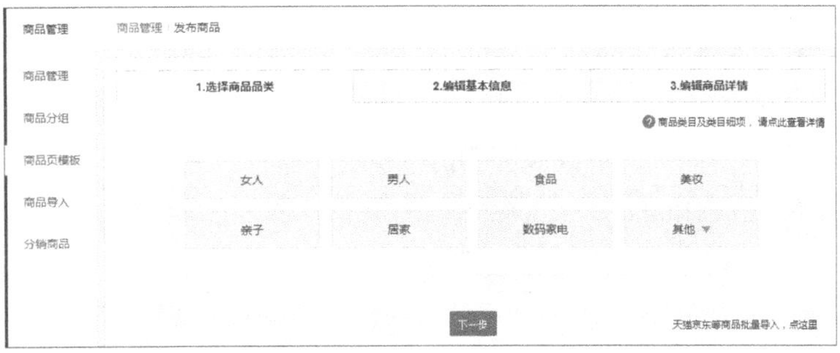

图 6-44　选择商品品类

（3）根据商品发布页面的需要，填写商品分组、商品规格、总库存、商家编码等基本信息和库存/规格，如图 6-45 所示。

图 6-45　填写商品的基本信息和库存/规格

（4）填写商品名、价格、商品图等商品信息，商品图的建议尺寸为 640px×640px，可添加本地图片，如图 6-46 所示。

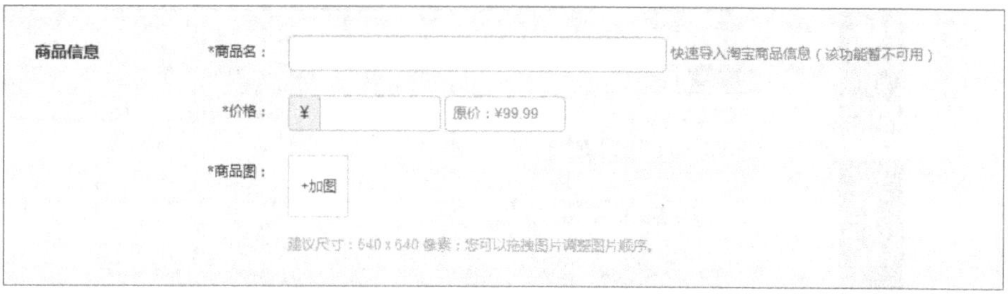

图 6-46　填写商品信息

（5）填写物流信息，可以将所有商品设置成统一运费，也可以根据需求新建运费模板，设置好商品的开售时间，单击“下一步”进入商品详情的编辑，如图 6-47 所示。

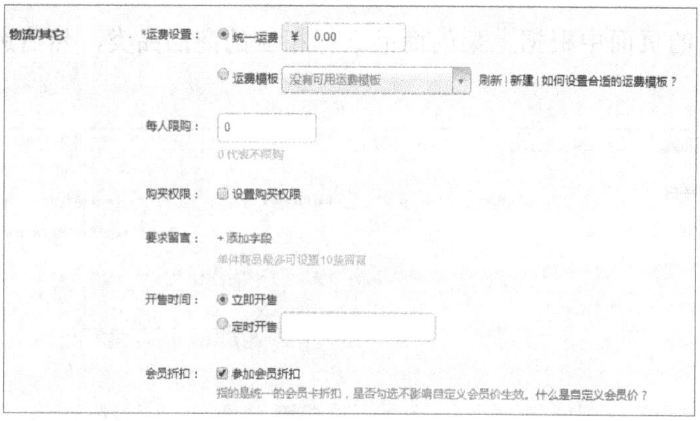

图 6-47　填写物流信息

（6）进入商品详情编辑页面，可在商品详情区添加文字、图片和视频，也可以在完成商品详情的编辑后添加内容模块，将其展现在商品详情区的下方，如图 6-48 所示。

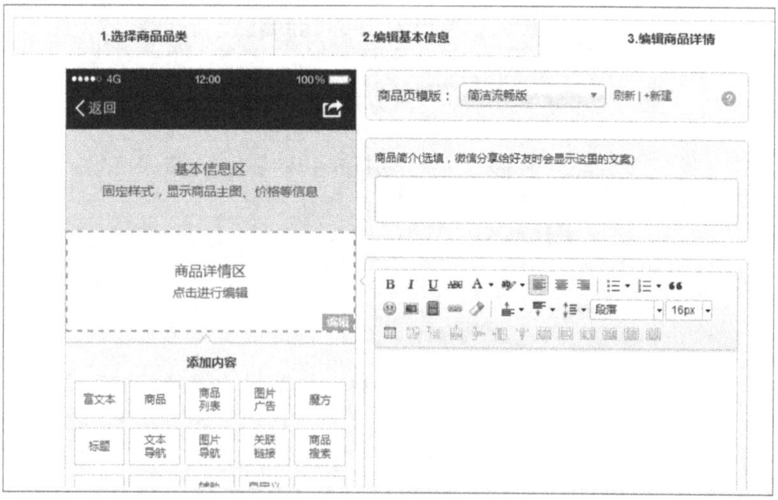

图 6-48　编辑商品详情

（7）完成以上编辑后，单击“上架”即可完成商品的上架，并在“出售中的宝贝”中找到该商品，如图 6-49 所示。

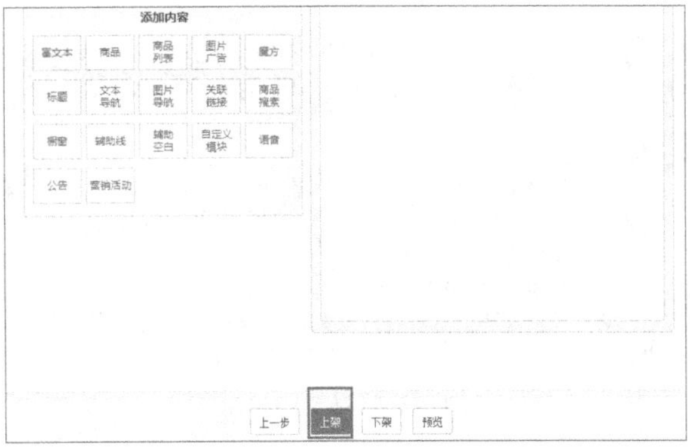

图 6-49　完成商品上架

实训提示

商品发布前，必须明确所有商品的信息，将商品的标题、规格、编码、图片、详情等事先整理完成，避免在商品发布时出错，节省商品发布的时间。

思考与练习

按照以上的步骤完成一款商品的发布，以文字配截图的形式记录操作过程，并思考回答下列问题：

1. 如何能更好地管理微商城中的商品？
2. 有无其他方式为店铺上货？

任务 3　微店平台零售

一、店铺创建

1. 了解微店

微店是北京口袋购物开发的 App，是一款帮助卖家在手机端开店的软件。微店是移动端的新型产物，任何人通过手机号码即可开通自己的店铺，并通过一键分享到 SNS 平台来宣传自己的店铺并促成成交。微店降低了开店的门槛，减少了复杂的手续，回款约为 1～2 个工作日，且不收任何费用。微店可以通过 App 管理也可以通过微店网页版进行管理。微店网页版（见图 6-50）可用手机号码进行登录。

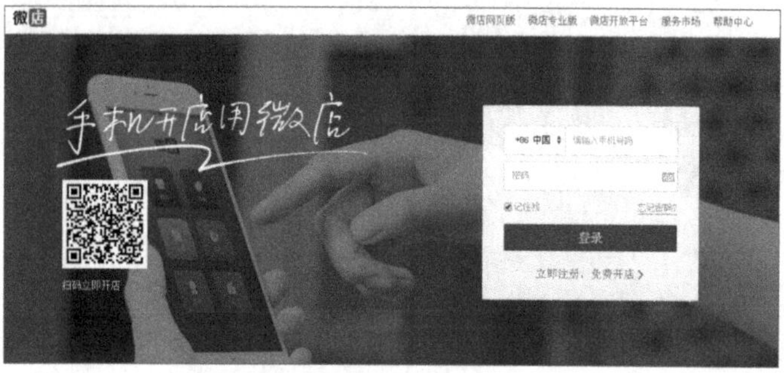

图 6-50　微店网页版

微店的操作非常简单，可以通过该软件进行商品的添加管理、促销活动等，还可以将淘宝店铺的产品一键搬家到微店。微店的功能如图 6-51 所示。微店是移动平台创业的一个较好的平台选择。

图 6-51　微店的功能

2．店铺创建

开通微店比较简单，只要下载 App，再通过手机号码进行注册即可。

（1）通过电脑登录微店的官网，或者在安卓、苹果的手机应用市场中搜索微店客户端，下载微店 App，如图 6-52 所示。

（2）打开微店 App，点击注册，进入注册页面，输入手机号码，点击右上角“下一步”，如图 6-53 所示。

图 6-52　下载微店 App

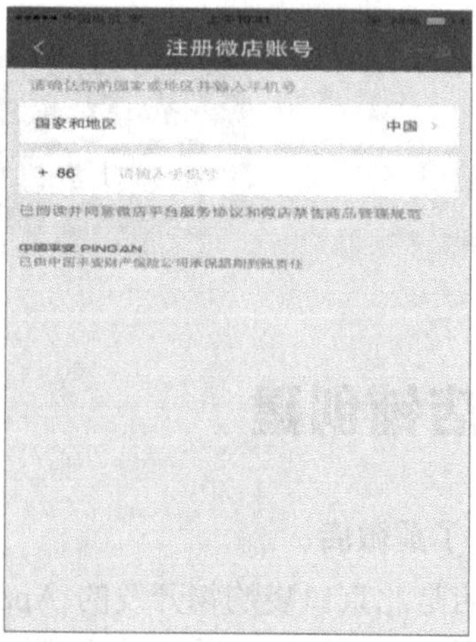

图 6-53　输入手机号码

（3）确认手机号码无误后，进入“填写验证码”界面，将手机收到的验证码填入，点击“下一步”，如图 6-54 所示。

（4）设置密码（密码设置后，可通过“手机号码+密码”的形式进行微店登录），如图 6-55 所示。

图 6-54　输入手机验证码

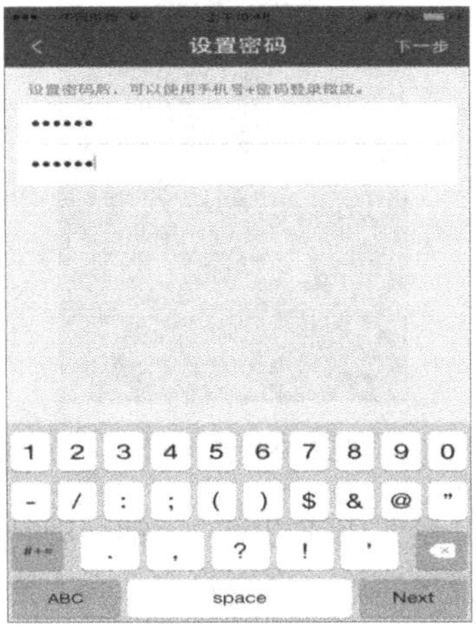

图 6-55　设置密码

（5）设置店铺的头像及名称，名称建议少于 10 个字，如图 6-56 所示。

（6）店铺创建成功，可开启微店，如图 6-57 所示。

图 6-56　设置店铺头像和名称

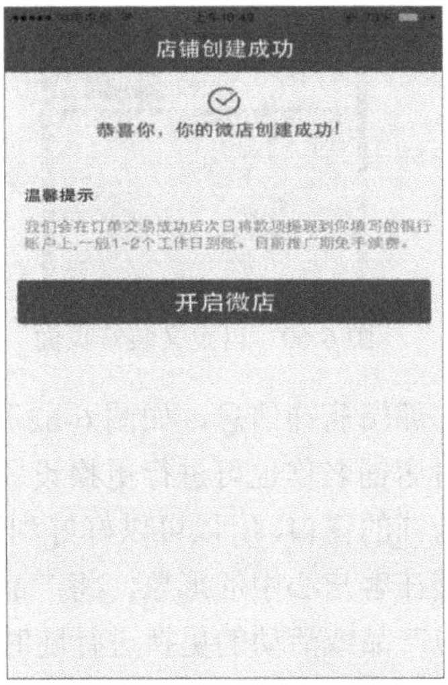

图 6-57　店铺创建成功

二、店铺装修

无论是有赞微商城还是微店，新店开张之后为了给客户带来良好的体验、提高客户转化率，都要对店铺进行装修，而微店的店铺装修相对来说就比较简单。

（1）用手机登录微店后，点击左上角的微店名称，进入“微店管理”界面，选择“店铺装修”，如图 6-58、图 6-59 所示。

图 6-58　进入微店

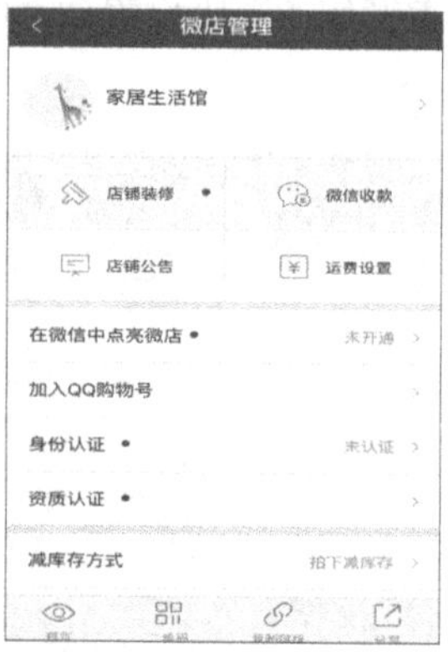

图 6-59　选择“店铺装修”

（2）设置店铺招牌。店铺招牌是给客户的第一印象，好的店铺招牌不仅能吸引客户的眼球、带来订单，也能起到品牌宣传的作用。进入自定义装修页面，点击最上面店铺招牌模块的“编辑”，选择 640px×330px 的图片进行店铺招牌的修改，如图 6-60、图 6-61 所示。

图 6-60　自定义装修页面

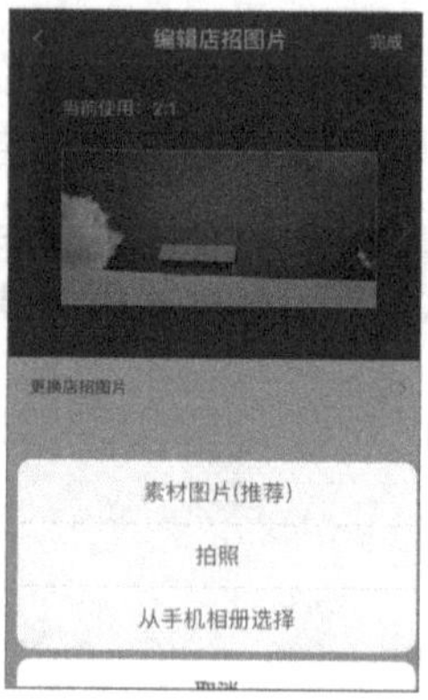

图 6-61　设置店铺招牌

（3）编辑店铺信息，如图 6-62 所示。店铺的 Logo 可以选择 250px×250px 的图片进行更换，对店铺名称也可进行更换设置。另外，店铺公告是介绍店铺的最重要的地方，是客户了解店铺的窗口，所以可以好好利用店铺公告的位置发布店铺的重要信息或者促销公告，建立店铺在客户心中的形象，将产品或者服务的理念准确地传给客户。店铺公告也可以根据店铺内产品或活动的更换进行随时更新。

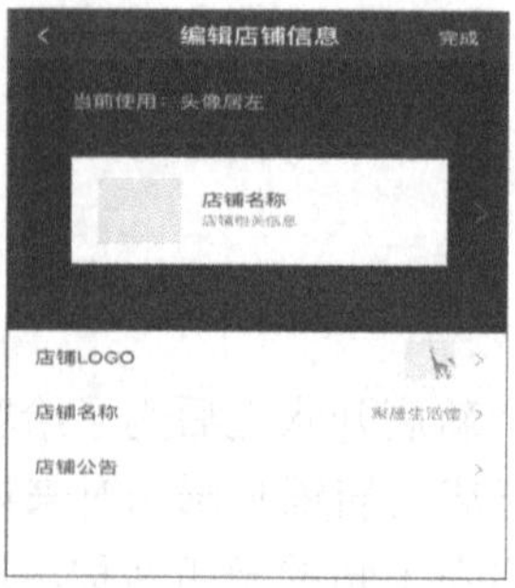

图 6-62　编辑店铺信息

（4）设置商品展示效果，在商品展示右下角，点击“编辑”，可进入“编辑样式”界面，样式分成两列样式、大图样式、详细列表 3 种，还可将商品设置成按照上架时间排序或者按照商品分类排序，如图 6-63、图 6-64 所示。

图 6-63　“编辑样式”界面

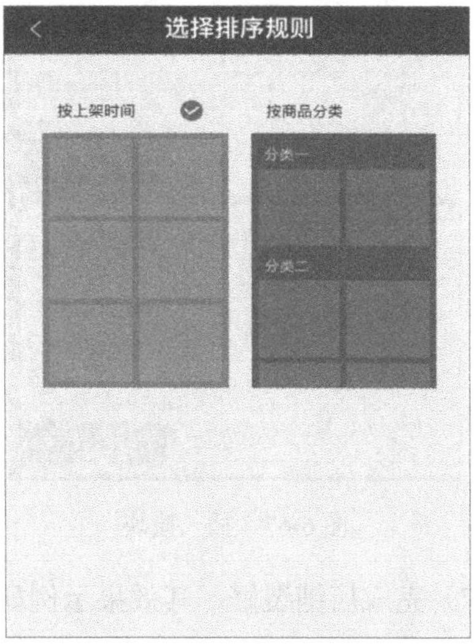

图 6-64　选择商品排序规则

（5）在自定义装修页面的右上角“…”处，点击“封面”，可设置封面效果。封面即客户打开店铺时首先看到的界面。封面分成 4 种样式——无封面、封面大图、分类导航 1 列、分类导航 2 列，如图 6-65 所示。卖家可以用导航形式设置店铺分类展示，把更具吸引力的商品类型优先展示给客户。修改封面如图 6-66 所示。

图 6-65　封面的样式

图 6-66　修改封面

（6）在自定义装修页面中，在任一模块下点击“插入”即可自行插入模块（包括店铺形象模块、导航模块、图片广告模块、推荐商品模块等），再对相应的模块进行内容编辑即可，如图 6-67、图 6-68 所示。

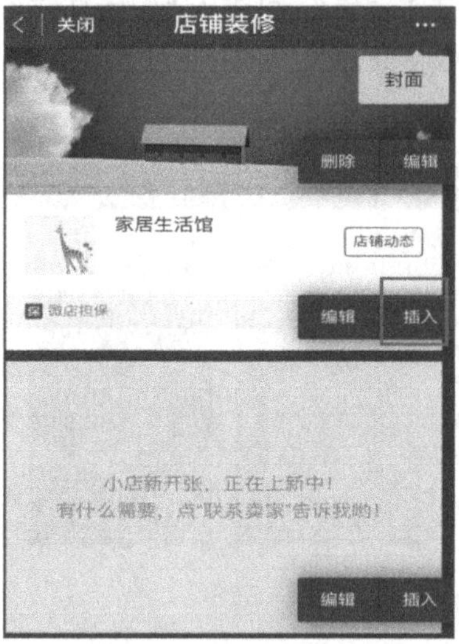

图 6-67　插入模块

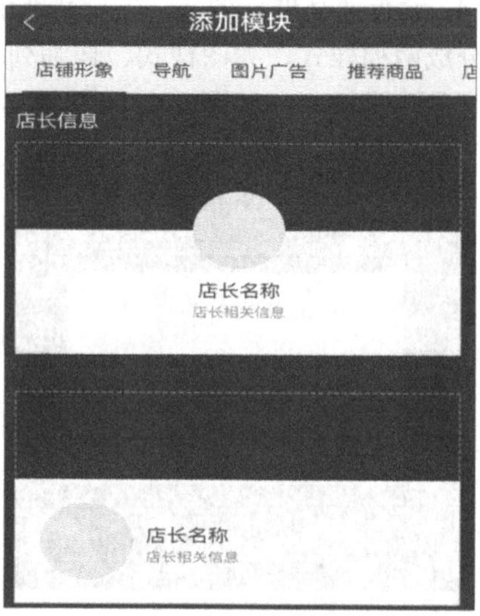

图 6-68　对相应的模块进行内容编辑

（7）完成店铺装修，其效果示例如图 6-69 所示。

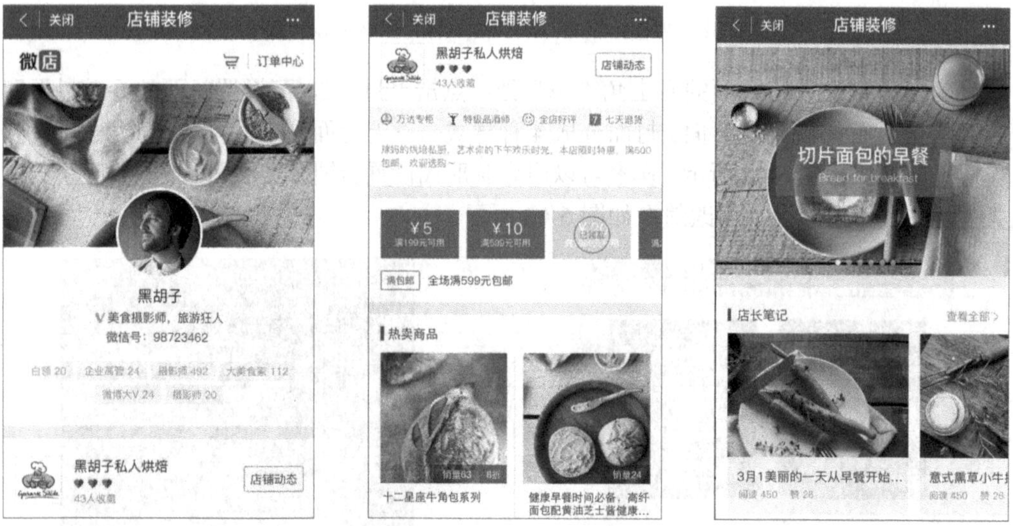

（a）　　（b）　　（c）

图 6-69　店铺装修效果示例

三、店铺营销与推广

微店开设成功后，在完成店铺内的基本设置并上架商品后，需要对店铺设置营销活动和采取一定的推广方式，才能将客户带入店铺，提高店铺的曝光率和转化率。微店后台也为店铺的推广提供了多种多样的付费和免费营销工具（如满减、优惠券、限时折扣、会员优惠、私密优惠、满包邮、微店拼团等），还有一些工具在更新和公测当中，如图 6-70 所示。另外，店铺可以通过活动报名、友情店铺等工具对微店进行推广，如图 6-71 所示。以下主要讲解几种常用的营销推广工具。

图 6-70　营销工具

图 6-71　推广工具

1. 限时折扣

卖家可以通过限时折扣这一工具对微店中的商品进行低价促销，设置限时折扣的方法如下：设置活动名称、活动时间、限购数量，选择相应的商品设置折扣价格，买家即可享受这些商品的优惠价格，如图 6-72 所示。

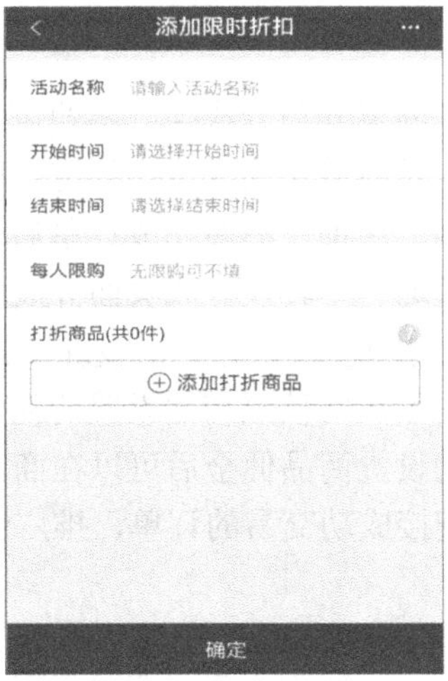

图 6-72　设置限时折扣

2. 私密优惠

私密优惠是指给特定人群优惠，而不是对所有人都有优惠。先选择“私密优惠”并点击右上角“添加”，再设置折扣、生效时间和结束时间，如图 6-73 所示。点击右上角“完成”即可形成优惠链接，并且通过朋友圈、微信、微博、短信等方式把优惠链接发送给买家，买家才可以在付款结算时享受相应优惠，如图 6-74 所示。主动进入店铺而非通过卖家分享的链接进店的买家是没有此优惠的。

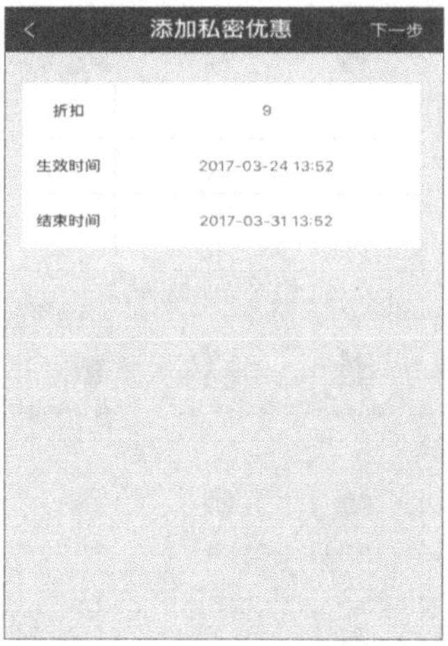

图 6-73　添加私密优惠

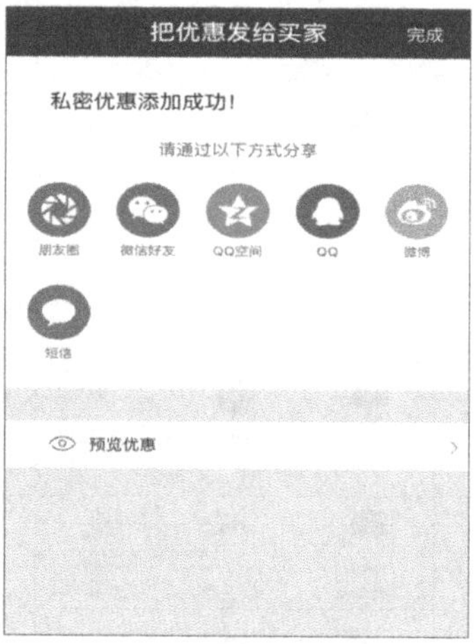

图 6-74　分享私密优惠

3．微店拼团

微店拼团是一种新型的社交类营销方式，如商家设置了 2 人团，客户下单后邀请 1 名好友一起参团才能算拼团成功。这是一种通过客户向客户传播的方式。若在拼团活动快结束时，该团人数不足，那么系统会随机组合未成团的客户。该拼团工具需要付费购买，1 年价格为 188 元，半年价格为 98 元，1 个月价格为 18 元。微店官方还会选取优质的拼团商品进行展示。

4．分成推广

分成推广原理类似淘宝客。商家开通分成推广，即可让推广者帮助自己推广商品，获取更多的订单。推广者包含个人及口袋购物等合作渠道。商家进行设置时需为商品设置一定的佣金比例，推广者在成功推广店铺商品并完成订单后就可以获取一定的佣金。设置佣金比例后，商家可以在“微店市场”中转发分成页面并展示店铺商品，以便买家可以更好地推广佣金商品。推广者每成功分享一条链接，则该链接将有 15 天的有效期。其间，商家若二次调整佣金比例，则 15 天内系统将按照初始设置的佣金比例进行扣费；若无二次修改，则无 15 天有效期限制。卖家成功设置商品佣金后可以在商品页面增加“点我有奖”的按钮，生成唯一的链接。对于通过该链接成功交易的订单，推广者才能获取佣金。

5．友情店铺

友情店铺推广是免费的，卖家可以添加感兴趣的店铺为好友（最多添加 10 个友情店铺），通过在友情店铺的底部展示微店图文链接的方式来提升店铺的曝光率。推广数据可以在友情店铺统计中查看。如图 6-75 所示，添加友情店铺；也可以在动态中接受其他卖家的请求。

6．活动报名

商家可以选择感兴趣的活动，在报名页面查看报名条件，进行报名。审核通过后会在报名页面有结果提示，报名成功的商品在活动期间进行不定时不定期展示。图 6-76 所示为“【微店助农】农产品招商”活动报名，若微店内销售的商品刚好符合活动要求，商家可参加活动报名，报名审核结果在报名记录中。

图 6-75　添加友情店铺

图 6-76　活动报名

7. 其他推广方式

微店的营销推广与传统网店的营销推广存在着一定的区别，微店除了可以借助后台的营销工具和推广方式，更加注重社交化营销。商家可通过各种渠道将店铺展现给自己的好友和粉丝。比如可以通过 QQ 推广，巧妙地利用好 QQ 资料中昵称、头像、个性签名等设置，还可以利用 QQ 空间、QQ 群等功能进行微店的宣传和推广。也可以通过微信朋友圈推广，首先将微店与自己的微信账号相关联，开通“在微信中点亮微店”功能，以便微信好友直接从你的微信资料中进入微店，提高微店产品的曝光概率，同时通过微信朋友圈的分享，让微信好友了解你的微信产品，但是分享次数不能太过于频繁，否则容易造成好友的反感进而被屏蔽朋友圈。也可以通过微信公众号、微博等对微店进行推广。无论是哪一种方式，都需要注重推广的方法、维护好社交圈。

同步实训

实训 2　发布及管理商品

实训目的

发布及管理商品是微店开设中必不可缺的环节。通过该实训，要求学生掌握微店商品发布的技巧，能做好微店内商品的管理。

实训内容与步骤

（1）手机登录微店，进入商品模块，点击“添加新商品”，如图 6-77 所示。

图 6-77　添加新商品

（2）在商品添加页面可以添加商品图片并且填写商品描述、价格、库存等信息，如图 6-78、图 6-79 所示。商品图片最多可以添加 15 张，第一张上传的图片将作为此商品的头图，所以对第一张图一定要慎重选择，并且所有上传的图片都会出现在商品详情介绍中。

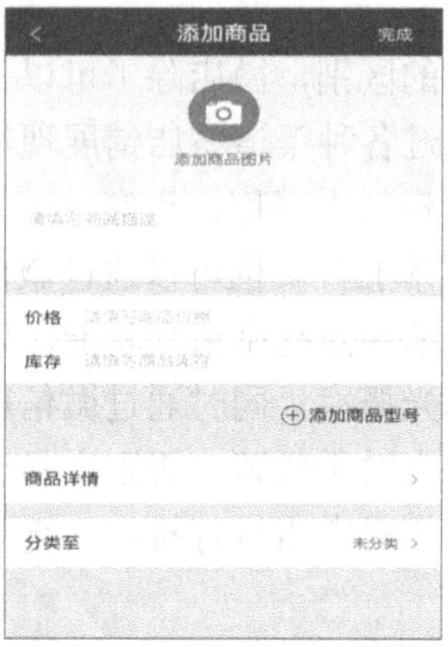

图 6-78　添加商品图片

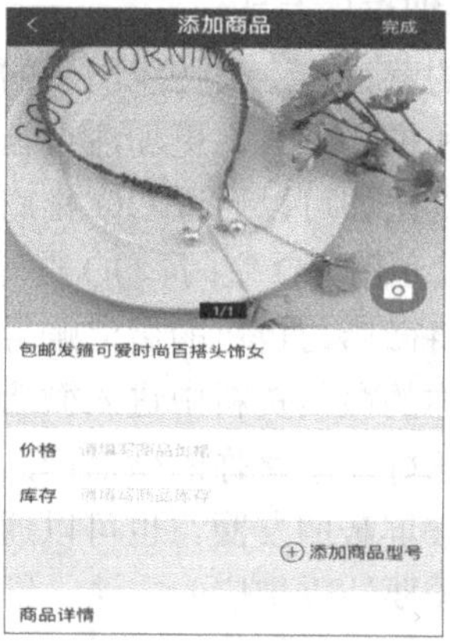

图 6-79　填写商品的信息

（3）填写商品描述。因为商品描述中的第一句话会被直接用于生成商品标题，和商品主图一同进行展示，所以商品描述的第一句话建议由商品的名称、促销信息等组成。

（4）填写商品的价格。在填写商品价格前，需要对商品进行定价，了解商品所处行业的市场情况，定价必须符合市场行情且能够满足消费者的需求。

（5）填写商品的库存。可以根据商家的实际情况填写，也可所填数量比实际库存量相对多一些，只要产品的生产供应链能跟上，避免线上出现断货现象。

（6）添加商品型号。商品型号一般以颜色、大小、材质等区分。可按照不同的型号，设置不同的价格和库存，以方便客户在一个商品链接中根据自己的需求选择不同型号的商品。

（7）添加商品分类。为方便店铺内的商品管理，在发布商品前最好将商品进行分类，若当前店铺没有分类，点击“新建分类”即可。方便客户浏览商品的同时，也方便卖家管理商品。

（8）完成以上步骤之后，点击右上角的“完成”，商品即发布成功了，还可以通过朋友圈等进行分享，如图 6-80 所示。

图 6-80　商品发布成功

实训提示

微店商品发布可以根据实际情况。若已有淘宝店铺，可直接将淘宝店铺内的商品进行一键搬家，但在搬家过程中注意：若尝试快速搬家失败，可使用普通搬家。

思考与练习

按照以上的步骤完成一款商品的发布，以文字配截图形式记录操作过程，同时已有淘宝店铺的卖家可将淘宝店铺中的商品进行一键搬家，并思考回答下列问题：

1. 如何更好地通过微信公众号进行微店商品的宣传？
2. 微店营销与传统电商营销存在哪些区别？

微店营销推广手册

项目小结

如今，移动电商发展如此迅猛，移动电商平台也越来越多，发展非常迅速，更新速度非常快。就目前来说，有赞微商城、微店等平台是主流的移动电商平台。

有赞微商城是帮助商家在微信上搭建微信商城的平台，有赞旗下有有赞微商城、有赞零售、有赞连锁、有赞微小店等产品。微店是移动端的新型产物，任何人通过手机号码即可开通自己的店铺，并通过一键分享到 SNS 平台来宣传自己的店铺并促成成交。

同步测试

1．单项选择题

（1）目前 O2O 应用发展较好的行业中，不包括（　　）行业。

A．服务　　B．出行　　C．餐饮　　D．零售

（2）以下各项中，（　　）不属于有赞微商城的基础营销方式。

A．多人拼团　　B．满减送　　C．优惠券　　D．限时折扣

（3）与传统电子商务相比，移动电子商务不具备（　　）的特点。

A．开放性　　B．个性化　　C．随时随地性　　D．难于推广

2．多项选择题

（1）有赞微商城店铺认证分成（　　）。

A．主体信息认证　　B．店铺认证　　C．个人认证　　D．银行卡认证

（2）有赞微商城的支付方式分为（　　）。

A．微信支付　　B．银行卡支付　　C．货到付款　　D．支付宝支付

3．分析题

（1）移动电子商务有哪些特点？

（2）试分析移动电子商务的发展趋势。

服 务 篇

项目 7

售前售中服务

本项目知识点

网店客服的定义；网店客服的重要性；网店客服的素质要求；网店客服的知识要求；在线接待的流程；客服防骗的技巧；网店客户管理的重要性；网店客户关系管理的特点与作用；网店客户关系管理的步骤；导致客户流失的因素。

本项目技能点

能够在线接待顾客促进成交；能够创建客服子账号；能够运用多种手段做好客户关怀。

知识导图

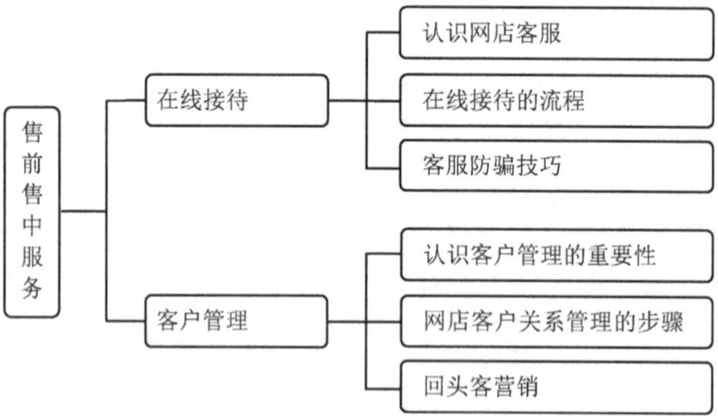

引例

以下为网店客服与顾客的一次对话。

顾客：客服，你们店真行！

客服：您好，客服小林为您服务，不知道有什么可以帮到您的。

顾客：你们店真行，我买一箱火龙果，结果半箱都烂掉了，这就是你们所谓的“新鲜”水果，你们敢吃吗？

客服：能麻烦您给我看一下您的订单吗？

顾客：仔细看看，这是订单截图。

客服：非常不好意思，这件事的过错主要在我方。因为没有考虑到“双十一”期间快递数量太多，而您的收货地址又稍微有一点远，所以，运送的时间超过了预期。主要来说，还是我们发货的同事在保鲜工作上做得不够好。在此，小林代表本店再次向您道歉。

顾客：道歉就能让坏果全部变好，挽回我的损失？我真的不知道道歉还有这种功效。

客服：请您不要生气，小林为刚才没有表达小店的诚意道歉。因为您这次购物的主要过失在我方，所以，小店将承担全部责任。您可以选择让小店退还购物款，或是要求小店重新发一次货。小林为小店的过失再次向您道歉。

顾客：真没想到你们这么爽快地就答应赔偿损失，我为刚才的态度向你道歉。麻烦你重新帮我发一次货好吗？

客服：您太客气了，这是我们应该做的。您放心，这次我们发货的同事会做好保鲜工作，不会再出现烂果了。

顾客：没想到你们客服人员的素质这么高，相比之下，我都有些不好意思了，为你的服务态度点赞！下次要买水果，还来你们这家店。

客服：您放心，小林保证再也不会出现类似的问题了。

引例分析

小林运用了以下两个技巧：

（1）先承认不足。很多时候，顾客的回应取决于客服人员的态度。所以，客服人员在消除顾客抱怨的过程中一定要端正自己的态度。无论己方有理还是无理，先承认己方的不足一定不会错。这样一方面是为了让顾客消气。毕竟伸手不打笑脸人，即便问题真的出在卖方，顾客在看到客服人员的态度之后，之前的不愉快也会被消除不少。另一方面，是为了让沟通更好地进行下去。当顾客抱怨时，客服人员只有主动承认错误，让顾客的气顺了，双方才有沟通解决问题的可能。

（2）学会以退为进。虽然，对顾客的抱怨主动承认不足是很有必要的，但是，仅仅承认不足并不能解决问题。所以，在承认不足时，客服人员应该采取的策略是以退为进，即在主动承认不足的同时寻找解决问题的方案。

任务1 在线接待

一、认识网店客服

随着网络购物的兴起，网店数量越来越庞大，一个全新的职业——网店客服悄然兴起了。所谓网店客服，是指在网店的运营活动中，充分利用各种通信工具（以阿里旺旺等网上即时通信工具为主），向客户提供解答和售后等服务的人员。

一般而言，规模较小的网店中客服往往一人身兼数职，而较有规模的网店中客服分工达到相当细致的程度，比如有通过阿里旺旺和电话解答买家问题的客服、帮助买家更好地挑选商品的导购客服、处理客户投诉的投诉客服、负责网店的营销与推广的推广客服，还有专门帮店主打包的客服等。

网店客服绝对是一个店铺的窗口单位，代表着一家网店的形象和素质，对塑造店铺形象、提高成交率等有着重要作用。网店生意的好坏与客服水平的高低有着直接关系。一个会讲话的客服将会使网店拥有更多的新老客户，一个耐心周到的客服将会让客户感到安心舒畅。所以，一个优秀的客服对网店的生存和发展非常重要。

淘宝网店客服的重要性

1. 网店客服的素质要求

一个合格的网店客服应具备一些基本的素质，如心理素质、品格素质、技能素质、综合素质等。具体如下：

1）心理素质

网店客服在服务客户的过程中承受着各种压力、挫折，良好的心理素质是必备的。优秀的客服应具备挫折打击的承受能力、情绪的自我调控能力以及积极进取且永不言败的良好心态。

2）品格素质

在与客户打交道的过程中，网店客服需拥有良好的品格素质——热爱岗位，学会忍耐与宽容，具备谦和、谦虚、博爱的态度，要言必信、行必果。

3）技能素质

优秀的网店客服应具备良好的计算机应用能力、卓越的文字语言表达能力、高超的语言沟通技巧和谈判技巧、丰富的专业知识、敏锐的观察力和洞察力，还有丰富的行业知识及经验。

4）综合素质

综合素质包括独立处理能力、问题的分析解决能力和人际关系的沟通协调能力。

2. 网店客服的知识要求

1）商品知识方面

（1）商品的专业知识。客服应当对商品的种类、规格、材质、尺寸、用途、注意事项等方面都有一定的了解，并且熟悉基本的行业知识。

（2）商品的周边知识。部分商品可能适合部分人群，比如化妆品，涉及一个肤质的问题，不同的肤质在选择化妆品上会有很大的差别；再比如玩具，涉及一个年龄的问题，有些玩具不适合太小的婴儿，有些玩具不适合太大的儿童等。这些情况都需要客服有一个基本的了解。

2）网站交易规则方面

网店客服应该透彻地理解网店的交易规则，更好地把握交易尺度，还能够指点客户去查看网店的交易规则，能够一步步地指导顾客进行细节操作。此外，网店客服要学会查看交易详情，掌握如何付款、修改价格、关闭交易、申请退款等操作。

二、在线接待的流程

网店客服流程和技巧

客户在店铺内看到感兴趣的商品并想进一步了解商品的详细情况时，会直接咨询网店客服，网店客服的在线接待工作就开始了。在线接待是网店客服日常工作中的一个重要内容，接待水平的高低直接决定着成交率的高低。

一般来说，在线接待的流程如图 7-1 所示。

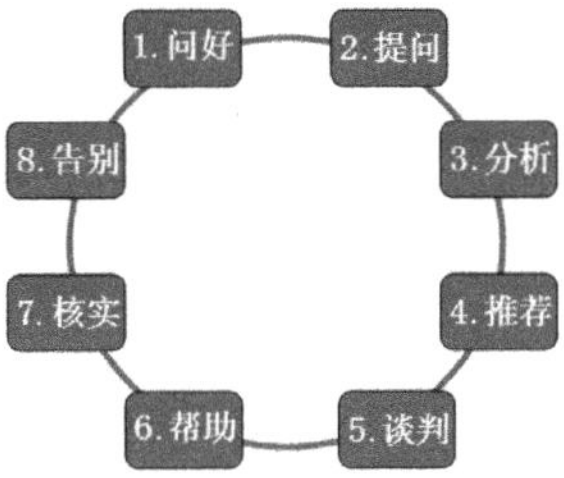

图 7-1　在线接待的流程

1. 问好

以阿里旺旺为例，客户联系客服时，客服要注意以下问题，让客户有良好的第一印象：（1）及时的回复将为客户留下良好的印象；（2）过于简单生硬的用语将影响服务体验；（3）标准化的客服礼貌用语是必要的；（4）建议配合恰当的旺旺表情以使效果更好。

第一句话如回复得不合适，会降低服务品质和成功率。图 7-2 中客服的问好十分生硬冷漠，而图 7-3 则显得温馨很多，良好的印象有利于达成交易。

图 7-2　生硬冷漠的迎客问好

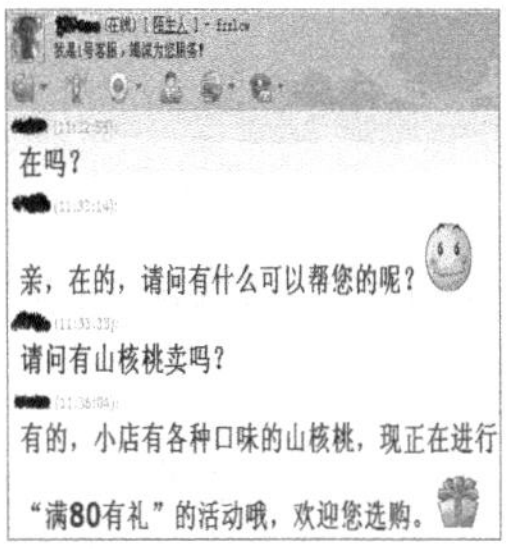

图 7-3　温馨礼貌的迎客问好

2. 提问

当对客户进行礼貌的迎客问好环节后，客服要善于向客户发起提问，了解客户想要买哪些东西，需要注意以下技巧：（1）要体察客户的意图，所以要七分听三分问；（2）提问应是一种引导，并且语气忌简单生硬；（3）要做到用提问激发客户的潜在需求；（4）提问中如能穿插推荐，更容易促进销售；（5）好的提问应该为下一步分析客户做准备。

另外，提问的时候要善于提封闭式问题，而不要提开放式问题。因为封闭式问题能有效引导客户的需求。封闭式问题和开放式问题如图 7-4 所示。

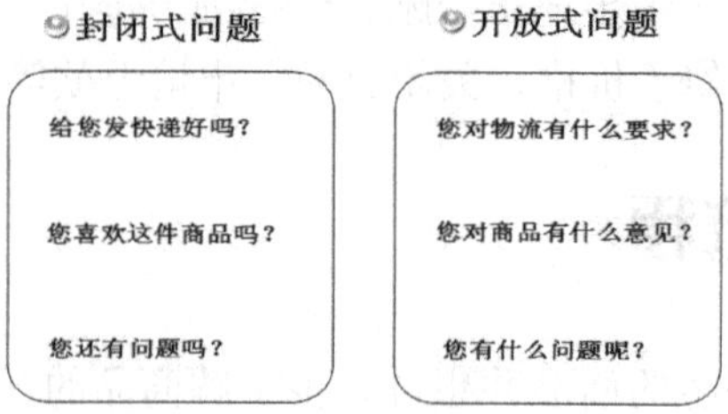

图 7-4　封闭式问题和开放式问题

比如，在图 7-5 中，客服没有了解清楚客户的意图，盲目推荐产品而易错失良机。而在图 7-6 中，卖家则利用封闭式问题帮助客户进行选择。

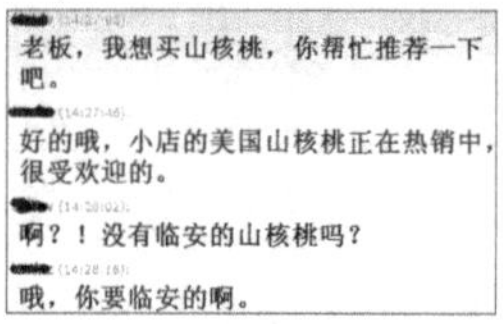

图 7-5　没有针对性的提问

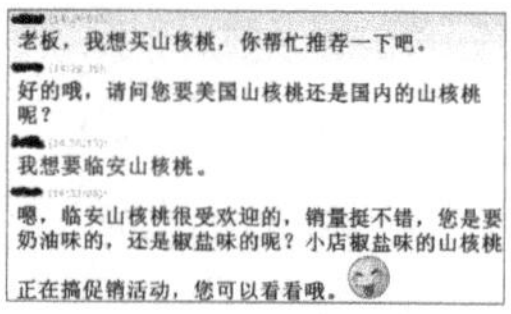

图 7-6　引导性提问

3. 分析

与客户沟通时，客服要注意从每个问题的字里行间分析客户的真正需求是什么。要做到：体察客户是为了知己知彼，判断局势；同时通过各方面的信息搜集，了解客户；我们对客户的了解不一定要让客户清楚；但是一定要根据分析的结果去引导客户。

如图 7-7 所示，客户遇到了问题，这时客服应该安抚客户，在解决问题前先分析问题。

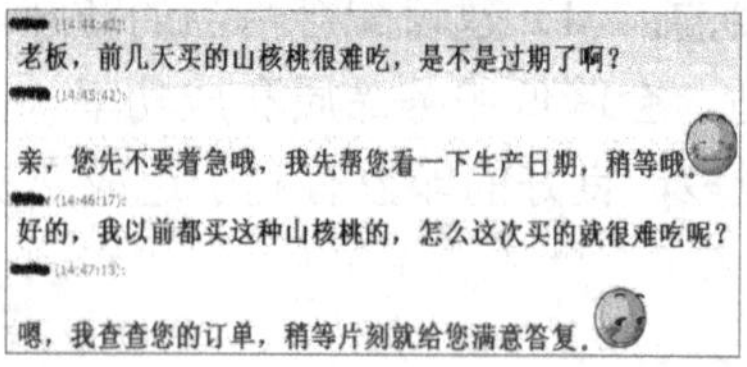

图 7-7　安抚遇到问题的客户

客服在分析客户需求时，先摸清客户的购物习惯，再分析问题产生的原因。

4. 推荐

在与客户沟通时，客服可以通过分析和提问而推荐其他产品。推荐要做到以主观引导为主，以发掘客户的潜在需求为辅。客服在回答一个商品咨询的同时，要有意识地推荐客户购买更多的商品，如推荐其他商品给客户以作为搭配建议、推荐促销活动商品、推荐最新款式或告知店铺的购物优惠政策等，如图 7-8 所示。

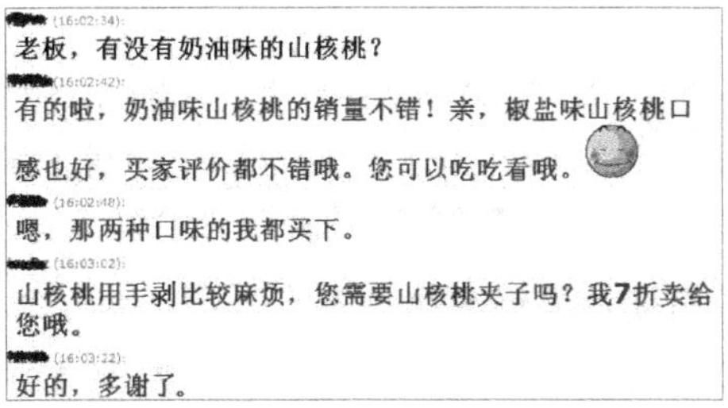

图 7-8　向买家推荐其他农产品

5．谈判

议价是在线谈判的中心内容，成功的议价能直接促成交易。对议价问题，客服可以根据具体情况酌情处理。如图 7-9 所示，客服如果不能接受议价，可以委婉地拒绝，或者将客户的注意力转向买赠活动、满就送之类的折中优惠方式，鼓励客户多消费，暗示他们可以用提高客单价来换取相应的价格优惠，切忌态度生硬、强势，避免引起争执。

图 7-9　谈判

针对客户议价，客服可采用如下方法应对：

（1）客服说："其实我觉得，买的时候我们主要在意价格，但是在整个产品的使用期间我们会更加在意这个产品的品质。所以我相信您会有正确的判断。"

（2）客服说："我们都知道，'好货不便宜，便宜没好货'。其实如果我们换一个角度来看，最好的产品往往也是最便宜的，因为您第一次就把东西买对了而不用再花冤枉钱，而且产品用得久，带给您的价值也高，您说是吗？"

6．帮助

当客户在拍下商品、合并订单、在线支付等环节遇到问题时，客服应耐心指导其操作。比如，帮助客户挑选适合的商品，帮助客户修改运费、确认订单，帮助客户完成在线支付等。

7．核实

确认顾客付款以后，要立即与客户核实购物清单与收货地址。如果客户有特殊要求或者需要修改地址，客服要及时将其标注在备忘录里。

8．告别

对已经购物的客户，客服可以预祝双方合作愉快，请客户耐心等待收货，告知客户如有问题可以随时联系客服；对没有立即成交的客户，给客户留出考虑空间，紧迫盯人促销会适得其反，在告别前适度再作努力，为下次交易留下伏笔。

三、客服防骗技巧

随着网购的浪潮一浪高于一浪，不仅网购消费者可能掉进重重网购陷阱，就连刚刚开店的卖家也会遭遇骗子们的“魔掌”。网店客服要学会识别骗术，让骗子的违法行径不能得逞。

常见骗术揭秘及实用网购技巧

1．警惕买家已付款并将图片发给客服

当听到“叮咚”的旺旺系统提示声时，千万不要激动，请看系统提示。如图7-10所示，这只是拍下的提示图（买家还没付款），一般的新手都是在这一步被骗的。

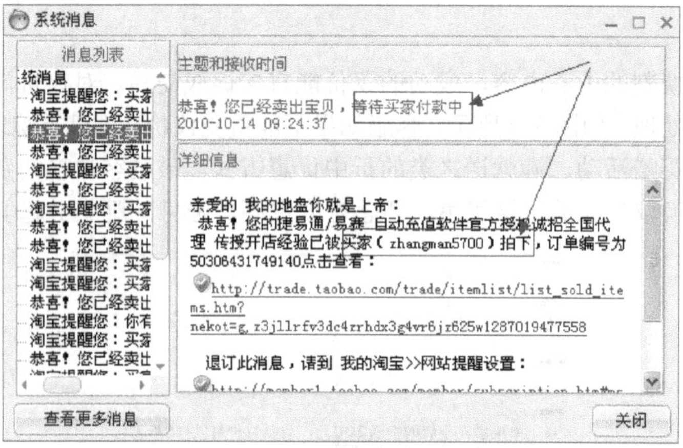

图7-10　买家已拍下宝贝

如果买家已经付款，还会有进一步的提示消息，如图7-11所示。

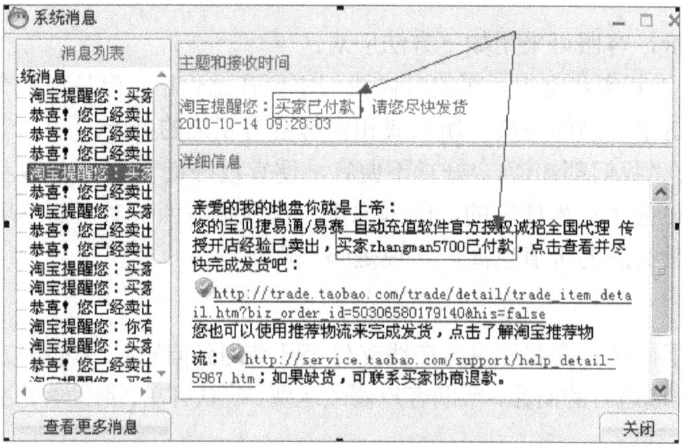

图7-11　买家已付款

要查看买家是否已付款，客服也可以到“已卖出的宝贝”里去查看，如图7-12、图7-13所示。

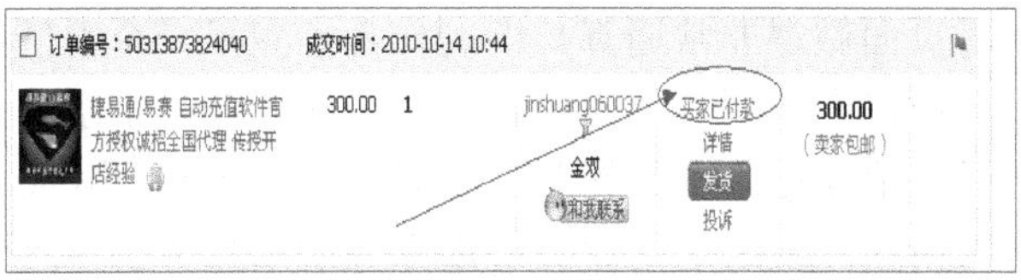

图 7-12　已付款

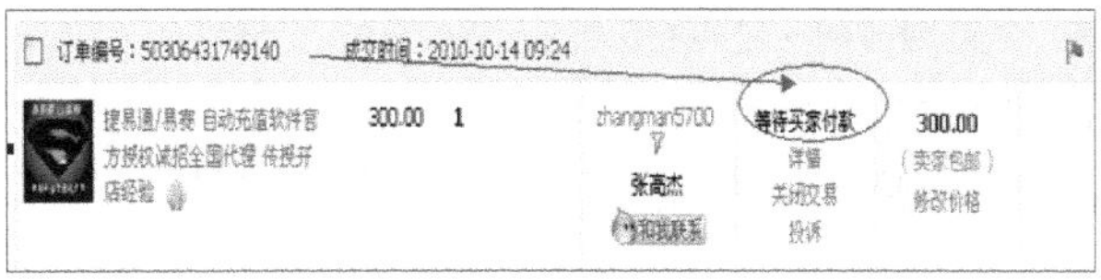

图 7-13　未付款

2. 仔细辨别买家在阿里旺旺上发过来的网址

如图 7-14 所示，建议客服在打开这个网址链接之前，先冷静下来判断这个网址是不是木马链接。目前木马链接的界面被做得跟淘宝网几乎一模一样，非常逼真。客服如不留意，就很容易中招。

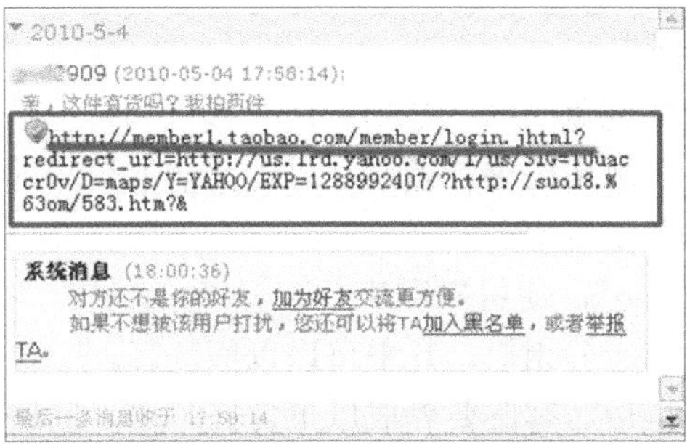

图 7-14　买家发的宝贝网址链接

可能很多人看到打绿色钩的链接，就会掉以轻心。现在骗子手段越来越“高明”了，大家要特别小心。很明显，这条链接不是以商品链接一贯含有的“item”开头的，而是含有“member”“login”（即“会员名”“登录”）等英文。如果您打开这个网址，会出现如图 7-15 所示的界面。

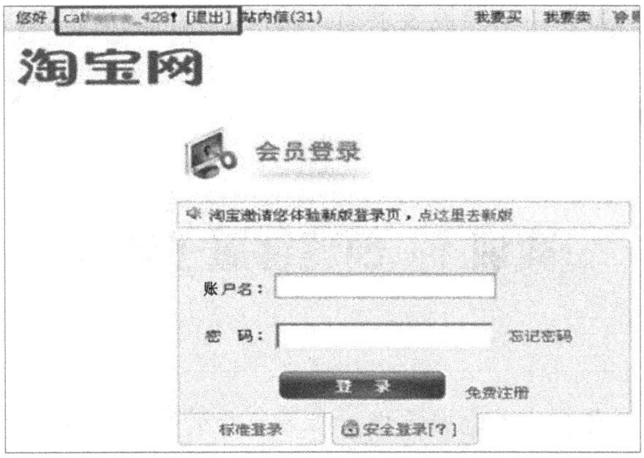

图 7-15　会员登录界面

说实话，这个木马页面做得非常逼真！但制作者也犯了一个很低级的错误。稍微细心点的人就应该发现，页面左上角还显示着用户名。页面既然显示了用户名，就是在登录状态的，那为什么下方又提示要输入密码呢？显然这就是盗号木马网页。

请您留意，所有人用旺旺发给您的商品链接都应该如图 7-16 所示，以“item”开头的链接才是正确的链接。

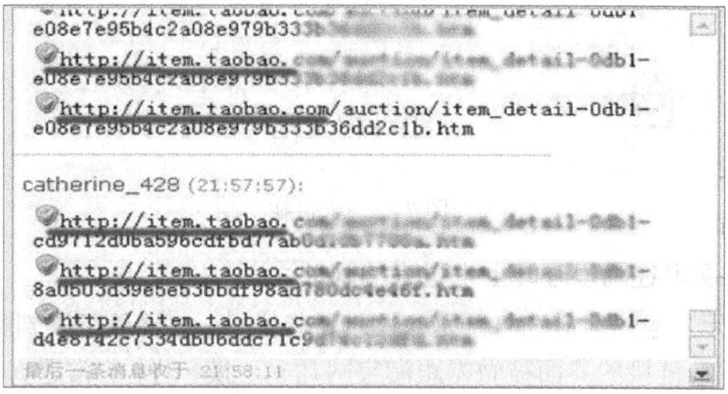

图 7-16　正确的宝贝网址链接

3. 远离钓鱼网站的陷阱

以淘宝网为例，所谓的钓鱼网站，是指让用户误以为自己目前浏览的就是淘宝网，从而让用户输入自己的用户名和密码进行登录，以达到盗取用户的用户名和密码的目的的假冒网站。该类钓鱼网站具备以下特点：

（1）网址多包含“taobao”，使用户误认。

（2）网页内容与淘宝网十分相似，几乎可以以假乱真。

了解了钓鱼网站的特点后，客服要养成以下良好习惯，远离钓鱼网站：

（1）养成从淘宝官方网站登录的习惯。如果要购物，首先去官方网站登录，这样，再去浏览淘宝导购网站的时候，如果发现页面与淘宝网一样但是还要输入密码，这个站百分百是钓鱼网站。因为用户登录淘宝网后，淘宝网一般会保留半个小时左右的登录状态，用户如果已经登录了，还被要求登录，那说明用户去的这个网站根本就和淘宝网没有任何关系，所以养成从官方网站登录的习惯可以有效防止被钓鱼网站钓鱼。

（2）养成观察网址的习惯，网址必须以“taobao.com”结尾，否则需要慎重对待。

（3）在网络上保持警惕，不要被要求输入用户名和密码就输入，防止被骗。

同步实训

实训 1　创建客服子账号

实训目的

通过本次操作，要求学生能够掌握子账号后台的功能模块，能够创建子账号，并将子账号显示在店铺里。

实训内容与步骤

（1）进入“我是卖家”后台，单击“店铺管理”模块下方的“子账号管理”，如图 7-17 所示。

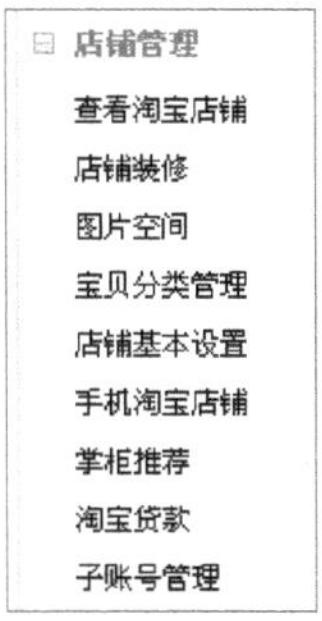

图 7-17　“店铺管理”模块

（2）进入子账号首页，单击“新建员工”按钮，如图 7-18 所示。

图 7-18　子账号首页

（3）在“新建员工”页面，填写子账号信息，如图 7-19 所示。在“账号名”栏输入子账号用户名，例如：主账号是“lcwfzz”，子账号的格式为“lcwfzz：欢欢”。并且选择子账号所属部门。子账号创建成功后可用来登录阿里旺旺。

图 7-19　填写子账号信息

（4）在浏览器的地址栏里输入“旺遍天下”的网址，进入“旺遍天下”（https://alimarket.taobao.com/markets/qnww/portal-group/ww/wangbiantianxia?spm=a21pp.8204670.0.0.5cdb5b71qc2TFu），选择风格并填写文字信息，如图 7-20 所示。

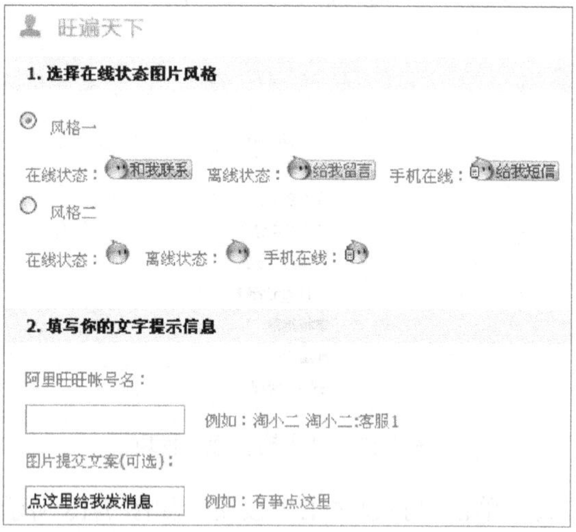

图 7-20　选择风格并填写信息

（5）选择是否分流，如图 7-21 所示。

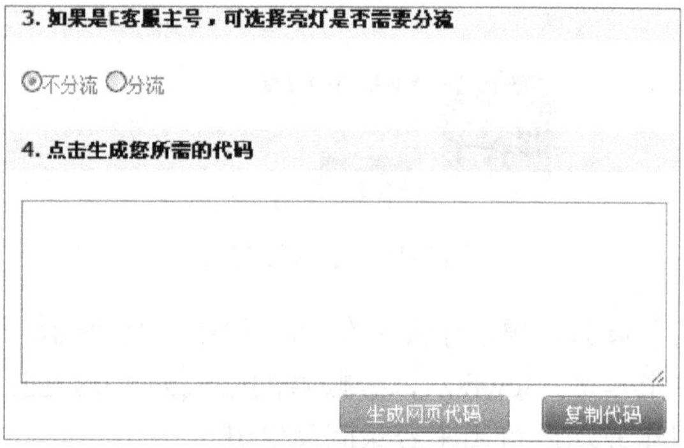

图 7-21　选择是否分流

（6）生成代码，如图 7-22 所示。

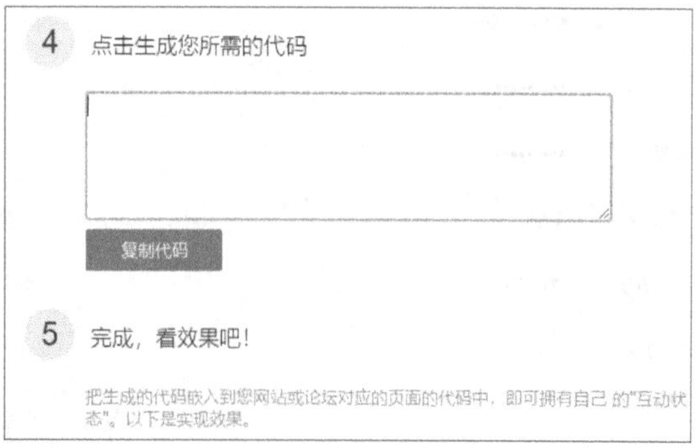

图 7-22　生成代码

（7）进入店铺，编辑模板，将复制好的旺旺图标粘贴进去，如图 7-23 所示。

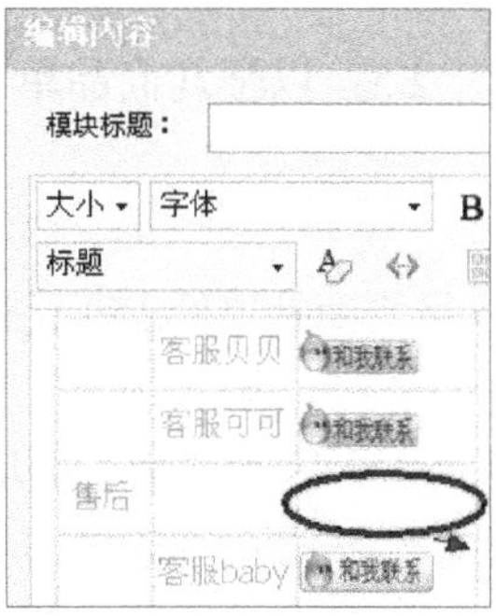

图 7-23　复制和粘贴旺旺图片

实训提示

目前淘宝网向所有卖家赠送子账号功能，各级卖家可获赠子账号数量：心级卖家 2 个，钻级卖家 10 个，皇冠级卖家 20 个，红冠级卖家 30 个，天猫卖家 30 个。店主应合理设置子账号的功能和权限，保证店铺正常运营，以便更高效地管理店铺。

思考与练习

为自己的店铺设置 5 个子账号，并设置相应的权限。

任务 2　客户管理

一、认识客户管理的重要性

1．获取新客户的成本

能否持续获取新客户是网店能否持久发展的关键因素之一。这就要求卖家采用站内与站外推广方式提高网店的知名度和宝贝的曝光率，引入流量，增加店铺的浏览量和提高转化率。然而，获取新客户的成本是非常高的，开发一个新客户的成本是维护一个老客户的成本的 6～10 倍。

1）硬广的推广成本

淘宝首页广告位、通栏、关键的文字链，以及淘宝通栏、右侧横幅、各个频道的焦点图、通栏等，都属于硬广。广告处于不同位置时，引起消费者注意力的大小程度是不相同的，所以价格也是不一样的；广告越是处于明显的地方，则广告费就越高。而且时间段不同，广告费用也有所差异。

2）直通车的推广成本

直通车推广的回报率平均为 1∶2.5；以平均商品单价 150 元计算，则直通车获得顾客的成本是 60 元。

3）淘宝客的推广成本

淘宝客一般佣金比例为 15%，以平均商品单价 150 元计算，则获得顾客的成本是 22.5 元。

4）智钻的推广成本

智钻的 CPM（千人成本）价格是 1～40 元不等，平均 CTR（点击通过率）以 1%计算，UV（独立访客）转化率以 2%计算，则获得顾客的成本为 5～200 元。

2. 网店运营的误区

为了引入巨大的流量到店铺，很多卖家花费不少投入做直通车推广、钻石展位广告，甚至不计成本地、千方百计地报名参加淘宝官方平台和第三方促销平台举办的促销活动。然而，他们忽略了一个问题：在获得较大浏览量和成交量的同时，网店能留住多少客户呢？客户在购买商品之后会不会再次购买，会不会成为回头客？目前看来，大多数卖家在活动期间业绩提升明显，而活动结束后业绩明显下滑，原因就在于没有留住客户，让客户成为网店的回头客。

客户即便与你成交过一次，也不一定持续是你的客户。如果卖家把售后做得不好，留不住客户，客户很容易就流失到你的竞争对手那里。一般来说，维护一个老客户的成本比开发一个新客户的成本要低很多。也就是说，如果一个店铺想业绩翻番，最简单、最节省成本的做法就是维护好这些老客户，让老客户多买几次，每次多买几件宝贝。如果一个老客户不断地在店铺里购买商品，说明他的忠诚度和满意度非常高，也就意味着他会将商品分享给自己周围的亲朋好友，促进店铺销量的持续提高。

因此，卖家要做好客户管理，让客户持续是自己的客户，这才是最根本的。减少客户流失，会增加客户黏性，提高转化率、重复购买率，真正做到将客户变成自己一辈子的客户。

3. 网店客户关系管理

如果一个卖家有不错的美工、推广，甚至有不错的产品，那么网店可以活下来。但如果忽视网店的客户关系管理，那么网店很难持久地活下去。不论网店的 UV 转化率和毛利有多高，获取流量的成本只会越来越高。不对每个顾客的价值进行最大限度挖掘，那么最后只会卖得越多，亏得越多。要想在激烈的竞争中脱颖而出，就需要卖家考虑客户关系管理。

如图 7-24 所示，网店客户关系管理就是采取一定的策略和手段，将网店的购买客户转变为忠实客户。

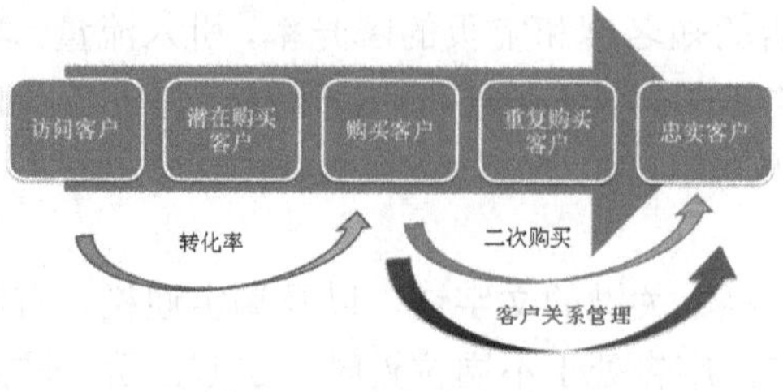

图 7-24　客户演变过程

1）客户关系管理的定义

客户关系管理（Customer Relationship Management，CRM）是一个不断加强与客户的交流、了解客户的需求并不断改进产品及服务以满足客户需求的连续的过程。客户关系管理注重的是与客户的交流，以客户为中心，而不是传统的以产品或以市场为中心。

2）网店客户关系管理的特点

网络时代的客户关系管理侧重通过信息技术和互联网技术为客户提供服务，不断提升客户的购物体验。网店卖家所处行业的特殊性，使得网店客户关系管理具有以下的新特点。

（1）联系客户更便捷。卖家可选择电子邮件、阿里旺旺、电话、传真等多种方式与客户联系，保持与客户的持久交流与沟通。

（2）容易获取客户信息。通过客户数据库，卖家能轻松获取与客户往来的各种信息，尽可能地满足客户个性化的需求。

（3）精准的客户服务。卖家充分利用客户关系管理系统，可以迅速地精准判断客户的需求特性，以便有的放矢地开展客户服务，提高客户的满意度和忠诚度。

3）网店客户关系管理的作用

卖家进行客户关系管理，能够产生哪些积极作用呢？

（1）降低成本，增加收入。在与客户沟通的过程中，卖家能实现更准确的客户定位，大大降低获取新客户和留住老客户的成本。通过采用数据挖掘技术，卖家掌握了大量的客户信息，便于挖掘客户的潜在需求，实现二次销售，增加收入。并且，随着客户满意度的提高，客户会持续增加订单的数量并提高下单的频率，从而使卖家增收。

（2）留住客户，提高客户忠诚度。通过持续保持与客户的沟通，卖家利用数据库能够记录并分析每个客户的个性化需求，有针对性地向每一位客户提供“一对一”的产品和服务，并按照不同的客户级别提供不同层次的优惠措施，逐渐提高客户的忠诚度。

（3）挖掘客户的潜在价值。卖家利用数据挖掘技术不断分析大量有用的客户数据，跟踪客户的最新需求，有利于帮助客户发现自己的潜在需求，最大限度地挖掘客户的潜在价值。

二、网店客户关系管理的步骤

客户群是商家的宝贵资源。做好日常的客户管理和维护，可以有效地提高客户的忠诚度和满意度。一般来说，网店进行客户关系管理的过程分为以下几个步骤：积累资料、等级划分、客户分组、客户关怀，如图 7-25 所示。

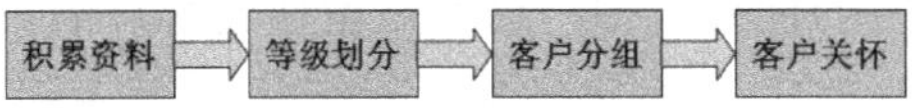

图 7-25　网店客户关系管理的步骤

1. 积累资料

当客户完成了网上交易，卖家能够获得的资源不仅是金钱、销量和好评，更重要的是客户的旺旺号、电话、地址、支付宝账号和生日等宝贵信息，这些信息对卖家进行客户管理至关重要。交易完成后，卖家要尽可能地建立客户档案（见图 7-26），详细记录交易日期、客户 ID、姓名、电话、收货地址、购买商品、交易金额等信息。通过建立客户档案，卖家可以随时查询客户的购买记录、会员等级及折扣，便于从交易清单和购买频率上精准分析客户的消费习惯和消费心理。

A	B	C	D	E	F	G	H	I	J
交易日期	顾客网名	真实姓名	E-mail	联系电话	收货地址	购买商品	成交价格	会员赠品	备注
07.3.12	aaa311	张紫奕	zzz311@163.com	010-88888888	北京市……	玫瑰花蕾膏等	498.00	小样	钻石会员
07.3.13	yyh24	邹汛	yyh24@sina.com	021－66666666	上海市……	玫瑰眼贴等	388.00	粉扑	白金会员
……									
……									

图 7-26　客户档案

2. 等级划分

在建立好客户档案后，卖家要根据每个客户的购买金额、购买商品、客单价等因素，分析归纳客户类型，并划分客户等级，设置客户优惠折扣。

1）客户细分

卖家根据每个客户的购买商品、购买频率、购买周期、客单价等因素，设置多个维度条件，细分出潜在客户、即将流失的客户、一次性客户等客户类型。只有明确了每个客户所属的类型，卖家才能做好后期的客户关怀。

2）客户等级

一般情况下，卖家根据客户的交易金额和交易笔数来设置客户等级，如普通会员、高级会员、VIP 会员、至尊 VIP 等，如图 7-27 所示。客户只要在交易金额或交易笔数上满足相关条件，就可以升级为对应等级的客户类型。

级别	名称	享受折扣	升至下一级所需的交易额	升至下一级所需的交易量
1	普通会员	9.8	100 元	10 笔
2	高级会员	9.5	300 元	20 笔
3	VIP会员	9.2	500 元	30 笔
4	至尊VIP	9	最高级不需要填写	最高级不需要填写

图 7-27　客户等级

3）等级优惠

卖家根据不同的客户等级来设置相应的优惠折扣，客户只要在交易金额和交易笔数上满足其中一条就能享受对应的优惠折扣，这也是留住老客户的有效方法。

3. 客户分组

客户分组是指将符合某些条件的多个客户集合在一起。卖家可根据客户不同的需求特点设置不同的客户分组，这样便于分组管理客户，可以对不同的客户分组进行有针对性的差异化营销，达到最好的营销效果。一般来说，每个客户至少有一个对应的组，一个客户也可以存在于多个组中。

4. 客户关怀

卖家平时对客户的关怀程度决定着客户对店铺的亲密程度，所以日常的客户关怀工作直接影响着客户的回购情况。淘宝网的网店版软件提供了客户关怀功能，它可帮助卖家通过短信或旺旺去关怀客户、增加回头客，最早可提取 2009 年的老客户数据进行短信营销，并能根据宝贝的物流情况自动发送发货提醒和到货提醒，还支持中差评预警、拍下未付款提醒、未确认收货提醒等。

目前，客户关怀的手段有旺旺群、客户管理工具、店铺帮派、微博、掌柜说、短信邮件等。

1）旺旺群

卖家应重视阿里旺旺的分组功能，并建立旺旺群，将忠实客户集中到旺旺群，如图 7-28 所示。

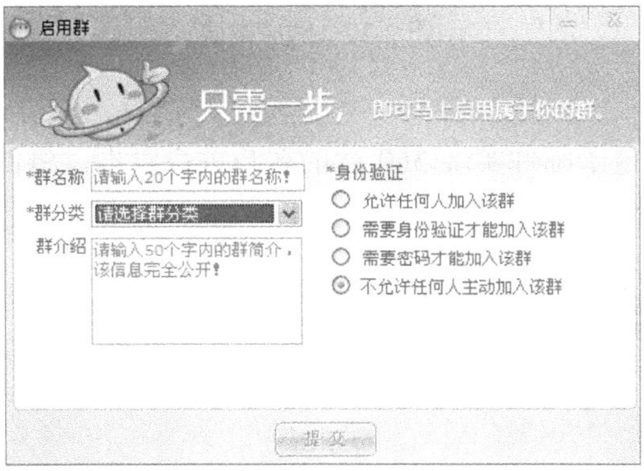

图 7-28　旺旺群

2）客户管理工具

利用淘宝网店版（见图 7-29）、E 店宝等客户管理软件，卖家可以实施有效的客户关怀。

图 7-29　淘宝网店版

3）微博

网店可以注册新浪微博、腾讯微博，通过在旺旺会员交流群公告区悬挂微博链接等方式，将微博融入店铺，拉近店铺与粉丝的距离，提升粉丝的信赖度和忠诚度，如图 7-30 所示。

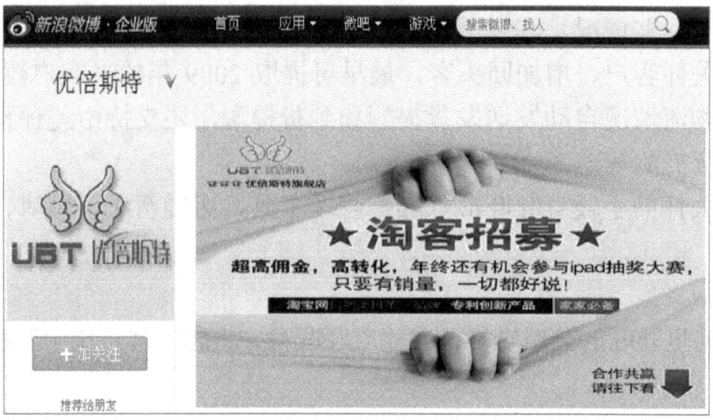

图 7-30　网店微博

4）短信邮件

卖家可借助短信和电子邮件实现 360 度的客户关系管理，将促销活动、短信提醒和祝福等信息及时、快速地传达给客户。

三、回头客营销

1．回头客营销概述

淘宝卖家客户流失和客户维护问题

随着网店竞争日益激烈和经营成本不断上涨，获取新客户的成本越来越高，卖家们开始普遍重视回头客营销。回头客营销做得是否成功，有多少客户是回头客，在一定程度上决定着店铺经营是否成功。也可以说，回头客营销就是降低客户流失率。

所谓客户流失率，是指一年及以上还没有回来购买的客户的占比。客户流失率是一个每天都在变动的概念。客户流失率越低，意味着店铺的回头客越多，客户的满意度和忠诚度越高。

大多数淘宝卖家将经营重心放到推广和促销活动上，追求一时的销量，往往忽视对回头客的营销活动，很少甚至根本没有对客户进行关怀，导致店铺的客户流失率很高，影响店铺的长远发展。

2．客户流失的原因分析

网店客户流失的原因主要有以下几种。

（1）客户忘了卖家的店铺名称。大多数流失的客户都是只购买过一次商品的买家。

（2）客户的满意度下降。在订单交易完成后，可能是因为产品质量存在问题、客服服务水平不高、发货较慢、快递过程中货物损坏、回头客折扣制度缺乏吸引力等，所以买家的购物体验不佳。

（3）网店竞争激烈，客户的选择自由度大。同一行业的大量卖家为了提高销量，争相提高产品品质和服务水平，客户喜欢在众多卖家中“好中选优”。

（4）价格因素。竞争对手开展更为优惠的促销活动，明显的价格优势将客户吸引过去。

（5）其他原因，如客户的消费习惯的迁移等。买家的很多购物行为通常分为习惯型和冲动型。某次购买行为若不属于习惯型，过一段时间，买家就不会再有同样的消费了。

3．防止客户流失的技巧

卖家在分析客户流失的具体原因的基础上，应采取相应措施避免客户大量流失。

淘宝店铺老客户维护和营销

1）让客户记住网店或网站的名称

（1）设计好店铺名或网站名，名称尽量朗朗上口且简单易记。

（2）宣传店铺名和宣传语。要在客户每一个可以接触到的点上，如店铺首页、客服、包裹等，强化提醒店铺名或网站名。

（3）收藏有礼或赠送一些趣味小礼物。尽可能地让客户收藏店铺，在小礼物上强化店铺名称，帮助客户增强记忆。

（4）温馨关怀。通过短信、邮件、电话等方式对客户进行关怀，让客户有很好的存在感和关怀体验。

2）提高客户的购物体验

（1）按照购物流程，层层验查和改善各个环节的体验感。

（2）查看客户的产品评价和留言，对不满意的客户直接通过旺旺、电话进行询问并解释。

（3）建立有吸引力的阶梯会员体系，设置合理的会员折扣，吸引客户二次购买。

3）帮助客户做出购买决策

针对客户选择多的问题，采用如下措施：

（1）通过定期的客户调研和行业研究，不断调整产品线和产品种类，满足客户的新鲜感。

（2）将“签到有礼”等类似活动和新品调整、上架相结合，留住客户。

（3）采用“早买早优惠”等类似策略来推广新品，尽快抢占客户。

4）保持商品的价格竞争力

（1）将店内商品划分为引流商品、利润商品、潜力商品和边缘商品。其中，引流商品是卖家针对全类目、全网客户的特点而设计的商品；利润商品是针对卖家想要固化的主要细分客户群体的商品；潜力商品是可能成长为利润商品、引流商品的商品；边缘商品是销量不好，且关联度、黏性都很差的商品。

（2）引流商品和边缘商品主要用于店内和站内外的各种促销活动，并优先通知流失客户，尽力挽回其中的价格敏感人群。

（3）利润商品尽量少打折，用于建立稳固的回头客体系，避免出现买家购买后立刻大降价的现象，防止购买过两次及两次以上的回头客流失。

同步实训

实训 2　利用淘管 CRM 预热聚划算活动

实训目的

通过本次操作，要求学生能够利用淘管 CRM 筛选出忠诚度较高的客户，为店铺做聚划算活动预热。

实训内容与步骤

比如今天是 11 月 8 日，卖家要在 11 月 11 日上聚划算做促销活动，卖的是女款外套，外套就叫作“韩版 2019 新款外套军绿色大翻领气质短外套小外套”，那卖家应该提前 1 天（也就是在 11 月 10 日）开始预热聚划算活动。

（1）筛选出以前在本店购买过女款外套的客户。单击软件右上角“高级搜索”按钮，然后搜索关键词“外套”，由于这个店铺是专做女装的，所以勾选“全选”复选框即可，如图 7-31 所示。

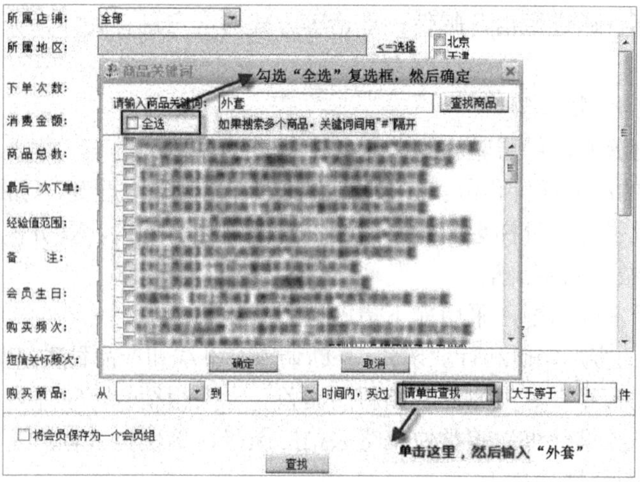

图 7-31　筛选客户

（2）筛选出总计 3846 个外套的潜在消费者，这个群体有比较强的外套购买可能性，如图 7-32 所示。

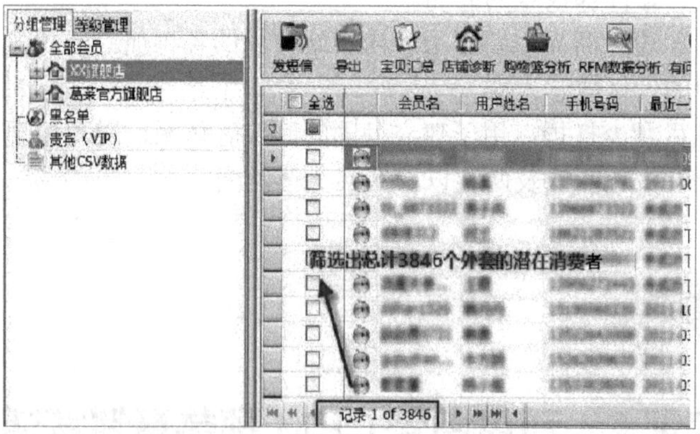

图 7-32　筛选结果

（3）筛选出下单次数大于等于 2 而且最近 3 个月内下单过的客户，如图 7-33 所示。他们购买过 2 次及以上，说明他们对店铺的宝贝还是非常认可的，从质量、价格、宝贝风格等方面。而且他们最近购买过店铺宝贝，而现在有聚划算这样的促销活动，他们非常乐意过来看看宝贝是不是适合他们。如果宝贝风格得到他们喜爱的话，下单就是很自然的事情。

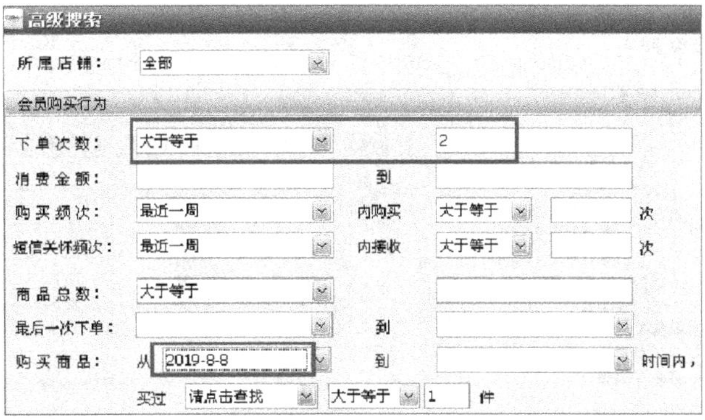

图 7-33　筛选出下单次数大于等于 2 而且最近 3 个月内下单过的顾客

（4）总计 314 个活跃客户，最终可以测试一下他们的购买率，如图 7-34 所示。

图 7-34　测试活跃客户的购买率

（5）筛选出最近一个月内有过购买行为的客户，如图 7-35 所示。理论上，距上一次消费时间越近的客户应该是越忠诚的客户，对卖家提供的即时商品或服务也最有可能有反应。最近一次消费报告是维系客户的一个重要指标。

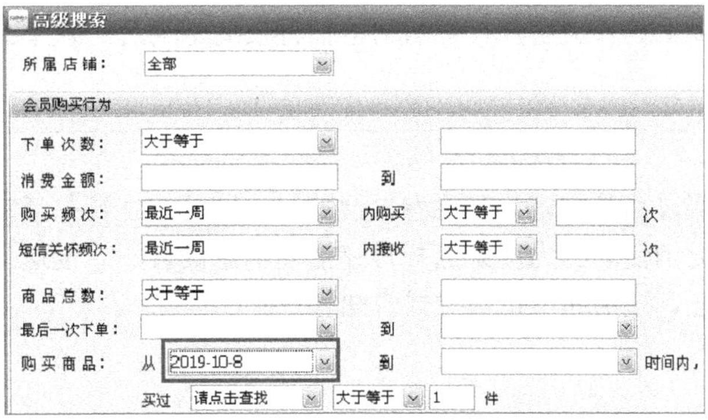

图 7-35　筛选出最近一个月内有过购买行为的客户

（6）这里我们可以看到有 1639 个最近一个月刚刚购买过的客户，根据他们在店铺内平均每月的订单数量可以看出，店铺在最近一个月估计做了某个活动才导致新增了这么多客户，如图 7-36 所示。

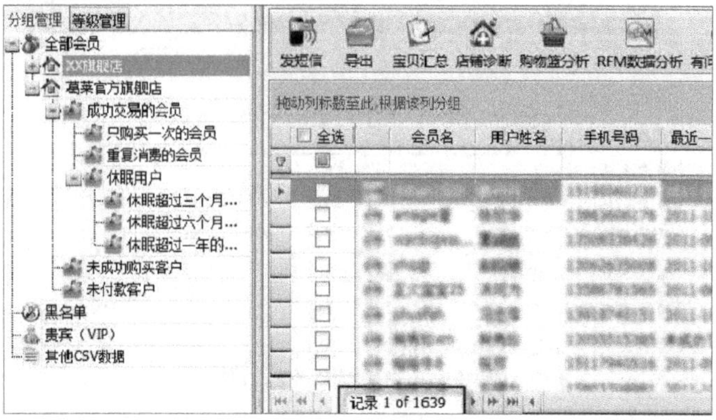

图 7-36　筛选结果

（7）筛选出下单次数大于等于 3 的忠诚客户，如图 7-37 所示。对聚划算这样有优惠价格的活动，怎么也不能忘记一直支持店铺的忠诚客户。只有不断地和这些客户进行互动交流，他们才会一直支持店铺；如果他们忘记了店铺，此时，卖家送上一条针对老客户的优惠或者问候，他们会非常满意的。

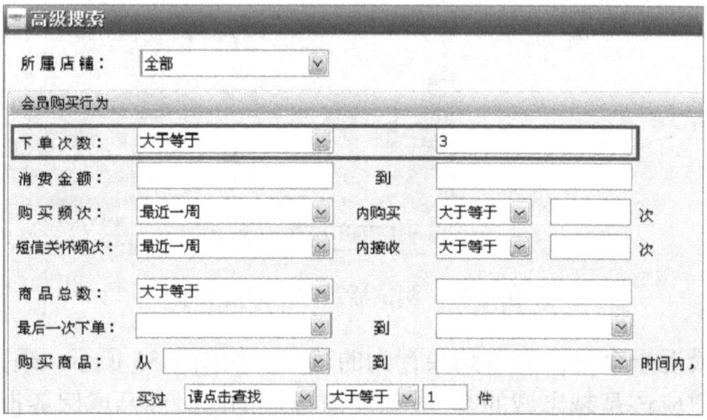

图 7-37　筛选出下单次数大于等于 3 的忠诚客户

（8）搜索出来以上这 4 类客户，然后给他们群发促销消息，效果会非常好。

实训提示

并不是所有购买过商品的客户都愿意二次购买，因此，在预热活动的过程中，卖家要根据商品的特点和促销活动的力度来选择传递活动消息的客户。发送促销活动消息的方式要全面，可通过旺旺、短信和电话等方式告知客户。

思考与练习

利用 CRM 软件筛选出忠诚度较高的客户，将活动信息传递给客户。

项目小结

网店客服在网店经营与管理中扮演着非常重要的角色，贯穿了售前、售中、售后服务。网店客服服务水平的高低，在一定程度上决定着网店经营能否持续良性运转。

优秀的网店客服应具备良好的心理素质、品格素质、技能素质、综合素质等，并掌握商品的专业知识与周边知识、物流发货、在线支付以及网络交易规则等方面的综合知识。在线接待是客户是否决定下单购买的关键环节，也是网店客服能否“临门一脚”促成客户下单的重要环节。因此，网店客服应认真对待在线接待，能够分析和挖掘客户的现实需求和潜在需求，提高转化率和客单价。另外，客服应掌握基本的网络防骗技巧，远离网络诈骗陷阱。

卖家积极推广店铺引入流量固然重要，但更重要的是要做好客户管理。近年来，获取新客户的成本越来越高，做好老客户营销才是最经济、最有效的客户营销策略。卖家要善于积累客户资料，划分客户等级并确定各等级的优惠折扣，持续关怀客户，让客户持续是自己的客户，这才是最根本的。另外，深入分析客户流失的原因，采取相应对策减少客户流失，会增加客户黏性，提高转化率、重复购买率，提高回头客营销的效果。

同步测试

1. 单项选择题

（1）（　　）是指客户对某一特定产品或服务产生了好感，形成了偏好，进而重复购买的一种趋势。

A．客户满意度

B．客户价值

C．客户忠诚度

D．客户利润率

（2）在客户关系管理中，以下哪种情况不是客户的忠诚的表现？（　　）

A．对企业的品牌产生情感和依赖

B．重复购买

C．即便对企业产品不满意，也不会向企业投诉

D．有向身边的朋友推荐企业产品的意愿

（3）在管理客户时，可以以客户与企业的关系作为划分标准。以下哪种客户类型不是根据客户与企业的关系划分的？（　　）

A．潜在客户　　B．现有客户　　C．流失客户　　D．终端客户

（4）以下哪个观点不正确？（　　）

A．客户满意度等于客户忠诚度

B．客户满意度与客户忠诚度既有联系也有区别

C．客户忠诚度是客户满意度价值的体现

D．客户满意不代表客户忠诚

2．分析题

（1）网店客服应具备哪些基本的素质要求和知识要求？

（2）如何分析和挖掘买家的现实需求和潜在需求？

（3）淘宝网诈骗陷阱有哪些？卖家怎样才能远离这些陷阱？

（4）网店客户关怀有哪些手段？

（5）客户流失的原因有哪些？如何避免客户流失？

项目 8

售后服务

本项目知识点

买家未收到货的退货操作；买家收到货的退货操作；交易进行中买家申请退货的退货操作流程；影响二次销售的换货操作；不影响二次销售的换货操作；网购投诉的定义；网购投诉的原因；网购投诉的心理分析；投诉处理流程。

本项目技能点

能根据网络零售中出现的各类情况进行退换货处理流程；能够熟练掌握投诉处理流程。

知识导图

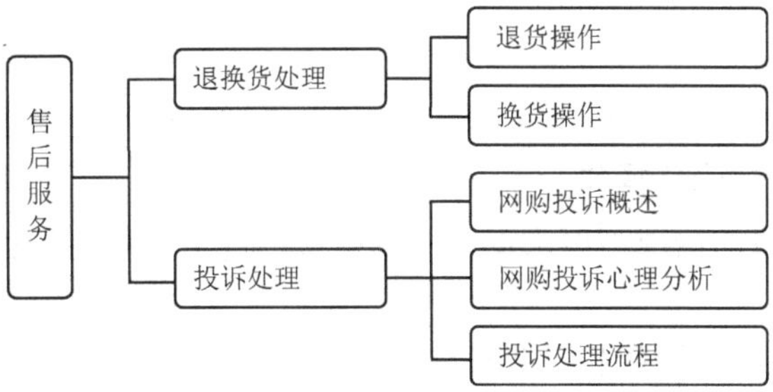

引例

王女士于 2017 年 11 月 7 日在某网络平台下单并支付一款自由行旅游产品。半小时后商家打电话来以“未及时调整价格”为由让王女士取消订单，现此款产品的价格已涨 1040 元。王女士未同意商家要求，5 小时后收到退款邮件，邮件显示“您申请的产品退款已退回原账户”，可是本人并未提交退款申请。该网络平台客服并未处理此问题，称供应商与酒店协商后表示顾客不能按此价格入住。

引例分析

商家将商品名称、价款、规格等信息陈列在网店上，让消费者下单，电商平台的这种行为符合要约特性；而消费者提交订单的行为，则构成对电商网站要约的承诺，因此，消费者付款代表合同已经成立。在这种情况下，若消费者的订单又被平台单方面取消，平台涉嫌违约，应承担违约责任。根据相关规定，消费者可以向工商行政部门举报或向法院提起诉讼以要求平台退全款并赔付相关损失。

任务 1 退换货处理

网络零售中的退换货是当前众多网商通常会碰到的业务。造成退换货的原因也有不同种类，如买家方面、卖家方面及快递方面等。

淘宝网申请退货、退款正确流程

一、退货操作

1. 买家未收到货的退货操作

若买家在未收到货的情况下要求退货，卖家按情况给予相应的处理。

1）买家原因

如买家购买产品后又联系客服要求退货，售后客服需与买家了解情况。分以下几种情况：一是买家收货地址有变，暂时收不到货，要求退货，此时售后客服可与买家协商，待买家回来后派送或联系快递改地址到买家要去的地方；二是买家另购其他品牌，表示暂时不需要此产品，想退货；三是买家看到店铺的优惠活动，要求退回重购，此时售后客服可向买家说明其当时购物时的优惠，如买家不认可，则售后客服根据买家下单的产品及赠品结合优惠活动退相应差价。

买家因单方原因要退货，如包裹未发出，售后客服可直接退款；如包裹已发出，邮费需由买家承担，待快递到达买家当地后，售后客服让买家拒收，联系快递退回，收到货后核对产品情况（是否运输途中产生破损情况等），如发现破损则及时拍照留底，将产品登记在退件表中。

2）卖家原因

如买家购买产品后，网络零售商自身导致一些问题而造成退货，客服应向买家致歉并协商解决办法。具体分以下几种情况：一是缺货，卖家因断货而未能发货，客服可告知买家发货时间，在发货时给予买家相应的小礼品作为补偿；二是漏发产品，客服核实情况后可协商补发，如买家近期再次购物时卖家可免邮一起补发；三是发货不及时，卖家内部衔接失误导致产品未被按买家要求及时发出，客服一般可以先了解买家急需原因，同时跟踪物流促进及时派送。

若卖家单方原因导致买家强烈要求退货的话，如产品未被发出，买家可直接退款；如产品已被打包发出，邮费由卖家承担，待快递到达买家当地，售后客服让买家拒收，联系快递退回，收到货后核对产品情况（是否运输途中产生破损情况等），如发现破损则及时拍照留底，将产品登记在退件表中。

3）快递原因

如快递方面的问题导致买家不满、退货，客服应与买家沟通协调，一般分以下几种情况：一是货物破损、丢失，客服可与买家协商，给其重发一份，破损件可拒收；二是快递服务质量差，当买家与快递发生争执导致买家不满退货时，售后客服需在快递和买家两边进行调解，如买家坚持，售后客服可协商换快递重发一份，原件退回而邮费需由快递承担；三是派送不及时，售后客服应向买家致歉，尽量取得买家的谅解，做好快递查询，催促其在目的地尽可能快地派送到买家手里。

如快递单方原因造成买家强烈要求退货，客服可让买家拒收并退回，此次损失由快递承担，售后客服收到货后核对产品情况（是否运输途中产生破损情况等），如发现破损则及时拍照留底，将产品登记在退件表中。

2. 买家收到货的退货操作

1）产品质量问题

客服了解产品情况，核实是否属于产品质量问题，需有照片留底作为证据。

当产品与同款产品外包装有出入时，如不影响买家使用，客服可协商送些赠品以表歉意，经买家同意后可在下次购物时送出。如果产品质量不好，出现瑕疵等问题，客服可根据买家情况协商赠送礼物或退差价。如产品质量问题导致买家对产品发出质疑并强烈要求退货，客服可了解买家收到产品后的使用情况及外包装塑封情况，给出退货地址，卖家承担来回邮费，告知买家在退回的包裹中附张纸条写明购买时的旺旺号及联系方式等信息并注明退货原因，待收到退件并核实产品信息后，登记退件。

2）买家原因

客服与买家沟通，了解问题并分析详细情况。一般有两种情况：一是商品损坏，买家原因造成的商品损坏会影响二次销售，客服应表示不予退换，特殊情况特殊处理；二是无理由退货，客服应了解买家使用产品的情况，了解外包装塑封是否完好，先进行协商。

如因买家单方原因需要退货，来回邮费需由买家承担，客服需在产品不影响二次销售的情况下给予处理：给出退货地址，告知买家在退回包裹中附张纸条写明购买时的旺旺号及联系方式等信息并注明退货原因，待收到退件并核实产品信息后，登记退件。

3）卖家原因

如买家购买后，卖家自身的原因导致一些问题，客服应向买家致歉并沟通协商。一般分缺货和错发/漏发两种情况。如部分产品断货导致卖家未发货，客服可告知买家到货时间，补发邮费由卖家承担。如发货时错发、漏发产品，可协商补发或换货，邮费由卖家承担，或者在买家二次购物时免邮一起发出。

卖家单方原因导致买家不满并强烈要求退货时，客服应了解产品包装是否完好，如不影响二次销售可给予处理，来回邮费由卖家承担，给出退货地址，告知买家在退回包裹中附张纸条写明购买时的旺旺号及联系方式等信息并注明退货原因，待收到退件并核实产品信息后，登记退件。

4）快递原因

如快递运输导致买家收到的产品出现问题，则此损失由快递承担。客服可协商让买家退回产品并由卖家重新发货，如产品损坏严重则无须寄回。

如快递单方原因导致买家强烈要求退货，客服应了解买家收到的包裹的情况，核实买家所反馈的照片后可给予处理，将损失费用记入售后问题表的快递损失费用。如产品损坏严重则无须退回；如产品需要退回，客服给出退货地址，来回邮费由卖家承担，告知买家在退回包裹中附张纸条写明购买时的旺旺号及联系方式等信息并注明退货原因，待收到退件并核实产品信息后，做相关登记。一般登记信息可参考表 8-1。

表 8-1　网络零售中买家退货登记表（参考）

登 记 项 目	说　　明
日期	退件登记日期
物流单号	退回件数及承运商
ID 号	拍下商品的买家账号
订单编码	买家在商家购物所产生的订单序号
退回类型	买家退货原因，如产品质量、发货、快递原因等
产品名称	买家所购产品的名称
数量	每款产品每个规格被退回的数量
解决方案	收到退货后给予买家的处理方案，如退款
合计	每款产品每个规格被退回的数量总和
备注	以上未提到但需要注意的信息

3．交易进行中买家申请退货的退货操作流程

如买家收到商品后需要退货退款，操作流程如下。

第一步：买家进入“已买到的宝贝”，找到这笔交易，单击页面上的“退款/退货”按钮，如图 8-1 所示。

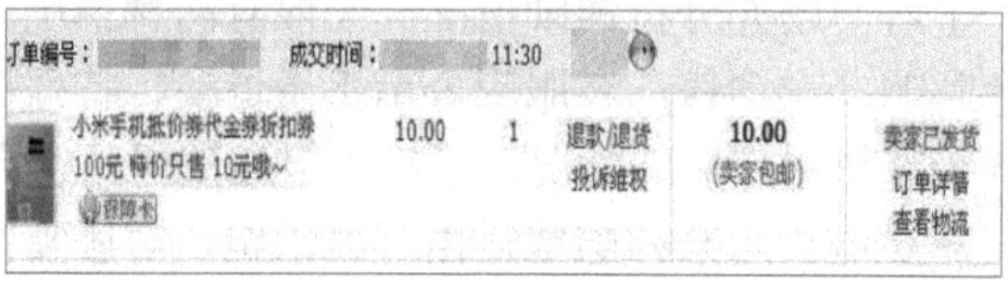

图 8-1　网购订单状态

第二步：选择“已收到货”，在“是否退货”中选择“退货”，然后根据实际情况选择退款的原因，如图 8-2 所示。

图 8-2　退款操作

第三步：提交退款申请，申请成功后系统会有相应的提示信息，如图 8-3 所示。

图 8-3　申请退款成功后的提示信息

后续可以进入“已买到的宝贝”页面，选择“退款处理中”以查看退款的详细信息及卖家答复，如图 8-4 所示。

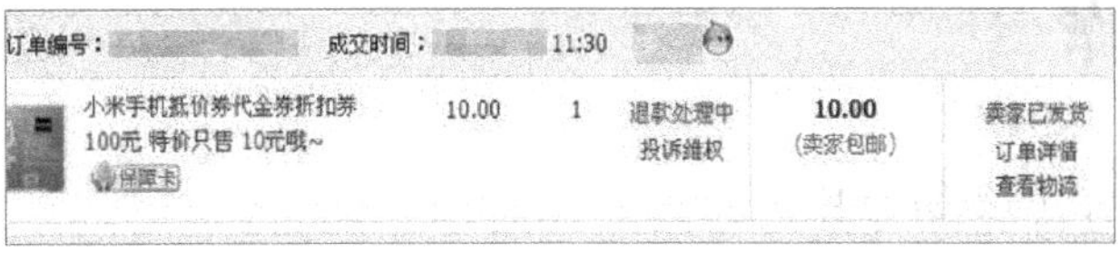

图 8-4　申请退款后的订单状态

第四步：卖家有一定的时间限制（淘宝平台为 5 天）来同意和拒绝买家的退款申请，若在此期限卖家同意退款，则买家的页面上会出现卖家的退货地址，买家可以根据此地址进行退货的操作，如图 8-5 所示。之后买家到退款页面填写退货信息。

注意：淘宝买家需要在 7 天内退货，逾期未退货，退款通道会被关闭。

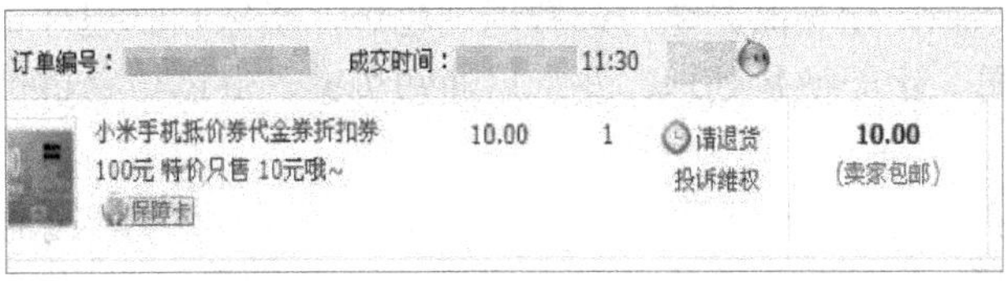

图 8-5　卖家同意退款后的订单状态

如图 8-6 所示，买家填写退货信息时，选择退货的物流公司，填写运单号码。若下拉菜单中没有退货的物流公司，买家请选择“其他”进行填写。退货信息一旦提交将无法修改，买家若之前购买了运费险，请务必谨慎填写。

图 8-6　填写退货信息

第五步：确认信息无误后，买家单击“提交退货信息”按钮，退货信息就提交成功了，淘宝卖家后续会有 10 天的时间来进行确认，如果逾期卖家没有处理则系统也会自动退款给买家，如图 8-7 所示。

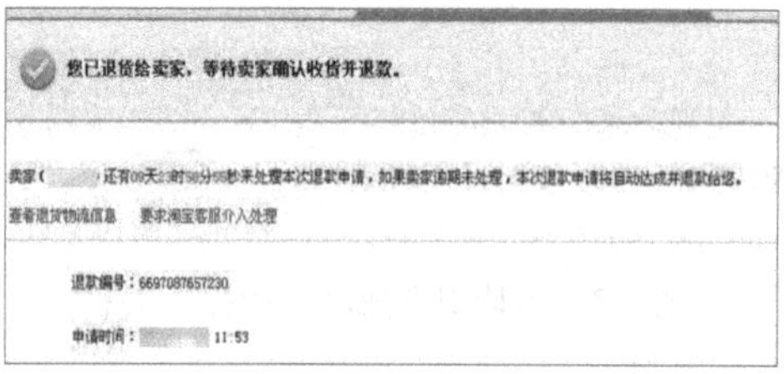

图 8-7　退货操作完成状态

二、换货操作

1. 影响二次销售的换货操作

在影响产品二次销售的情况下买家要求换货，客服按情况给予相应处理。

1）卖家原因

了解情况，分析问题发生的原因。例如，卖家错发货导致买家在收到产品并拆封后发现产品非自己购买的，客服可协商就错发产品给买家折扣优惠，让其补差价，卖家补发买家购买却未收到的产品。

天猫退换货规则

如卖家单方原因导致买家强烈要求换货，换货造成的损失（包含来回邮费）由卖家承担，让买家先垫付邮费退回包裹，卖家收到退件并核实后填写重发单，给予换货处理，发货后通知买家，退还买家垫付的邮费。

2）产品问题

了解情况，核实问题（如核实照片反馈）。如果发货错误导致买家收货数量不一致，从而造成买家要求换货，客服可协商给予一定补偿，如补中样或退差价。对包装问题，外包装有出入时，如不影响买家使用，客服可协商在下次交易时送赠品。如果产品本身质量问题导致买家强烈要求换货，换货造成的损失（包含来回邮费）由卖家承担，让买家先垫付邮费退回包裹，卖家收到退件并核实后填写重发单，给予换货处理，发货后通知买家，退还买家垫付的邮费。

3）快递原因

了解买家收件情况，核实是不是快递造成的包裹受损，一般需要将照片留底作为证据。如果包裹破损，客服可让买家拍照反馈，核实产品破损程度、是否需要寄回，如不影响买家使用，客服可协商下次交易时送赠品以示歉意。如果发现丢件，应核实情况，做好记录。

2．不影响二次销售的换货操作

1）卖家原因

了解情况，分析问题发生的原因。如卖家错发，客服要询问买家是否需要错发的产品。如买家需要，客服可协商给予买家一定优惠，买家补差价后卖家发出买家所购的产品。

如卖家错发导致买家要求换货，换货来回邮费由卖家承担，让买家先垫付邮费退回包裹，卖家收到退件并核实后填写重发单，给予换货处理，发货后通知买家，退还买家垫付的邮费。

2）买家原因

了解买家的产品使用情况，了解产品外包装塑封是否完好。如果衣服等商品被试穿或试用后买家觉得不合适或者不喜欢，在不影响二次销售的情况下卖家可同意换货，买家承担来回运费。对无理由换货，客服要尽量和买家沟通，给予一定建议。

一般的换货操作所使用的重发单可参考表 8-2 的设计。

表 8-2　换货所用的重发单（参考）

登记项目	说　明
日期	重发件登记日期
填写人	重发件登记人
买家 ID	买家拍下订单时的账号
产品名称	买家所换产品在发货系统库存中对应的全称
重发数量	买家所换每款产品每个规格需发货的个数
发件原因	买家换货缘由（如使用产品后觉得不合适而换货）

任务 2　投诉处理

投诉是客户对企业信任的表现，处理好客户投诉就能提高企业在客户心目中的信誉度。随着网络零售市场竞争的加剧，提高了网购投诉处理的能力，也就增强了网络零售商的核心竞争力。

一、网购投诉概述

淘宝网投诉类型及其解说

由于网上购物便捷且商品价格实惠，越来越多的消费者加入网购队伍。然而，消费者进行网上交易时存在一定的盲目性，若只注重价格，则服务和质量难以保证。当消费者的权益受到侵害时，为了维护自己的正当权益，需要进行相应的维权行为。这个行为就是网购投诉。

网上购物具有远程选购的特殊性，消费者通常仅凭商家的广告宣传和承诺来了解商品信息和服务内容。快递公司只负责送货收钱而不承担验货责任，消费者收到商品后往往不能当面验货。一旦出现质量问题，消费者可能“打不通”客服电话，或者在要求商家兑现“无条件退款”“不满意退货”的广告承诺时，遭遇客服人员百般推诿责任。

2019 年“双十一”期间，上海市消费者权益保护委员会共计受理各类网购消费投诉 2479 件。其中服装鞋帽、通信产品、家居用品投诉量位居前三，分别为 406 件、267 件、152 件。“双十一”期间，商家和电商平台竞相推出花样繁多的促销活动和折扣优惠，然而复杂的规则设计和隐含的“套路”使消费者相关维权诉求占比提升。

一是抢购活动不透明。部分商家推出定时定量、限时限量抢购活动，承诺向先行购物的消费者赠送礼品。但部分消费者投诉反映：虽自身满足抢购条件，却未收到赠品，要求商家公布中奖名单却遭拒绝。

二是低价预售存“套路”。部分商家在“双十一”前夕通过预售进行营销，向消费者承诺：支付几元至数百元不等的预付款并且在“双十一”当日支付尾款，即可以“最低价”购买相关产品。但部分消费者投诉反映预售产品的价格并非最低。同时，有消费者反映：支付完尾款或提出“7 天无理由换货”诉求后，却得到商家“没有库存”的反馈，相关预付款也无法第一时间退回。

三是优惠规则难弄清。部分平台和商家分别向消费者赠送“满减券”或“折扣券”，但各类优惠券使用规则复杂，对叠加使用、优惠范围、支付方式、退货计费等未做明确约定或标识不清，导致双方出现理解偏差，产生异议。

此外，订单被无故取消、商品质量瑕疵、实物与宣传不符依旧是网购消费的投诉重点，而延期交付、产品损毁、代收丢件等快递物流投诉在比重上有所降低。

二、网购投诉心理分析

在处理投诉前，应该先了解抱怨产生的原因、不满产生的经过以及消费者投诉的心理等。这样才有利于解决投诉。

一般来说，不同的消费者在投诉时有不同的心理，如求尊重的心理、求发泄的心理、求补偿的心理、逃避责任的心理、极端敌视的心理、综合的心理等。其中求尊重的心理、求发泄的心理、求补偿的心理这 3 种心理是比较普遍的。

淘宝买家申请维权退款操作流程

1. 求尊重的心理

网购消费者在购买产品或接受服务的过程中产生了挫折和不快而进行投诉时，他们总希望自己的投诉是对的、是有道理的，他们最希望得到同情、尊重和重视，并且希望商家向其表示歉意和立即采取相应的措施等。特别是那些被网络客服人员侮辱、蔑视的消费者，他们的自尊心在大大受到打击的时候，被尊重的心理显得尤为突出。

2. 求发泄的心理

这类网络消费者在购买产品或接受服务时，由于受到挫折，通常会带着怒气投诉和抱怨，把自己的怨气、抱怨发泄出来，这样消费者的忧郁或不快的心情由此会得到释放和缓解，以维持心理上的平衡。这也是一种情感的补偿心理。

3．求补偿的心理

网购消费者在蒙受了一定的损失之后向有关部门投诉，希望能够及时地得到补偿，补偿包括财产上的补偿和精神上的补偿。这是一种普遍的心理。如对产品不满意而希望退换，因为使用质量差的产品而受到损害所以希望得到赔偿等。除了这些物质上的补偿，消费者投诉时也希望得到精神上的补偿，如网商对他们的承诺、对他们的投诉的重视等。

只有抓住了网购群体的投诉心理特点，网络零售经营者才可以有的放矢地进行处理，满足消费者的心理需求，不但能化解投诉，还能提高消费者的满意度，无形中为自己的网络店铺或品牌做了一次宣传。

三、投诉处理流程

淘宝卖家投诉处理流程图解

无论是传统的客户投诉处理还是网络零售投诉处理，客服首先应该有一个礼貌的应对态度，进而要认真分析客户投诉的原因，从而有针对性地选择解决投诉的方法。

1．投诉处理态度

网络零售竞争激烈，遇到客户投诉的情况应先致歉，致歉时要严肃、诚恳，提供更加周到、热情的服务，尤其不可推卸责任。有关投诉处理的态度可以总结为以下几点：

（1）微笑服务——面带微笑，语气轻松愉快；

（2）服务热情——服务状态积极，热情亲切；

（3）服务耐心——服务心态平和，细心聆听引导；

（4）不可推诿——正确理解用户所问内容，不随意推脱责任，为客户提供一站式服务。

2．投诉原因

客户投诉的根本原因是没有得到预期的产品或服务，即源于实际情况与客户期望的差距。即使服务和产品已经达到良好水平，只要与客户期望有距离，投诉就有可能产生。下列问题容易引起投诉：

（1）有人歧视或小看客户，不聆听其申诉；

（2）没有人愿意承担错误及责任；

（3）商家的失职令客户蒙受金钱或时间的损失；

（4）客户的问题和需求得不到解决和满足，也没有人向其解释清楚；

（5）客户认为商家应该义不容辞地去解决一切。

3．解决投诉的方法

与传统的客户投诉处理类似，网购投诉处理一般可采用以下方法：

（1）倾听。当客户提出异议及反映问题时，客服首先要学会倾听，收集数据，做好必要的记录，在开场 30 秒到 1 分钟内弄清事情原委及客户想法。在倾听的过程中不妨多运用提问的技巧，如“发生什么事情”“这事为什么会发生”。尽快了解事情的真相，避免客户发牢骚却说不清情况。

（2）分担。基本弄清问题的本质及原因后，客服可以采用分担的方式，如“您讲得有道理”“我们可以理解您的心情”等。总之，不管原因在于产品本身还是客户自身，客服都不能埋怨客户，让客户感受到他已经被重视。

（3）澄清。采用上述的两种方法后客服已基本了解客户不满意的本质及动向，此时应该对问题加以解释，记住客户之所以投诉是因为遇上了问题，客服漠不关心、据理力争、找借口或拒绝的行为都只会火上浇油，适时让客户明白事情的真相或许能够帮助其解决问题。

（4）陈述、阐明。帮助客户解决问题，探询客户希望的解决办法，一旦找出办法，征求客户的同意。如果客户不接受该办法，客服应询问其提议或希望的解决办法，不论是否有权决定，让客户清楚商家全力在为其解决问题。

（5）要求。在将客户异议基本解决后，还需要咨询客户是否还有其他什么要求，以诚恳的态度告诉客户“假如你还有其他问题，请随时取得联系”，并感谢客户提出的宝贵意见和建议。

投诉处理中要避免投诉升级。投诉升级可分为普通升级与例外升级两类；前者是指某一特定层级的员工完成了其职责范围内的工作，但客户的问题依然没有全部解决，必须交给其他部门跟进处理；后者是指客户一定要和高层管理者沟通，或者某些问题关系到客户的重大利益，客户无理取闹，需要申请“绿色通道”等。问题升级后客服需要跟进直到客户问题被解决，若一直未给予客户明确答复，则需要给客户一个具体回复时间，对客户跟进反馈。

处理客户投诉后还要进行客户回访，这一阶段主要是关心与询问客户对处理结果的满意程度，同时获取客户对企业整体服务和产品的反馈意见。在某一行为过程中，最后接触的事物所留下的印象和影响是极为强烈的，这种心理效果被称为近因效应。因此，将回访客户作为最后与客户沟通的阶段能够产生近因效应。积极的近因效应会使客户满意，而消极的近因效应则会导致客户不满。

回访客户应重视两大问题：一是对处理结果给出合理解释，应跳出投诉事件本身与客户沟通；二是重视在投诉处理过程的最后阶段与客户建立良好关系。根据消费者行为理论，客户的情感影响他们的行为，客户对企业的情感依恋越强，客户的抱怨就越少，客户就越可能与该企业保持关系。回访沟通中应避免教条化，把客户当作朋友，与客户建立一种情感。最后，针对客户投诉信息进行整理、分析，并对各种问题进行归类、汇总、反馈，以促进各项工作的改善，并形成对各相关部门的有效监督。

发现问题是成功解决问题的一半，客户的投诉和抱怨是送给商家最好的礼物。商家应把客户投诉的原因和处理客户投诉的经验做成案例分析并添加到“知识库”，使其由个人知识变为团队知识。其原因：一是可以避免重犯类似的错误；二是再出现类似投诉后，就可以按照现有的处理方法，及时、准确地处理好客户投诉。

同步实训

实训 客户投诉类型的分析与处理

实训目的

根据以下不同情景中的客户投诉案例，分析客户投诉产生的原因，提供相对应的解决方法，提升解决客户投诉的能力。

实训内容

针对下列 4 个情景中的客户投诉，思考并分析客户投诉产生的原因，将能圆满解决客户投诉的步骤及方案填入表格。

情景 1

王女士在某家电专卖店购买冰箱时，导购员向她推荐了一款冰箱。导购员说："这款冰箱采用了新技术，静音且省电。"可是用了一个星期之后，王女士感觉冰箱的制冷效果不太好，主要是制冷速度慢。于是，王女士找到商家要求换货。商家不同意，说："又想马儿跑又想马儿不吃草，这怎么可能呢。同鱼和熊掌不能兼得一样，冰箱既然省电环保，当然不能速效制冷。"但是，王女士认为，导购员在她选购冰箱时存在突出冰箱优点却隐藏冰箱不足的误导。导购员当时仅向王女士大力宣传节能环保，并没有如实提醒她制冷速度较慢等不足之处。现在王女士知道了冰箱的不足，认为这款冰箱不适合她家使用，要求商家给她换一款制冷速度快、制冷效果好一点的冰箱。可是商家不同意，认为王女士既然选择了这款冰箱，而冰箱又不存在质量问题，就没有理由要求换货。双方争执不休。最后，王女士一气之下，提出："现在我不想换了，要求退货。"商家更不愿意了。于是，王女士向消费者协会和工商部门进行了投诉，并咨询了律师，表示如果商家不能满足其要求，她就准备向当地法院起诉。

情景 2

陈小姐在某网店购买了一款浇花水壶，3 天后还没收到快递，就咨询店内在线客服人员。客服人员帮陈小姐查询了物流信息，信息显示快递已被签收，但陈小姐表示并未收到快递，客服人员答应陈小姐于第二日电话联系快递客服以进行再次核实，但因为快递查询电话一直无人接听，所以客服人员未及时答复陈小姐。陈小姐再次咨询客服，客服人员表示既然陈小姐没收到产品，那么愿意将货款直接返还陈小姐。但陈小姐并不满意，觉得客服人员工作效率过慢而向店长进行了投诉。

情景 3

某老人到一家超市购物。当天下雨，地面潮湿，超市的地板砖很滑，她一不小心闪了腰，不过还好没什么大问题，只是虚惊了一场。但是，该老人考虑到如果地面还是那么湿滑，其他人有可能被滑倒，于是，她向客户服务中心建议，超市能否在下雨天在地板上撒一些防滑粉末等。可是，客服人员爱理不理地扔出一句话："这件事情我没有权力决定。"

受到如此冷落之后，该老人一气之下，向客户经理进行了投诉：超市地板很滑导致她闪了腰，她要求超市赔偿或支付检查费。

情景 4

张先生是某家酒店的常客。他每次入住后，该酒店的公关部经理都会亲自前去问候。张先生是一个好面子的人，喜欢当着他朋友的面批评酒店，来显示自己的身份尊贵。某次，当酒店公关部经理拜访时，张先生和他的几位朋友正在房间内聊天。而张先生一见公关部经理就说："我早就说过了，我不喜欢房间里放什么鲜花之类的东西，可这次又放上了。还有，我已经是第 10 次住你们酒店了，前台居然还不让我在房间里办理入住。你们现在生意好了，是不是有没有我这个穷客人都无所谓了。"为此，张先生向酒店经理进行了投诉。

情　景	投诉原因	解决步骤及方案
情景 1		
情景 2		
情景 3		
情景 4		

实训提示

阅读以上客户投诉案例时需仔细分析客户投诉的原因，提供解决方案时需考虑全面后选择最佳的解决方案。

思考与练习

1. 为什么要重视客户投诉？
2. 如何提高处理客户投诉的质量？

项目小结

售后服务在网络零售中扮演着十分重要的角色，良好的售后服务可以为商家培养忠诚的客户，增加客户黏性，提高客户回头率，为商家带来长远的价值。相反，网络零售商若不注重售后服务，或者售后服务水平不高、效果不理想，则很容易失去现有客户，并且在网络环境下信息的快捷传递会给企业带来负面的影响，最终使网络零售商处于尴尬的被动地位甚至丧失竞争优势。

网络零售中的售后服务主要涉及退换货处理和投诉处理，客服只有拥有真诚的服务心态、科学合理的流程以及符合网络消费者心理的服务技巧才能真正做好网络零售的售后服务工作。

同步测试

1．多项选择题

（1）以下哪些是客户投诉的主要原因？（　　）

A．产品质量　　B．售后服务

C．产品价格　　D．服务态度

（2）网购投诉处理可采用以下哪些方法？（　　）

A．倾听　　B．分担

C．澄清　　D．陈述

2．分析题

（1）“双十一”期间，商家和电商平台竞相推出花样繁多的促销活动和折扣优惠，请列举出复杂的规则设计和隐含的“套路”。

（2）消费者网购投诉的心理有哪几种？

（3）处理客户投诉后，回访客户应重视哪两大问题？

参考文献

[1] 陈德人. 网络零售[M]. 北京：清华大学出版社，2011.

[2] 李丛伟. 网络创业[M]. 北京：电子工业出版社，2018.

[3] 刘俊斌. 网络创业[M]. 北京：中国人民大学出版社，2015.

[4] 沈凤池. 网络创业[M]. 北京：高等教育出版社，2015.

[5] 速卖通大学. 跨境电商：阿里巴巴速卖通宝典[M]. 2 版. 北京：电子工业出版社，2015.

[6] 速卖通大学. 跨境电商营销：阿里巴巴速卖通宝典[M]. 北京：电子工业出版社，2015.

[7] 速卖通大学. 跨境电商数据化管理：阿里巴巴速卖通宝典[M]. 北京：电子工业出版社，2015.

[8] 三虎. 淘宝开店从入门到精通：开店、装修、管理、推广、安全一本就够[M]. 北京：人民邮电出版社，2015.

[9] 刘涛. 深度解析淘宝运营[M]. 北京：电子工业出版社，2015.

[10] 罗岚. 网店运营专才[M]. 南京：南京大学出版社，2010.

[11] 淘宝大学. 网店推广[M]. 北京：电子工业出版社，2011.

[12] 淘宝大学. 电商运营[M]. 北京：电子工业出版社，2012.